Este livro é uma perspectiva revolucio... ...dade bíblica, verdadeira e sagrada deve ser e sobre as causas e ideias primárias que prejudicam a intimidade de um casal no casamento. Indo direto às Escrituras, as autoras exploram fundo as ideologias que afastam os casais da intimidade projetada por Deus e procuram construir uma estrutura para a sexualidade que é verdadeiramente enraizada nas Escrituras e no lindo projeto de Deus, elevando a sexualidade e o casamento à glória e santidade que deveria ter. É uma leitura obrigatória.

Rachael Denhollander, advogada e autora de *What is a girl worth?*

Este livro é incrivelmente poderoso! Se você já leu algum livro cristão sobre sexo e casamento, você tem que ler este livro. Armadas com dados abrangentes de pesquisa e equipadas com compaixão e senso comum, as autoras desmontam os mitos devastadores há muito promovidos por líderes cristãos, mitos que causaram danos incalculáveis a gerações de mulheres cristãs. Igualmente inquietante e libertador, este livro é desesperadamente necessário no momento.

Kristin Kobes Du Mez, autora de *Jesus e John Wayne* (Thomas Nelson Brasil)

Não consigo pensar em um livro mais importante (além da Bíblia) que você deva ler. Este livro é o autêntico soco no estômago de que a comunidade evangélica precisa. Ele expõe nosso péssimo histórico de abordagem acerca da sexualidade e nos dá um caminho claro em direção à maturidade, integridade e saúde sexuais. Eu já quero lê-lo de novo e certamente direi aos meus contatos para comprarem este guia vital. Obrigado por um trabalho tão pioneiro!

Andrew J. Bauman, terapeuta e diretor do Christian Counseling Center for Sexual Health and Trauma

Em defesa do sexo incrível é exatamente o tipo de livro sobre sexo que eu quero que meus alunos da faculdade leiam. Essa próxima geração foi particularmente marcada por conselhos sexuais cristãos ruins. Tanto mulheres quanto homens serão beneficiados pela leitura, mas acho que os jovens adultos podem obter mais benefícios.

Dra. Heather Thompson Day, autora de *Confessions of a christian wife* e professora de comunicação na Colorado Christian University

Este livro deveria ser leitura obrigatória para todos os cristãos casados. Crescer no mundo cristão evangélico me ensinou muito pouco sobre como uma dinâmica sexual saudável deveria ser além de "Não transe até casar; e não pare de transar depois de casar!" É hora de desconstruirmos os ensinos destrutivos e prejudiciais que ficaram tanto tempo incontestes, e abraçarmos uma perspectiva da sexualidade realmente centrada na cruz. Esse livro é o melhor material para isso.

Travis Albritton, apresentador do podcast *The Practical Christian*

Com os anos de experiência de Sheila e seu coração apaixonado por casamentos e por indivíduos tendo dificuldade com a desconexão sexual, sua presente pesquisa fornece novas ideias que expressam, direta e verdadeiramente, como o mundo do cristianismo nem sempre forneceu o apoio ou tratou adequadamente as dores de quem precisa de amor e direção bíblicos. Eu a aplaudo (ela e a sua equipe pela compaixão, pesquisa sólida e por se tornar uma voz para mulheres que estão confusas e feridas pelo que Deus nunca quis que fosse distorcido: seu projeto para uma sexualidade linda e amorosa sem vergonha ou culpa.

Sheri Mueller, assistente médica, terapeuta clínica licenciada e membro do Growthtrac Ministry

EM DEFESA DO
SEXO
INCRÍVEL

SHEILA WRAY GREGOIRE
REBECCA GREGOIRE LINDENBACH
JOANNA SAWATSKY

EM DEFESA DO SEXO INCRÍVEL

AS MENTIRAS QUE TE CONTARAM E COMO
RECUPERAR O QUE DEUS PLANEJOU

Publicado originalmente em inglês por Baker Publishing Group como *The great sex rescue: the lies you've been taught and how to recover what God intended* .

Copyright© Sheila Wray Gregoire, Rebecca Gregoire Lindenbach, and Joanna Sawatsky, 2021. Traduzido e publicado com permissão da Baker Publishing Group.

Copyright da tradução © Pilgrim Serviços e Aplicações LTDA., 2022.

Todas as citações bíblicas foram extraídas da *Almeida Século 21*, salvo indicação em contrário.

Os pontos de vista desta obra são de responsabilidade dos autores e colaboradores diretos, não refletindo necessariamente a posição da Pilgrim Serviços e Aplicações, da Thomas Nelson Brasil ou de suas respectivas equipes editoriais.

Proibida a reprodução por quaisquer meios, salvo em brevos citações, com indicação da fonte.

EDIÇÃO: *Guilherme Cordeiro Pires e*
Guilherme Lorenzetti
TRADUÇÃO: *Marcos Otaviano*
REVISÃO: *Alvaro F. Filippi e Jean Xavier*
CAPA: *Rafael Brum*
DIAGRAMAÇÃO: *Tiago Elias*

Dados Internacionais de Catalogação na Publicação (CIP)

G114d GREGOIRE, Sheila Wray
1.ed. Em defesa do sexo incrível : as mentiras que te contaram e como recuperar o que Deus planejou / Sheila Wray Gregoire, Rebecca Gregoire Lindenbach, Joanna Sawatsky ; tradução Marcos Otaviano. – 1.ed. – Rio de Janeiro : Thomas Nelson Brasil ; São Paulo : Pilgrim, 2022.
  304 p.; 15,5 x 23 cm.

  Título original : The great sex rescue : the lies you've been taught and how to recover what God intended.
  ISBN : 978-65-56893-19-8

  1. Mulheres cristãs – Comportamento sexual. 2. Sexo – Aspectos religiosos – Cristianismo. 3. Sexo - Ensino bíblico. I. Lindenbach, Rebecca Gregoire. II. Sawatsky, Joanna. III. Otaviano, Marcos. IV. Título. II. Título.

00-2022/000   CDD 000.00

Índice para catálogo sistemático:
1. Sexo : Aspectos religiosos : Cristianismo 241.6
Aline Graziele Benitez - Bibliotecária - CRB-1/3129

Todos os direitos reservados a Pilgrim Serviços e Aplicações LTDA.
Alameda Santos, 1000, Andar 10, Sala 102-A
São Paulo — SP — CEP: 01418-100
www.thepilgrim.com.br

DE JOANNA E REBECCA:

Para nossos filhos. Que vocês saibam o quanto são valiosos e preciosos para Cristo e para nós, e que vocês cresçam livres das mentiras que envolveram tantas pessoas.

DE SHEILA:

Para a Tia Matilda do livro *The act of marriage*[1] e para todas as mulheres como ela. Nós vemos e entendemos vocês. E sentimos muitíssimo.

---

[1]Esse livro conta em certo ponto a história de Matilda, uma mulher jovem que se casa com um homem mais velho. Em sua noite de núpcias, o marido abusa sexualmente da esposa, uma prática constante em quase 35 anos de casamento. Ao conversar com sua sobrinha que estava prestes a se casar, Matilda diz que o casamento é apenas uma forma de legalizar o abuso sexual. No apêndice, as autoras classificam esse livro como "prejudicial" (N. do E.).

SUMÁRIO

Agradecimentos **11**

1. O que aconteceu com o sexo? **17**

2. Não durma com alguém que você não conhece **29**

3. Superando a disparidade orgásmica **53**

4. Deixe-me ouvir seu corpo falar **81**

5. Você tem olhos apenas para mim? **101**

6. Seu cônjuge não é seu tratamento **129**

7. Eu quero que você me queira **153**

8. Tornando-se mais do que colegas de quarto **175**

9. Sexo por obrigação não é *sexy* **197**

10. Quando a obrigação se torna coerção **219**

11. Basta ser bondoso **245**

12. Passando de "fazer sexo" para "fazer amor" **263**

13. Qual é o caminho adiante? **277**

Apêndice: Os livros que analisamos para este projeto **295**

AGRADECIMENTOS

SHEILA

Somos três escrevendo este livro, e cada uma de nós não teria conseguido sem as outras. Joanna, obrigada por ter tido essa ideia, para início de conversa. Eu me lembro de estar falando com você aquele dia em março de 2019, enquanto lavava as louças, e você disse que gostaria de poder voltar à faculdade para podermos fazer um estudo sério sobre o quanto essas ideias sobre sexo nos livros evangélicos feriram as mulheres. Aí uma lâmpada acendeu e dissemos: "Não precisamos de todo um corpo docente para fazermos um estudo! Nós mesmas podemos fazer isso!" E fizemos. Você aguentou tudo: seu aborto espontâneo terrível, sua gravidez eventual, seu parto e sua mudança para o Ártico. Você até processou os últimos dados estatísticos dias antes do parto, com uma criança pequena na sua cola e durante uma pandemia. Você é demais.

Rebecca, parabéns por terminar de escrever nossas perguntas da pesquisa três dias depois do parto com uma laceração de terceiro grau. Escrever este livro no primeiro ano de vida de Alex foi uma baita conquista!

REBECCA

Encontrei muita força e encorajamento com a minha família da igreja em Sunnyside Wesleyan em Ottawa. Obrigada por valorizarem as mulheres, apoiarem meu ministério e darem correções humildes quando necessário (obrigado — e desculpem — Ken e Jill especificamente por aquela vez). Contudo, mais que todos, obrigada ao reverendo Kerry Kronberg por se sentar comigo enquanto eu me desesperava pelo mal causado a tantos em nome de Cristo. Obrigada por estar disposto a lamentar por tudo isso comigo. Foi um belo presente.

JOANNA

Rebecca e Sheila, minhas queridas amigas, este projeto só poderia ter sido feito em comunidade. Obrigada por colocarem palavras nos números. Sheila, você já me resgatou duas vezes no hospital até hoje, o que significa que agora é para a vida toda, sem devoluções. Obrigada por tudo. Rebecca, eu fico tão feliz de ter uma melhor amiga. Eu não acho que eu teria conseguido passar pelos últimos anos sem você (Rebecca responde: "Digo o mesmo, Joanna!").

Eu quero dizer, como cada uma de nós diz a cada ano à mesa de Ação de Graças: "Eu sou grata pela minha família". Eu mencionaria cada um de vocês, mas aí eu dobraria o comprimento do esboço. Então, saibam que eu amo vocês.

Para minha mãe: você é extraordinária. Obrigada por me acolher e por termos as mesmas conversas de novo e de novo. Eu preciso dos lembretes. Eu sou grata por você estar abrindo caminho para as mulheres no ministério. Você é minha heroína.

Para minha sogra, Lynette: você acolheu na sua família esta garota americana esquisita que vive se esquecendo de pentear o cabelo e que escreve livros sobre sexo. Obrigada por acreditar em mim e neste projeto, e por me amar tanto e tão bem.

Para a tia Sherilyn: eu sou tão grata por você ter contado sua história para mim. Sua coragem foi uma enorme inspiração para este livro. Obrigada.

Para meus avós: obrigada pelas suas orações.

Para a Cornerstone Church em Saskatoon: vocês todos são minha esperança. Obrigada por serem a nossa igreja em casa. Pastor Rick e Sylvia, vocês são quem queremos ser quando crescermos. Pastora Dawn, eu estou com saudade absolutamente extrema dos nossos encontros para tomar café e mal posso esperar para conversar.

AGRADECIMENTOS

Sheila e Rebecca também querem agradecer Katie (a outra filha de Sheila), que frequentemente recebia telefonemas simultâneos de nós duas quando precisávamos desabafar, e que passou o último ano e meio juntando as chamadas e acalmando nós duas quando líamos algo particularmente horrendo. Sabemos do custo emocional e espiritual que tudo isso teve sobre você também. Você é uma mulher forte. Obrigada por ser a nossa força.

Para a mãe de Sheila, que também é a vovó de Rebecca, obrigada por suas orações constantes. Sermos capazes de traduzir em palavras "o olhar" que você tem é algo do qual nos orgulhamos muito.

Joanna e Rebecca estendem os agradecimentos especialmente aos nossos professores de estatística e psicometria que nos deram nosso amor não irônico por estatística e metodologia de pesquisa — especificamente Dra. Elizabeth Kristjansson, da Universidade de Ottawa, e Dra. Lalita Bharadwaj e Dra. Cheryl Waldner, da Universidade de Saskatchewan.

AGORA, UMA PALAVRA DE TODAS

Queremos agradecer nossas famílias. Para Josiah e Connor, dois dos pais mais incríveis que conhecemos, que seguraram bebês e se certificaram de que suas esposas lactantes estavam comendo, e que mantiveram tudo em pé enquanto suas esposas estavam escrevendo, editando e fazendo testes de qui-quadrado. Vocês são um mérito para sua geração e seu gênero.

Para Tammy, Emily e Connor, que mantiveram o blog funcionando enquanto estávamos trabalhando, obrigada. Sheila tem a melhor equipe do mundo.

Para nosso agente, Chip, obrigada por apoiar este livro e comunicar sua visão tão bem em horas depois da concepção dele. Obrigada por sempre estar do nosso lado, mesmo quando estamos te dando trabalho.

Também estamos em dívida com Brian Thomasson, da Baker, que apostou na chance de publicar este livro menos de um dia depois de ouvir a proposta. Ele acreditou na nossa visão e soube que este livro importava.

EM DEFESA DO SEXO INCRÍVEL

Somos gratas pelo seu apoio e de toda a equipe Baker, incluindo Kristin Adkinson, que discordou (gentilmente) de nós muitas vezes e tornou este livro melhor.

Também queremos agradecer às mais de 20 mil mulheres que responderam à pesquisa. Sabemos o quanto demorou e ficamos muito gratas por terem sacrificado esse tempo por nós. Nós agradecemos pelo seu tempo, sua honestidade e suas histórias. Especialmente para as que participaram dos grupos focais, esperamos ter representado bem as suas histórias. Obrigada por confiá-las a nós.

Para os leitores de *To love, honor and vacuum,* e especialmente para os comentadores frequentes que parecem ser nossos amigos, muito obrigada por ficarem antenados e por mostrarem ao mundo evangélico que as perspectivas das mulheres importam. E especificamente às centenas de leitores que se manifestaram durante nossa série inicial sobre *Amor e respeito,* nos encorajando a continuar e nos mantermos firmes na nossa missão, vocês nos impactaram mais do que jamais saberão.

Sem dois grandes grupos de pessoas, esta pesquisa e este livro não teriam sido possíveis. Primeiramente, obrigada para as 156 mulheres que compartilharam seus códigos exclusivos da pesquisa com suas amigas, especialmente nossas dez compartilhadoras mais eficientes — Catie L., Lindsey M., Linda M., Sandra, Sarah, Amy M., Jennifer H., Rory V., Tiffany B., e Paulette — nossa gratidão. Em segundo lugar, obrigada para os 49 influenciadores que também compartilharam nosso link, especialmente nosso top 10 — Brittany Ann, do *Equipping Godly Women*; Gary Thomas e Natalie Hoffman, do *Flying Free Now*; Sarah McDugal e Lucy Rycroft, do *DesertMum*; Gretchen Baskerville, do *The Life-Saving Divorce*; Heidi St. John, do *The Busy Mom*; Ashley Easter e Julie Anne Smith, do *Spiritual Sounding Board*; e Erin Odom, do *The Humbled Homemaker* — somos muito gratas pela sua ajuda. Por causa desses dois grupos, mais da metade das participantes da nossa pesquisa vinham de fora da minha lista, e nossa pesquisa se tornou representativa de um vasto escopo de perspectivas teológicas, experiências na igreja, idades,

AGRADECIMENTOS

históricos conjugais e muito mais. Não teríamos conseguido fazer isso sem a ajuda de vocês.

Finalmente, nós três temos maridos incríveis. Obrigada por serem o retrato do amor, altruísmo e generosidade de Cristo que, com frequência demais, está em falta nos conselhos evangélicos para maridos. Nós amamos vocês.

CAPÍTULO 1

O QUE ACONTECEU COM O SEXO?

"Sexo é um presente de Deus".

Quantas vezes já ouvimos isso? Parece com o que seus pais diriam logo após te assustarem contando de onde vêm os bebês. Ou parece com o que te disseram no aconselhamento pré-nupcial, logo antes do seu conselheiro ruborizado rapidamente mudar de assunto e dizer: "Agora, vamos falar sobre quem quer passar o aspirador na casa". É o que seu pastor diz do púlpito quando ele não pode falar sobre sexo de maneira muito explícita, mas ele quer muito, muito, muito mesmo que todo mundo saiba como é bom. E você está tentando com força não olhar a esposa dele nos olhos enquanto ele diz isso.

Contudo, para alguns de nós que estão casados há um tempo, a ideia de sexo como um presente parece mais como um suéter feio de Natal que a sua avó tricotou para você na sexta série e que você teve de vestir por uma semana, mesmo que todo mundo soubesse que era tosco. Claro, é um presente, mas você teria preferido um Playstation.

EM DEFESA DO SEXO INCRÍVEL

Ou você é um daqueles leitores que *sabem* que o sexo é um presente. Vocês sabem que sexo é incrível, mas ele parece mais com um presente que você abriu só para te dizerem para embalar de novo e colocar na estante, para não estragar. Ele fica ali: ainda à vista, mas sem uso.

Sua vida sexual está em uma estante.

É um presente que você não tem permissão para usufruir porque seu cônjuge não o vê como um presente. Então, ele está fora do alcance, juntando pó, te provocando.

Nós, as autoras deste livro, queremos te dizer logo que *nós entendemos tudo isso.*

Todas nós — Sheila, Rebecca e Joanna — trabalhamos no blog de Sheila sobre sexo e casamento *To love, honor and vacuum.* Rebecca (filha da Sheila) gosta de brincar: "É o trabalho mais estranho que você pode ter com a sua mãe". Quando a Joanna, uma epidemiologista especializada em estatística, mudou-se para a cidade, nós a capturamos também. Nenhuma de nós três esperava falar profissionalmente sobre sexo, orgasmos e ereções, mas aqui estamos.

Sabemos que cristãos como um todo, tendem a ter relações sexuais melhores e casamentos mais felizes do que pessoas que não são religiosas.[1] Mas aí é que está a sacada: só porque algo é melhor para o *grupo*, não significa que você, individualmente, ache que vale se mencionar numa carta (se você fosse do tipo que escreveria uma carta sobre sua vida sexual para sua família). Nós recebemos mensagens diariamente de maridos e esposas desesperados porque simplesmente não está funcionando: ele não consegue descobrir como fazer o sexo ser bom para ela, ela está devastada pelo uso escondido de pornografia dele, ou ambos estão nas últimas, brigando pela quadragésima sétima vez por causa de diferenças de libido. Muitos cristãos simplesmente não estão fazendo sexo ótimo, incrível, estonteante, de abalar as estruturas da Terra.

---

[1] DEW, Jeffrey P., UECKER, Jeremy E., WILLOUGHBY, Brian J., *Joint religiosity and married couples' Sexual Satisfaction*. In: *Psychology of religion and spirituality*, vol. 12, n. 2, 2020, p. 201-12. Disponível em: https://doi.org/10.1037/rel0000243.

Queremos mudar isso.

Eu, Sheila, sou casada com um pediatra, e uma coisa que o mundo médico enfatiza é a importância de tratamentos baseados em evidências. Antes que meu marido, Keith, coloque uma criança em um novo tratamento para administrar a asma, ele busca ter certeza de que houve estudos sólidos que mostram que esse novo tratamento funciona.

Nós temos muitos tratamentos para o sexo na igreja. Temos livros, podcasts, blogs, artigos e sermões aos montes dando conselhos para casais que estão lutando contra suas vidas sexuais insatisfatórias, mas nós, como igreja, tiramos um tempo para questionar se algum dos nossos tratamentos sequer funciona?

Ouvimos as mesmas perguntas por anos a fio de leitores do blog, então, decidimos investigar os conselhos sexuais dados em livros cristãos *best-sellers* sobre sexo e casamento, e, quando os lemos, alarmes soaram. Começamos a nos perguntar: *"E se nossos 'tratamentos' evangélicos' para questões sexuais pioram as coisas?"*

Nós percebemos que dar informação saudável não é suficiente se as pessoas também estão consistentemente recebendo conselhos ruins da cultura cristã no geral, mas não queríamos simplesmente dar mais uma série de opiniões — queríamos dados. Queríamos um tratamento baseado em evidências. Então, fizemos uma pesquisa com mais de vinte mil mulheres, que chamamos de *The bare marriage project*, perguntando sobre suas vidas sexuais, seus casamentos, suas crenças sobre sexo e casamento, sua criação desde a infância, entre muitas outras coisas.[2] (Sério,

---

[2] Ao todo, 20.738 mulheres participaram da pesquisa Bare Marriage. O número total de pessoas que começaram o questionário foi de 22.009. Dessas, 746 pessoas informaram que não eram mulheres e mais 525 abandonaram o questionário sem responder nenhuma pergunta de controle. (Nota: as porcentagens usadas daqui em diante representam apenas os casos nos quais os dados estão completos para as perguntas discutidas.) Os critérios de inclusão para as estatísticas a respeito da satisfação conjugal e sexual neste livro, exceto quando observado, são: ser mulher, estar casada e se identificar como cristã. Para mais informações sobre nossos dados demográficos e nossa metodologia, acesse: https://www.greatsexrescue.com/research.

foi uma pesquisa muito, muito longa, de quase meia hora. Mais de 130 perguntas, no mínimo. Nós somos eternamente gratas às mulheres que a responderam!) Queríamos descobrir a fundo o que faz o sexo ser ótimo — mas também o que o faz ser ruim. Queríamos fazer a pergunta que o mundo cristão falhou por décadas em perguntar: nossos conselhos evangélicos funcionam?[3]

Descobrimos algumas respostas interessantes que estamos animadas para compartilhar com vocês. Queremos resgatar casais de ensinamentos que estragaram o sexo e os atrasaram na estrada para o sexo incrível — porque é isso que vocês deveriam estar tendo agora!

Mas espera — se esse livro tem o objetivo de ajudar casais a resgatarem o sexo incrível, estonteante, de tremer as pernas, então por que fizemos a pesquisa somente com mulheres?

Os homens certamente importam (e adoraríamos fazer uma pesquisa com homens no futuro), mas decidimos começar com as mulheres por causa do que chamamos de "disparidade orgásmica". Estudos mostram que 95% dos homens atingem o orgasmo toda ou quase toda vez que fazem sexo (a menos que sofram de disfunções eréteis ou outras desordens de disfunção sexual).[4] Chegar ao orgasmo é fácil para a maioria arrasadora dos homens. Na verdade, o orgasmo do homem é tão esperado que, se não acontecer, ele deveria ir ao médico.

Em contraste, nossa pesquisa mostrou que somente 48% das mulheres atingem o orgasmo toda ou quase toda vez que fazem sexo. Isso é uma baita desigualdade! Geralmente, as mulheres que ficam desapontadas com o sexo porque, francamente, nem sempre é tão incrível assim para

---

[3]Vamos disponibilizar os intervalos de confiança e a significância estatística nas notas de rodapé, quando necessário, para quem tiver formação em estatística e quiser entender melhor nossos dados. Se você quiser mais informações, visite: https://greatsexrescue.com/research.

[4]FREDERICK, David A. et. al. "Differences in orgasm frequency among gay, lesbian, bisexual, and heterosexual men and women in a U.S. National sample". In: *Archives of sexual behavior*, n. 47, 2018, p. 273-88. Disponível em: https://doi.org/10.1007/s10508-017-0939-z.

QUAL A DEFINIÇÃO DE SEXO?

elas. E isso, por sua vez, deixa muitos homens que querem enlouquecer suas esposas desapontados também. Se pudéssemos descobrir o que está impedindo as mulheres, poderíamos deixar o sexo muito melhor para todos. Isso seria razão para louvar!

QUAL A DEFINIÇÃO DE SEXO?

Antes de entrarmos nisso, porém, acreditamos que a raiz de muitos dos nossos problemas sexuais no casamento são, na verdade, problemas de definição. Não sabemos o que "sexo" significa.

Se nós te perguntássemos: "Você fez sexo ontem à noite?", o que você pensaria (além de que somos intrometidas super esquisitas)? Você provavelmente pensaria que nós queríamos dizer: "O marido colocou o pênis na vagina da esposa até que ele chegasse ao clímax?" Essa é a definição principal de sexo — o marido penetra na esposa até ele atingir o orgasmo.

Vamos fazer uma experiência mental. Coloque essa definição de "sexo" no versículo bíblico que descobrimos ser o mais citado e será fácil ver como conselhos sexuais podem sair muito dos trilhos.

> Não vos negueis um ao outro [o marido penetrar sua esposa até que ele atinja o clímax], a não ser de comum acordo por algum tempo, a fim de vos consagrardes à oração. Depois, uni-vos de novo, para que Satanás não vos tente por causa da vossa falta de controle" (1Coríntios 7.5).

Se essa é a maneira como muitos de nós internaliza essa ideia sobre sexo, então muitas mulheres podem começar a pensar que elas têm que convidar seus maridos, e até *acolhê-los*, a fazerem um sexo muito, muito unilateral. Se o sexo é somente sobre o homem se movendo até ele chegar ao clímax, então a experiência e o prazer dela são mais uma consideração tardia — um bônus, com certeza, mas não é necessário.

Mas essa definição de sexo também o transforma em algo que é somente físico — ele alcança o clímax. Se nós acharmos que é isso que a Bíblia fala sobre o casamento ser a união em uma só carne e todo o papo de "não nos negarmos um ao outro", então podemos começar a pensar que a coisa com que Deus realmente se importa é que os maridos ejaculem com frequência suficiente. Mas isso tem muito pouca semelhança com a ideia de intimidade que está implícita na palavra hebraica usada para "sexo" no Antigo Testamento, o que nós abordaremos no próximo capítulo.

Todos nós fomos criados para um sexo que trata muito mais do que apenas prazer unilateral. Sexo ótimo é a concretização de um desejo por intimidade, por conexão, por estar completa e absolutamente despido em todas as formas diante do outro. Sim, nos despir fisicamente é necessário para o sexo (embora, às vezes, as meias possam ajudar naquelas noites frias), mas esse não é o único tipo de nudez que o sexo real requer. É também a nudez das nossas almas, uma fome profunda por conexão, um desejo por ser completamente consumido pelo outro — enquanto há prazer intenso para *os dois.*

Neste livro, portanto, gostaríamos de usar termos corretos para o sexo. Quando nos referirmos a uma relação sexual unilateral que está focada no clímax do homem, diremos "coito". Quando nos referirmos a sexo saudável e mútuo, o qual engloba muito mais do que simplesmente o pênis dele na vagina dela, diremos "sexo" ou até "fazer amor". Talvez ver a dicotomia nos ajudará a entender nas nossas cabeças a imagem mais correta da intimidade real.

Igreja, é hora de uma mudança. Queremos chamar os cristãos de volta aos princípios básicos sobre sexo da maneira que Deus planejou. Baseadas nos resultados da nossa pesquisa e em princípios bíblicos, propomos que uma vida sexual saudável deve ser assim:

O sexo deve ser *pessoal*: é a chance de entrarem no ser do outro a fim de serem verdadeiramente um só; é um conhecimento do outro que leva à intimidade profunda.

O sexo deve ser *prazeroso*: o sexo foi projetado para dar prazer — muito prazer — para ambos.

O sexo deve ser *puro*: os dois podem esperar que o outro tenha responsabilidade e se mantenha livre de pecados sexuais.

O sexo deve ser *uma prioridade*: os dois desejam sexo, mesmo que em graus diferentes, e ambos entendem que o sexo é uma parte vital de um casamento saudável.

O sexo deve ser *sem pressão*: o sexo é um presente dado livremente; não é sobre conseguir o que você quer por meio de manipulação, coerção ou ameaças.

O sexo deve *colocar o outro em primeiro lugar*: o sexo consiste em levar em consideração as vontades e os desejos do seu cônjuge antes de pensar sobre os seus próprios.

O sexo deve ser *apaixonado*: o sexo foi projetado para nos permitir entrar em um estado de despreocupação alegre, a fim de nos rendermos completamente ao outro em um êxtase de confiança e amor.

Se nós concordarmos com esses princípios, os ensinamentos e as ideias que ouvimos estão de acordo com eles? Ou estão criando uma imagem do sexo que é diametralmente oposta à paixão sacrificial, reciprocamente prazerosa e total que Deus criou o sexo para ser? É isso que vamos explorar juntos.

OS QUATRO TIPOS DE PESQUISA QUE VOCÊ ENCONTRARÁ NESTE LIVRO

Nossa pesquisa foi além do questionário com as vinte mil mulheres. Para desenvolver e projetar nossa pesquisa, nós revisamos pesquisas acadêmicas atuais que investigam o evangelicalismo e a sexualidade, e você vai ver muitos desses estudos serem citados. Nós também conduzimos grupos focais e entrevistas para entender mais a fundo os resultados da nossa pesquisa e para mostrar as pessoas por trás das estatísticas.

Finalmente, nós lemos e analisamos livros cristãos *best-sellers* sobre sexo e casamento, assim como outros livros fundamentais desse nicho editorial que influenciam como mulheres na igreja veem o sexo.[5] Livros tanto refletem quanto influenciam o que as pessoas acreditam

---

[5]Veja o apêndice.

na sua cultura. Esses livros, em particular, moldaram grandemente como a cultura evangélica tem falado sobre sexo pelas últimas décadas. Nós traremos citações deles livremente. Mas, por favor, saiba que estamos criticando os ensinamentos, não os autores. Acreditamos que eles tinham boas intenções quando escreveram os livros e muitos destes foram melhorias em relação ao que estava vigente na época.

. . . .

E se eu gostar de um dos livros ou autores que vocês discutem?

Muitos dos livros evangélicos que mencionaremos aqui no *Em defesa do sexo incrível* contêm ideias que julgamos prejudiciais. Mas e se você achar que foi beneficiado por algum desses livros?

Isso é ótimo! Esses livros contêm, sim, informações úteis — por isso que são *best-sellers*! Se eles te ajudaram, ficamos felizes por você. Mas, entre as partes úteis, esses livros também contêm ensinamentos que nós mostramos estatisticamente que prejudicam casamentos e levam a um sexo pior para as mulheres, com alguns livros sendo mais perigosos que outros. Nosso objetivo é fazer com que não seja mais aceitável que nossos materiais cristãos machuquem apenas *algumas* pessoas. Nós devemos — e podemos — escrever livros que ajudam sem machucar. Muitos livros conseguiram isso e nós vamos recomendá-los no apêndice deste livro.

. . . .

No entanto, também descobrimos pelos nossos dados que muitos desses livros podem ter causado, sem querer, alguns dos problemas que eles estavam se esforçando tanto para consertar. É importante, como cultura, que nós confrontemos o dano que causamos — mesmo que por acaso — a fim de podermos seguir em frente rumo à vida abundante que Jesus quer para nós.

As crenças que analisaremos ao longo deste livro, as quais impactaram a satisfação conjugal e sexual das mulheres, podem ser vistas na

O QUE ACONTECEU COM O SEXO?

figura 1.1.[6] Você verá referências a essas crenças e a como elas afetaram a satisfação conjugal e sexual ao longo do livro.

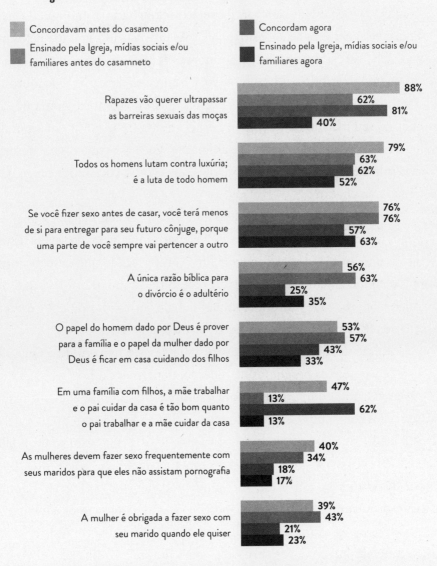

Figura 1.1 - Prevalência de ensinamentos cristãos sobre casamento e sexo

---

[6]Para mais informações sobre os números e as tabelas, incluindo as palavras exatas das questões feitas, veja https://greatsexrescue.com/results.

COMO USAR O *EM DEFESA DO SEXO INCRÍVEL*

Talvez você esteja casada há dez anos e ainda não sabe como é a sensação de um orgasmo. Você sabe que está faltando alguma coisa — mas como chegar lá?

Talvez você esteja cansado de se sentir rejeitado e não amado pela sua esposa. Mesmo seus gestos mais românticos são seguidos pelo que você sabe ser "sexo por obrigação moral". Você sabe que poderia ter um casamento divertido e vibrante — você só precisa derrubar esse muro.

Talvez você esteja com raiva por ter encontrado pornografia no celular do seu marido de novo. Você está cansada de se sentir em segundo lugar e, a essa altura, o sexo é desanimador. Você sabe que o sexo deveria ser lindo e é isso que você sempre quis, mas como você redime algo que foi tão manchado?

Se você estiver confuso, desapontado, frustrado ou machucado, queremos te ajudar a descobrir o que está empacando a sua vida sexual. Estamos muito animadas para compartilhar a informação que descobrimos, mas o conhecimento só pode te levar até certo ponto. É por isso que, ao longo do livro, você vai ver perguntas de reflexão, casos práticos e exercícios de reestruturação para te ajudar a consolidar as ideias.

Idealmente, adoraríamos se o casal lesse este livro juntos. Quando vocês chegarem às perguntas de reflexão, pensem sozinhos sobre as respostas e depois compartilhem com o outro. E divirtam-se com os nossos exercícios chamados "Explorem juntos" no final de cada capítulo! Se você está lendo sozinho, anote e ore conforme passa pelas perguntas e fale com seu cônjuge sobre o que as perguntas revelarem. Se seu cônjuge não está disposto a ler com você, você ainda pode ter essas conversas importantes para compartilhar a sua experiência e entender melhor a do outro.

Também esperamos que os líderes de ministério leiam este livro para aprenderem a falar sobre sexo de forma saudável. Ao fim de cada capítulo, teremos a seção "Resgatando e reestruturando", a qual apresentará melhores formas para falar sobre questões sensíveis sem causar feridas inadvertidamente.

Uma nota para vítimas de abusos sexuais

Abusos sexuais de quaisquer tipos podem causar efeitos profundos na sua experiência sexual no seu casamento. Escrevemos este livro esperando que ele seja um material útil para servir como apoio a tratamentos de trauma com um terapeuta ou psicólogo credenciado, e não temos a intenção de fazê-lo substituir tratamentos baseados em evidências.

Além disso, sabemos que mais homens são vítimas de abuso sexual do que a maioria das pessoas imagina. Então, por favor, seja você homem ou mulher, se você passou por qualquer forma de abuso sexual, entre em contato com um profissional de saúde mental credenciado, de preferência alguém que tenha experiência ou treinamento adicional com questões de trauma e abuso.

Vamos deixar os ensinos prejudiciais sobre sexo para trás. Vamos substituir ensinos que tentam subornar, coagir ou manipular pessoas por ensinos que foquem na liberdade, na paixão e, mais importante, no amor. É assim que vamos resgatar o sexo ótimo. Então, vamos recolher as cordas, nos libertar do ancoradouro e ver onde vamos parar.

CAPÍTULO 2
NÃO DURMA COM ALGUÉM QUE VOCÊ NÃO CONHECE

*"Adão conheceu intimamente Eva, sua mulher;
ela engravidou e, tendo dado à luz Caim,
disse: Alcancei do Senhor um filho homem"*
Gênesis 4.1

Em um domingo, quando eu (Sheila) estava no fim do Ensino Fundamental, eu estava sentada nos bancos de madeira da igreja com meus amigos pré-adolescentes perto de mim. Naquele dia, o pastor abriu a Bíblia em Gênesis 4.1 e leu na versão King James: "E Adão conheceu Eva, sua mulher; e ela concebeu e teve Caim, e disse: Concebi um homem do Senhor".

EM DEFESA DO SEXO INCRÍVEL

Nós rimos baixinho, mas com tamanha intensidade que o banco começou a tremer e minha mãe olhou brava para mim. Mas foi hilário — "Adão conheceu sua mulher"! Era como se Deus estivesse com vergonha de usar a palavra real ou algo assim.

Tendo escrito sobre sexo para meu blog por mais de quinze anos, eu aprendi uma coisa sobre esse versículo. Ele contém a mesma palavra que Davi usa nos Salmos quando ele diz: "Sonda-me, ó Deus, e conhece o meu coração; prova-me, e conhece as minhas inquietações" (Salmos 139.23).

Talvez não fosse porque Deus estava com vergonha de usar a palavra, mas sim porque ele queria nos mostrar uma verdade maior. Deus queria que nós soubéssemos que o sexo não é apenas um ato físico; é um ato profundamente íntimo também. Pense sobre quantas imagens há nas Escrituras sobre o relacionamento de Deus conosco em termos de casamento. O Céu é descrito como um banquete de casamento (Mateus 22.2); Cristo é o noivo e a igreja é a noiva (Efésios 5.25-33). Deus anseia por nos conhecer profundamente e ele fala sobre isso usando termos de casamento porque é a melhor aproximação que temos para o desejo que Deus tem por nós. Ele nos criou para desejarmos um ao outro assim como ele nos deseja.

É por isso que o sexo foi criado não apenas para ser fisicamente íntimo, mas para ser um conhecimento emocional e espiritual também. Quando todas as três formas de intimidade estão presentes — espiritual, emocional e física —, cada uma delas trabalha em conjunto com a outra para que alimentem uma à outra. Quanto mais vocês riem e se aproximam, mais vocês desejam um ao outro e fazem amor. Quanto mais vocês fazem amor, mais conectados se sentem, o que torna o seu compromisso mais forte.

É isso que acontece! Nossas estatísticas mostram que as mulheres são mais propensas a alcançarem o orgasmo quando o resto do relacionamento está forte. As mulheres da nossa pesquisa cujos casamentos estavam nos primeiros 20% em satisfação conjugal são *quatro*

NÃO DURMA COM ALGUÉM QUE VOCÊ NÃO CONHECE

vezes[1] mais propensas a atingirem um orgasmo com regularidade do que as mulheres nos últimos 20%.[2]

Mas e se olharmos especificamente para a intimidade durante o sexo? Quando perguntamos às mulheres "O quanto vocês estão satisfeitas com a quantidade de intimidade que sentem com seus maridos durante o sexo?", as mulheres que disseram estar satisfeitas são *cinco vezes* mais propensas a atingirem um orgasmo com regularidade durante o sexo.[3] Isso provavelmente acontece também porque elas são *doze vezes* mais propensas a contar que seus maridos têm o prazer sexual delas como prioridade e *catorze vezes* mais propensas a dizer que eles fazem preliminares suficientes.[4] A falta de intimidade durante o sexo, portanto, não apenas torna o sexo menos *significante*, mas também o torna menos *divertido*.

Mas, por mais importante que seja se sentir próximo um do outro durante o sexo, você não pode simplesmente tirar a intimidade da cartola quando está insatisfeito no seu casamento. E é por isso que o sexo não é apenas físico, mas abarca todo o seu relacionamento.

Alguns anos atrás, eu fui convidada por um grande site de notícias e estilo de vida para um debate sobre ética sexual. Eu estava argumentando que quaisquer dois corpos podem ter coito, mas, quando reduzimos o sexo a algo meramente físico, arruinamos a intimidade.

---

[1] 4,13 vezes. (95% de intervalo de confiança: 3,69 — 4,62; Intervalos de confiança de 95% constam depois da estimativa pelo restante deste livro, a menos que uma observação declare outro valor. Intervalos de confiança dão um senso de incerteza a uma estimativa — já que não podemos medir de fato todas as pessoas, temos que estimar o "valor real" de quaisquer estatísticas que analisemos. Intervalos de confiança nos ajudam a estimar o intervalo onde o valor real está para a população de interesse. O intervalo de confiança de 95% significa que há somente 5% de chance de que o valor real esteja fora do alcance do intervalo. Essa significância estatística é considerada a melhor prática em todos os campos de estudo.)

[2] A satisfação conjugal foi medida usando um instrumento de pesquisa previamente validado de quatro perguntas e categorizada em quintis (variáveis que dividem o seu conjunto ordenado em cinco partes iguais).

[3] 5,4 (4,96 — 5,88).

[4] 12,35 (11,28 — 13,53); 14,97 (12,74 — 15,55).

Outra convidada, que estrelou em alguns filmes pornográficos e que escreveu um blog pornográfico (como que eu me meto nessas coisas?), falou sobre o quanto ela achava o sexo algo íntimo, mas tudo que ela pôde dizer foi: "Quando eu faço sexo com um homem, mesmo se for um homem que eu acabei de conhecer, a intimidade é incrível!" É realmente possível ser íntimo com alguém quando você nem sabe o nome da pessoa?

Não são apenas atores pornográficos que confundem intimidade com sexo. Quando estou em podcasts cristãos falando sobre meu outro livro, *The good girl's guide to great sex* [O guia da boa garota para um ótimo sexo], geralmente presumem que eu não direi a palavra "sexo" porque crianças podem estar ouvindo. Temos que dizer "intimidade" em vez disso. Mas talvez isso seja parte do problema — nós estamos tratando intimidade e coito como se sempre fossem sinônimos; mas são?

Bilhões de pessoas neste planeta já transaram. Eu não sei quantas realmente fizeram amor.

O SEXO TE FAZ SENTIR "CONHECIDO"?

Para que o sexo seja íntimo, ele precisa dizer "eu te quero", não apenas "eu quero sexo". Precisa dizer "eu te vejo, eu te escolho, eu quero ter uma experiência com você, e só você. Eu quero te conhecer melhor".

"Você" é a palavra-chave. "Você" é o foco. O sexo não é apenas sobre *mim*; é sobre *eu* conhecendo *você* e construindo um *nós*.

Mas esse desejo por intimidade é a ideia que os casais estão recebendo da nossa cultura evangélica? Quando lemos os livros cristãos *best-sellers* sobre casamento, esse potencial do sexo ser sobre *conhecer* estava misteriosamente ausente. O que encontramos foi que muitos desses livros retratam o sexo como uma necessidade primariamente masculina — e uma necessidade física, ainda por cima. Por exemplo, o livro *Amor e respeito*, do autor Emerson Eggerichs, do ministério *Focus on the Family*, claramente diz que "O marido tem uma necessidade de liberação física por meio da intimidade sexual", sem jamais mencionar que o sexo deve ser sobre intimidade, e não apenas sobre a ejaculação.[5]

Além disso, há uma anedota absurda no livro *Ela precisa, ele deseja*, de Willard F. Harley Jr., na qual o marido argumenta que um caso de adultério na verdade pareceu *ajudar* seu casamento. Como ele estava satisfazendo suas necessidades sexuais com Noreen, sua amante, ele achou mais fácil ser gentil com sua esposa, Mary, uma estudante em tempo integral que também estava ocupada com os filhos pequenos. Quando Mary conseguia um tempo dos estudos e queria fazer amor, ele a atendia avidamente, mas ele não a incomodava em outros momentos porque Noreen o ajudava com o alívio sexual. Tudo ótimo — até Jane, amiga de Mary, descobrir o caso e contar para Mary.[6] Embora o autor provavelmente tivesse a intenção de mostrar a importância do sexo para o bem-estar emocional dos homens, essa história parece uma propaganda de *Um marido e cinco mulheres*.

O que acontece quando dizem repetidamente a casais que o sexo é sobre o alívio físico do homem e a intimidade nem é mencionada? Sobra-nos apenas a imagem de sexo que a minha companheira de entrevista e atriz pornô daquele debate sobre ética sexual teria compreendido:

> Eu tenho feito sexo com meu marido por vinte anos, mas não me lembro se já fizemos amor. Ele acha que apalpar meus seios e [me chamar de termos pornográficos] é demonstrar amor.

---

[5]EGGERICHS, Emerson. *Amor e respeito* (São Paulo: Mundo Cristão, 2008), p. 218. Embora Eggerichs diga que "tanto marido quanto mulher precisam satisfazer a necessidade um do outro" na p. 219, ele também diz na mesma página: "Os maridos, particularmente, podem ficar debaixo de ataques satânicos quando forem privados de abertura sexual". Na p. 225, ele também diz: "Se seu marido é como a maioria, tem uma necessidade que você não tem". Além disso, o sexo é apresentado com uma necessidade do homem, mas não é sequer mencionado como uma necessidade da mulher. Embora Eggerichs possa mencionar um conhecimento mútuo por meio do sexo, ele consistentemente ensina que os homens precisam de sexo de uma maneira que as suas esposas jamais entenderão — e isso é primariamente para o benefício deles. Os benefícios para elas não são mencionados, enquanto a urgência do desejo sexual deles é enfatizada.

[6]HARLEY Willard F. Jr. *Ela precisa, ele deseja*, 2. ed. (São Paulo: Candeia, 2007), p. 30.

EM DEFESA DO SEXO INCRÍVEL

Em resposta a ela, outra mulher disse:

> Meu marido faz sexo da maneira que serviu de modelo para ele através da pornografia. É animalesco, é um alívio durante o qual ele diz coisas tipo: "você é tão gostosa." Ele se sente amado durante essa experiência porque ele está sentindo o barato da excitação e do orgasmo... Mas fazer amor requer vulnerabilidade e é assustador ser vulnerável com outra pessoa, especialmente se você teve uma infância difícil como meu marido. Então, eu entendo. Mas isso machuca e é frustrante.

Sexo sem conexão é vazio. Uma das respondentes do questionário, cujo marido de 35 anos assistia pornografia copiosamente e a estuprava repetidamente, compartilhou conosco essa anotação do diário dela, que ela escreveu durante a terapia depois do divórcio:

> Eu sinto raiva ao perceber como ele me usava sexualmente. Eu li que alguns homens focam unicamente em ter certeza de que a mulher alcance o orgasmo. Ele com certeza era assim. Mas ele usava coisas para me estimular mesmo que eu implorasse para não usar.[7] Ele fazia isso e ainda fazia sexo manual ou oral a fim de que eu atingisse o clímax antes mesmo de ele penetrar em mim porque "fica mais apertada para mim". Era sempre sobre ele. Ele se sentia um herói porque "minha mulher sempre tem orgasmos". Mas eu geralmente me sentia usada. Agora, eu entendo que eu era.

Fazer sexo fisicamente e até mesmo atingir o orgasmo fisicamente não são necessariamente o "conhecer" real. Deus quer que tenhamos mais do que só isso, e fazemos um desserviço a nós — e ao sexo — quando resumimos tudo somente ao físico.

---

[7]Usar brinquedos sexuais com alguém que pediu especificamente para não serem usados é uma forma de abuso sexual. Se você está sendo abusado sexualmente, ligue para o disque-denúncia.

> **PERGUNTA DE REFLEXÃO**
> Como é o equilíbrio entre o aspecto emocional e o aspecto físico do sexo no seu casamento? Você acha que está desequilibrado? Você quer que algo mude?

Muitas mulheres em nossos grupos focais também disseram que a conexão emocional durante o sexo é até mais importante para elas do que a conexão física. Mesmo quando elas não conseguem alcançar o orgasmo, elas ainda ficam gratas pelo presente que o sexo foi, já que ele as uniu profundamente aos seus maridos.

Eu (Joanna) tive uns últimos anos caóticos. Tive tantos problemas de saúde bizarros que a minha família me chama de "floquinho de neve especial". Depois de dezoito meses de infertilidade, eu finalmente fiquei grávida do meu primeiro bebê. Mas, durante o primeiro trimestre, minha mãe notou um caroço no meu pescoço. Sim, era câncer. Enquanto ainda estávamos nos recuperando do impacto, meu marido começou um novo emprego como advogado, nos mudamos para o outro lado do país, longe da família, eu defendi minha tese de mestrado e três dias depois me tornei mãe.

Eu passei por uma cirurgia, me declararam livre do câncer e, naquele verão, as coisas pareciam ter se assentado mais, e eu estava feliz por estar esperando nosso segundo bebê. Mas, nas primeiras horas de uma manhã de quinta-feira, eu estava sangrando profusamente durante um aborto espontâneo possivelmente letal, pensando em como eu *não queria* morrer deitada em cima de uma toalha de praia turquesa na minha sala de estar. Chamamos uma ambulância. Graças a Deus, ela chegou a tempo e eu fui estabilizada por uma equipe de médicos maravilhosos.

Por alguns meses depois disso, quando fazíamos amor, eu não conseguia chegar ao clímax ou mesmo ficar muito excitada durante o sexo. Não era apenas o peso do aborto ou ter que lidar com o peso da experiência de quase-morte; eram os anos anteriores de mágoa que me botavam para baixo. Mas, durante esse tempo de cura, mesmo que meu prazer sexual fosse esquivo, nós continuamos sendo sexualmente ativos, já que queríamos conceber e nos conectar emocionalmente. Relembrando esse tempo, eu me lembro da ternura que meu marido demonstrava ao longo do meu processo de luto. E, mesmo que nossa motivação primária para o sexo fosse ter outro bebê, nós também percebemos que ele era extraordinariamente reparador.

PERGUNTA DE REFLEXÃO
Houve vezes em que o sexo foi inspirador e íntimo, mesmo que você não tenha tido um orgasmo? O que o tornou especial?

VOCÊ NÃO PODE TER INTIMIDADE SE NÃO SE SENTE VALORIZADA

Em casamentos saudáveis, o sexo pode ajudar o casal a se sentir mais próximo. É uma expressão tangível do amor, comprometimento e ternura que já estão presentes. Uma mulher nos nossos grupos focais, que está casada há 28 anos, explicou dessa maneira:

> Às vezes, no nosso casamento, eu sinto como se houvesse alguma distância porque ele está estressado, ou eu me sinto menos amada porque não há um tempo para mim, e eu só dou um passo para trás e digo "Sabe de uma coisa? Vamos fazer sexo". E aí, BUM! É como se um interruptor de intimidade fosse ligado. Quando eu tomo essa decisão, quando eu dou aquele passo, eu colho os benefícios de me sentir amada porque eu posso simplesmente apreciar o quanto ele quer me amar. É um lindo dar e receber.

NÃO DURMA COM ALGUÉM QUE VOCÊ NÃO CONHECE

Mas, quando não há essa fundação de se sentir valorizado e conhecido, não podemos esperar que o sexo por si só a crie. Na verdade, o sexo separado da intimidade pode aumentar o abismo entre duas pessoas. Eu (Sheila) acho que essa é a raiz de perguntas como essa que chegam ao meu blog:

> Estamos casados há quase dez anos e temos quatro filhos. Sim, ele é um cara calado, mas eu sinto que nunca conversamos; eu geralmente me sinto falando com uma parede. Eu não sei quantas vezes eu já chorei e implorei para ele conversar comigo e disse para ele que eu estou me sentindo tão solitária. Ele simplesmente não se importa.
>
> Ele é gentil e atencioso quando quer sexo, mas no dia seguinte ele volta a ser indiferente e rude. Como eu posso fazer sexo quando não há conexão emocional alguma? Eu estou tão cansada de fazer tudo sozinha, de cuidar de todo mundo e de tudo. Eu tentei todas as linguagens do amor com ele. Eu mando mensagens de texto para ele dizendo que tenho orgulho dele e todo tipo de palavra de afirmação — ele não responde. Eu já preparei as marmitas dele — nenhum "obrigado", e, às vezes ele até as esquece na geladeira. Eu já preparei os pratos favoritos dele e comprei umas coisinhas no mercado. Eu tentei o toque físico e, claro, fizemos sexo. Eu simplesmente não vejo saída.

Em *O ato conjugal*, o livro de cabeceira sobre sexo para casais da geração X, que vendeu mais de 2,5 milhões de exemplares, Tim LaHaye conta a história de um casal chamado Bill e Susie. Bill sempre tratara Susie como um objeto sexual, ignorando as barreiras dela quando eles estavam namorando e fazendo coisas mesmo quando ela pedia para ele não fazer. Susie se sentia desrespeitada e invisível. Apesar disso, qual era a resposta? Perceber que Bill precisava de sexo. "Susie tinha três problemas: não apreciava as relações sexuais, não compreendia as necessidades de Bill e estava mais preocupada consigo própria do que com o marido. Quando confessou seu egoísmo e descobriu

EM DEFESA DO SEXO INCRÍVEL

o que o amor realmente significava para ele, sua vida sexual mudou inteiramente".[8]

Susie tinha três problemas, mas, aparentemente, Bill não tinha nenhum. O livro jamais sugere que Bill trate Susie como uma pessoa, que peça desculpas pelo seu tratamento com ela ou que entenda as necessidades dela. Susie só precisava dar mais mel para ele.

Em um exemplo ainda pior, LaHaye conta a história de uma mulher que tinha se privado de sexo com seu marido severo e rígido. LaHaye conta que a esposa admitiu: "As terríveis surras que ele dava nas crianças me deixavam enjoada".[9] O filho de dezenove anos cortara contato e fora viver em uma comunidade para se afastar do pai. Mas qual foi a solução que LaHaye sugeriu? Que a esposa se arrependesse e se entregasse sexualmente para o seu marido fisicamente abusivo, que havia roubado o relacionamento dela com os filhos.

Repetidas vezes, nesses livros e em outros, quando as mulheres têm necessidades legítimas de segurança emocional e até física nos seus casamentos que não são atendidas, dizem para elas que fazer sexo vai consertar as coisas.

Em casamentos saudáveis, às vezes, a solução realmente é que ambos precisam de sexo, mas o sexo não pode consertar egoísmo ou preguiça. Ele não pode consertar um relacionamento abusivo. Ele não pode curar adultério, uso de pornografia ou luxúria. É perigoso dizer para um leitor fazer sexo com um cônjuge abusivo. Se você está em um relacionamento abusivo, em que você se sente que precisa pisar em ovos para evitar irritar seu cônjuge e se sente em risco, ligue para um disque-denúncias (no

---

[8]LAHAYE, Tim e Beverly. *O ato conjugal* (Curitiba: Betânia, 2019), p. 27. Sabemos que Tim e Beverly escreveram esse livro juntos, mas eles deixam claro que Tim escreveu a maior parte e Beverly escreveu partes específicas. Tim LaHaye também usa "meu" e "eu" repetidamente, sem esclarecer, então, estamos atribuindo essas citações a Tim, em vez de a Tim e Beverly juntos.

[9]Idem, p. 136.

Brasil, 100 ou 180). Fazer sexo não pode consertar problemas sérios no seu relacionamento.

Não são apenas as mulheres que sofrem com essa ideia de que o sexo por si só pode aproximar os dois. O que muitos desses livros falham em mencionar é que os maridos precisam de conexão emocional também. Alívio físico sem intimidade real é vazio e insatisfatório. Um homem nos contou:

> A pior coisa é fazer sexo com minha esposa quando é óbvio que ela não está interessada. Como homem, para ficar sexualmente satisfeito, eu quero que minha esposa deseje o meu toque e o prazer que eu dou para ela. Fazer sexo só para ejacular é triste. Eu sei que a maioria das pessoas acham que o sexo é puramente físico para um homem, mas não é. Eu diria que é a coisa mais emocional que um homem pode sentir. Nada diz eu te amo, eu preciso de você, eu te aceito, eu te desejo como fazer um sexo daqueles com minha esposa quando ambos sentimos prazer juntos. Sexo unilateral, quando tudo que eu faço é ejacular, parece uma rejeição profunda.

Esse homem não precisa apenas de alívio físico; ele tem outra necessidade. Somente o alívio físico não é suficiente para ele se sentir sexualmente satisfeito. Não é sobre o orgasmo tanto quanto é sobre a conexão. Intencionalmente ou não, ao descrever a necessidade sexual em termos de alívio físico em vez de intimidade, muitas mulheres "permitem" que os homens façam coito e se sentem orgulhosas de si por cumprirem sua obrigação de esposas, enquanto seus maridos solitários ficam desesperados por conexão. No fim das contas, *Amor e respeito* sequer menciona que a intimidade é um benefício do sexo para os homens; somente menciona o alívio físico e o sentimento de respeito. Esse tipo de fala faz os homens se sentirem vazios e as mulheres, usadas. Muitas mulheres, quando ouvem conselhos como os que livros assim dão, ouvem alto e claro: "Eu não tenho importância".

O sexo não pode ser íntimo se você não sente que tem importância. Na verdade, isso nem é sexo, conforme definimos. Isso é apenas coito e é uma imitação patética do que Deus planejou. O sexo, afinal de contas, é extremamente pessoal. Vocês estão nus de uma forma que jamais estariam com outra pessoa; vocês mostram um lado de si para o outro que jamais mostrariam para outra pessoa; vocês usufruem da paixão da forma em que vocês são mais autênticos, deixando o controle de lado e se rendendo ao momento. Por causa dessa entrega e vulnerabilidade, o sexo se torna a culminação de vocês como um casal, não apenas como corpos. É físico, sim, mas é muito mais do que isso.

Essa vulnerabilidade intensa pode ser porque a proximidade emocional faz tanta diferença para a satisfação sexual das mulheres: proximidade emocional traz confiança. Quando você se sente próximo do seu cônjuge e confia nele, é mais fácil perguntar: "Ei, sabe o que eu gostaria de experimentar?" ou "Eu não gosto muito disso; podemos tentar outra coisa?" É isso que provavelmente está por trás da nossa descoberta de que mulheres que têm proximidade durante o sexo são muito mais propensas a terem maridos que são excelentes nas preliminares. Conexão emocional simplesmente não pode ser separada da conexão sexual. Elas foram planejadas para alimentarem uma à outra.

SEXO COMO "CONHECIMENTO" REQUER
VERDADEIRA RECIPROCIDADE

Quando você começa a namorar alguém, você namora porque gosta da pessoa. Você quer ficar perto dela. Você dá valor ao que ela tem a dizer. Você se apaixona.

Mas, assim que você se casa, a dinâmica geralmente muda. O foco não é mais essa pessoa, com suas particularidades, seus pontos fortes e fracos, e personalidade; passa a ser o que você "deve" fazer. Namorar trata do que você quer fazer, o que é natural, quem se encaixa com você como uma peça de quebra-cabeça. Quando você está casado, trata de decidir com que peça de quebra-cabeça você deve se parecer.

Eis uma descoberta interessante na nossa pesquisa: mulheres que não acreditam que os papéis de gênero tradicionais sejam imperativos morais se sentem mais ouvidas e vistas em seus casamentos. Na verdade, mulheres que vivem na típica dinâmica de homem-ganha-pão/mulher-dona--de-casa também se sentem mais vistas se elas veem essa dinâmica como uma opção, e não como um papel dado por Deus.[10]

Isso significa que é errado ter um cônjuge que ganha o pão e outro cônjuge que fica em casa? Não. Nós três, que estamos escrevendo este livro, escolhemos especificamente carreiras que nos permitiriam ficar em casa com nossos filhos. Mas, quando aceitamos os papéis de gênero tradicionais sem questioná-los, criamos uma dinâmica estranha no casamento, na qual vemos um ao outro como categorias em vez de como pessoas. Fomos todos criados com pontos fortes, dons e chamados únicos, e eles nem sempre se encaixam com os papéis de gênero tradicionais. Quando um casal toma decisões baseados em quem Deus os criou para ser, em vez de se basearem em quem os papéis de gênero dizem que eles *deveriam* ser, isso os permite viver no plano de Deus para suas vidas enquanto se sentem conhecidos e valorizados. Tentar se encaixar nesses papéis de gênero pode significar que não estamos sendo nós mesmos inteiramente, que estamos usando uma máscara, e às vezes a máscara não se encaixa.

Sexo íntimo requer que você sinta que seu cônjuge te valoriza não apenas pelo que você pode lhe dar, mas por *quem você é*. O sexo não deve dizer "eu desejo você" se *quem você é* está coberto pela expectativa de quem você deveria ser. Nos nossos grupos focais, as mulheres consistentemente relatavam que permitir que elas mesmas e seus maridos vivessem fora dos papéis de gênero tradicionais revitalizou seus casamentos

---

[10]Razões de possibilidade a uma significância estatística de $\alpha = 0,05$ foram usadas ao longo deste livro para determinar estatisticamente se havia chances maiores de resultados variados de satisfação conjugal e sexual, o que significa que a probabilidade de nossos resultados serem sorte é menor de 5%. Mães cristãs que ficam em casa eram 1,23 (1,08 — 1,40) vezes mais propensas a relatarem que suas opiniões importam tanto quanto as dos seus maridos se elas também concordam que uma mãe que fica em casa é uma situação tão boa quanto um pai que fica em casa.

— e suas vidas sexuais. Michelle explicou: "Deixar para trás os papéis de gênero melhorou nosso casamento de tantas maneiras — ele não sente mais que precisa ser esse líder que ele nunca foi feito para ser, e está tão mais feliz... Nós sempre nos amamos, mas nós gostamos um do outro agora porque estamos livres para ser quem somos como indivíduos. E as coisas só estão ficando melhores".

Kay ecoou: "Eu tentei tanto ser as coisas que eu deveria ser como uma boa mulher cristã, mas simplesmente não era boa nisso. Eu tenho uma personalidade forte e opiniões claras, e meu marido é mais na dele. Eu sempre tentava fazer com que ele tomasse a iniciativa. Quando aprendemos sobre os tipos de personalidade e nos demos a liberdade de sermos quem somos, nosso casamento se encaixou".

Quando os casais permitem que o outro floresça como Deus os fez, eles se sentem mais próximos emocionalmente, e isso leva a um sexo melhor. Como veremos ao longo deste livro, muitos estereótipos de gênero podem causar mais mal do que bem, sejam eles sobre quem deve tomar as decisões, diferenças de libido, luxúria ou uso de pornografia. As mulheres se sentem muito mais livres sexualmente e têm casamentos muito melhores quando elas sentem que têm importância e que são aceitas da maneira que elas são.

PERGUNTA DE REFLEXÃO

Como você decide quem faz o quê no seu casamento? Você tem os papéis de gênero como padrão instintivamente ou pensou sobre como usar os pontos fortes que Deus te deu?

Mas há outro estereótipo de gênero que teve um impacto ainda maior em casamentos e em satisfação sexual: hierarquia baseada no gênero. A maior parte dos livros que analisamos promovia uma visão hierárquica do casamento, na qual o marido decide e a esposa segue, não somente como um modelo para um casamento saudável, mas também como um requisito para uma vida sexual satisfatória.[11]

- "Uma esposa sensível e receptiva demonstra de bom grado que ela troca a sua liberdade pelo amor, adoração, proteção e provisão que ele lhe dá (...) A submissão da esposa dá a entender que, quer o marido assuma ou não, ele é responsável pelas decisões importantes dentro do lar". *Sexo e intimidade*[12]
- "Um homem pode ter muitos chefes fora de casa; dentro de casa, porém, ele tem a chance de exercer autoridade bondosa e receber o devido respeito". *Entre lençóis*[13]
- "Deus determinou que o homem fosse o agressor, o provedor, e o chefe da família. Por alguma razão, isto está ligado ao seu impulso sexual. A mulher que desgosta do impulso sexual do marido, embora admire sua liderança agressiva, faria bem se encarasse o fato de que não pode haver um sem o outro". *O ato conjugal*[14]

---

[11]Efésios 5.21 nos mostra como devemos interpretar o verbo "sujeitar-se": "sujeitando-vos uns aos outros no temor de Cristo". É dito a todos os crentes para se submeterem uns aos outros. Se a submissão é tomada de decisões, isso não faz sentido algum. Aqui, a submissão é mostrada como a humildade de alguém e seu serviço ao próximo, como Jesus fala repetidamente (veja Mateus 20.25-28) e como Paulo nos lembra em Filipenses 2.5-8. O grego original em Efésios 5.22 ("Mulheres, cada uma de vós seja submissa ao marido, assim como ao Senhor") não contém a palavra "submissa". Ela é uma inferência do versículo 21, o que significa que tem o mesmo significado quando se refere às esposas no versículo 22 que tinha quando se referia a todos os crentes no versículo 21. Como Jesus disse que a vida cristã não é sobre poder, mas sobre serviço, acreditamos que essa interpretação está de acordo tanto com o contexto imediato quanto com o ensino mais amplo de Jesus. E, como percebemos, está de acordo com o que mostram o nosso estudo e outros estudos (como estudos conduzidos pelo Instituto John Gottman) sobre o que cria casamentos fortes e duradouros. Para leitura adicional, leia o texto de Marg Mowczko: "Mutual Submission in Ephesians 5.21 and in 1Peter 5.5", disponível em: https://margmowczko.com/mutual-submission-ephesians-5_21-1-peter-5_5/. O livro de Sheila *9 Thoughts That Can Change Your Marriage* também mostra como uma interpretação de submissão e serviço seria para o marido e a esposa.

[12]WHEAT, Ed e Gaye. *Sexo e intimidade*, 2. ed. (São Paulo: Mundo Cristão, 1990), p. 27-35.

[13]LEMAN, Kevin. *Entre lençóis* (São Paulo: Mundo Cristão, 2012), p. 53.

[14]LaHaye, *O ato conjugal*, p. 27.

EM DEFESA DO SEXO INCRÍVEL

Alguns livros levam isso ainda mais longe. *Amor e respeito*, por exemplo, diz: "Um casamento estabelecido com dois iguais na liderança está destinado ao fracasso. Essa é uma das grandes razões de as pessoas se divorciarem a torto e a direito hoje em dia".[15] Um ponto comum em todos esses livros é que casamentos sem alguém que desempate estão condenados a fracassar porque relacionamentos precisam de alguém que fique no comando.

Cerca de 62% das mulheres que responderam nossa pesquisa estavam de acordo com esses livros — elas concordavam que a submissão de uma esposa cristã à liderança do seu marido é uma das melhores maneiras de amá-lo. Além disso, 39,4% das nossas entrevistadas acreditavam que o marido deveria ter o poder tomar decisões no casamento. No entanto, apesar de tantas acreditarem nisso, descobrimos que apenas 17,3% dos casais realmente têm essa dinâmica do homem ter a palavra final. Em contraste, 78,9% dos casamentos funcionam sem que um deles seja o desempatador. (As entrevistadas restantes estavam em casamentos em que a esposa toma as decisões finais.) Nesses casamentos, os casais tomam decisões juntos ou então desistem de tomar uma decisão, se eles não concordam. Muitos casais podem dizer que eles acreditam que o marido tem a palavra final, mas as ações deles apontam mais para a reciprocidade.

Mas o que acontece com casais quando um dos cônjuges toma as decisões, mesmo se as explicarem para o outro e pedirem suas opiniões? Eles são 7,4 vezes *mais* propensos a se divorciarem do que casais que dividem o poder de tomar decisões.[16] Nem somos as únicas que perceberam

---

[15]EGGERICHS, *Amor e respeito*, p. 212. Ele fez essa afirmação sem referência a qualquer estudo ou qualquer validação externa.

[16]Nós comparamos comportamentos conjugais de tomada de decisão entre casais ainda casados e casais divorciados. Todos eram cristãos e frequentavam a igreja pelo menos uma vez por semana. Casamentos com tomadas de decisão unilaterais tinham taxas muito maiores de divórcio, independentemente de qual gênero tomava tais decisões, mostrando que a hierarquia mata casamentos, não importando se é o homem ou a mulher quem manda.

isso. Nossos números se aproximam do que o Instituto Gottman também percebeu sobre tomadas de decisão: "Estatisticamente falando, quando o homem não está disposto a dividir o poder com sua companheira, há uma chance de 81% de seu casamento autodestruir-se".[17]

A chave é compartilhar o poder — e precisamos ser cuidadosos com isso, porque o poder desigual pode *parecer* compartilhado se o marido é um homem gentil. Em *Amor e respeito*, Eggerichs escreve que um bom marido vai levar em conta as opiniões da sua mulher e até decidir de acordo com a preferência dela. Isso parece tão paradisíaco — a liderança sacrificial do bom marido deveria resultar em um casamento tão bom que sua esposa se esquece de que as opiniões dela não têm tanta importância.

Contudo, sentir que é ouvido e que suas opiniões importam são essenciais para a satisfação conjugal. Em casamentos com tomadas de decisão colaborativas, as mulheres são quase três vezes mais propensas a se sentirem ouvidas durante discussões.[18] Por outro lado, quando as mulheres não se sentem ouvidas, mas sentem como se as opiniões delas não fossem tão importantes quanto às dos seus maridos, seus casamentos são 26 vezes mais propensos a terminarem em divórcio.[19] *Vinte e seis*

---

[17]GOTTMAN, John M.; SILVER, Nan. *Sete princípios para o casamento dar certo* (Rio de Janeiro: Objetiva, 2000). Nossa pesquisa percebeu que muitos casais cristãos acreditam que os maridos têm autoridade para tomar decisões. Essa crença não causou dano até ser colocada em prática. Isso repete os resultados de Gottman e aponta para uma necessidade de reavaliação dessa teologia. Para mais estudos, recomendamos juniaproject.com e margmowczko.com.

[18]Mulheres cristãs que tomam decisões de forma colaborativa são 2,52 (2,32 — 2,75) vezes menos propensas a concordar com a proposição: "Quando temos um conflito, eu não sinto que meu marido realmente me ouve".

[19]Casamentos cristãos são 24,06 (20,71 — 27,94) vezes mais propensos de terminarem em divórcio se a mulher respondeu que seu marido ou ex-marido não considerava as necessidades dela tanto quanto as dele. Casamentos cristãos são 26,35 (23,12 — 30,03) vezes mais propensos a terminarem em divórcio se a mulher respondeu que as opiniões dela não importavam tanto quanto as do marido durante o casamento.

vezes. Pode ser por isso que descobrimos que o risco de divórcio decola em casamentos nos quais o marido é quem, no fim das contas, toma as decisões, mesmo quando ele consulta sua esposa sobre elas. Quando configuramos casamentos em que , no fim das contas, é o marido toma as decisões, criamos casamentos em que as opiniões dele, por definição, importam mais do que as dela e, quando as mulheres sentem que as opiniões delas não têm o mesmo peso que as do marido, o sexo sofre e o casamento sucumbe.

PERGUNTA DE REFLEXÃO
Como você tende a tomar decisões no seu casamento? Vocês dois estão felizes com esse arranjo? Vocês se sentem ouvidos?

Mas há boas notícias: tratar um ao outro como iguais não te proporciona apenas um casamento melhor — mas também um sexo melhor! Quando os casais dividem o poder (tomando decisões juntos), as esposas são 4,36 vezes mais propensas a classificarem seus próprios casamentos entre os 20% mais felizes do que entre os 20% menos felizes,[20] e são 67% mais propensas a frequentemente terem orgasmos durante o sexo.[21]

PERGUNTA DE REFLEXÃO
Você sente que você valoriza as opiniões do seu cônjuge tanto quanto as suas próprias? Você sente que seu cônjuge valoriza as suas opiniões?

---

[20] 4,36 (3,83 — 4,97).
[21] 67% (54 — 82%).

Figura 2.1 - Mulheres que sentem que sua voz importa relatam um sexo melhor

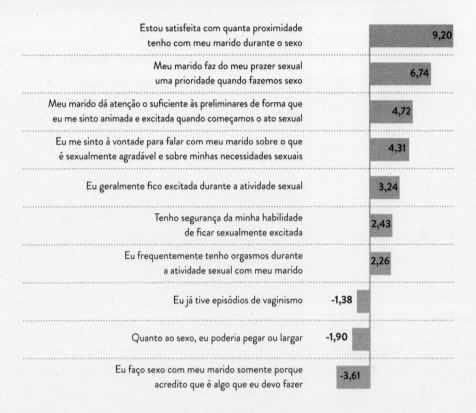

SEXO PROFUNDAMENTE ÍNTIMO E APAIXONADO É POSSÍVEL?

Um dos meus favoritos e mais memoráveis usuários do blog era um senhor mais velho que eu conheci somente como "P". Por meio dos seus comentários, ele encorajava outros quanto aos seus casamentos e nos dizia que o casamento dele era a sua maior fonte de felicidade. Ele escrevia coisas assim: "Nós não temos um Dia nos Namorados porque somos o namorado um do outro TODO dia!" e "Eu posso assegurar para vocês que o casamento fica cada vez melhor conforme o tempo passa. Nós estamos mais apaixonados do que nunca. Um bônus extra é que fazer amor fica mais emocionante também!" Um dia, ele nos contou:

EM DEFESA DO SEXO INCRÍVEL

> Toda noite, quando vamos para a cama, nós nos aconchegamos abraçados antes de dormirmos. Frequentemente, não vestimos nada na cama. Dormir agarradinhos assim não leva a fazermos amor, mas é tão amigável, relaxante e algo que não podemos fazer com mais ninguém no mundo. É maravilhoso, e eu me sinto tão abençoado por ter a minha esposa nos meus braços. Nós nos separamos e oramos pela nossa família e pelo nosso casamento, e então dormimos. Ah, a propósito, normalmente fazemos amor pela manhã!

Ele nos disse que eles tendiam a usar somente uma posição agora porque era mais fácil por questões de saúde, mas o sexo significava tanto para eles, mesmo que ele tivesse que tomar uma pílula azul antes! Eles simplesmente amavam se sentir mais próximos um do outro. O último comentário que recebemos de P foi o seguinte:

> Estamos casados há mais de quarenta anos. Minha mulher tem dores crônicas e problemas nos olhos, e eu tenho um novo problema que me faz ter dias "bons e ruins". Não podemos fazer sexo. Apesar de todos esses problemas, é maravilhoso saber que amamos tanto um ao outro que simplesmente estamos presentes para o outro como e quando é necessário. Alguns dias ela cuida de mim, outros dias eu cuido dela. Nós agradecemos a Deus todos os dias pelo nosso casamento. Somos muito abençoados.

Alguns meses depois, eu recebi um e-mail da esposa de P. Ele tinha falecido de câncer, mas ele a amou até o fim e tinha aparecido para encorajar jovens como nós a terem a mesma gratidão por seus cônjuges.

O sexo não é apenas físico — o sexo é emocional e espiritual também. Quando entendemos a profundidade do amor apaixonado que temos um pelo outro, reforçado por anos de confiança e experiências compartilhadas, como P explicou, o sexo transcende. Ele se torna algo diferente — ele passa de "coito" para "fazer amor". É isso que tantos casais cristãos vivem, apesar dos ensinamentos que eles receberam, e gostaríamos de convidar

48

você para essa nossa jornada, conforme desconstruímos ideias prejudiciais e encontramos esse conhecimento mútuo e apaixonado que Deus planejou para que compartilhássemos.

EXPLOREM JUNTOS: COMO SE SENTIR EMOCIONALMENTE PRÓXIMOS DURANTE O SEXO

Façam amor, não apenas coito!

1. Comecem com conexão emocional. Escolham um (ou mais) dos pontos seguintes antes de começarem algo sexual:
   - Compartilhe seus pontos altos e baixos do dia. Quando você se sentiu mais "na crista da onda"? Quando você se sentiu mais desencorajado e derrotado?
   - Ore por ajuda e força para seu cônjuge lidar com os assuntos do dia seguinte.
   - Abençoe seu cônjuge: reafirme os dons e o caráter dele(a), e então ore para que Deus sopre sobre ele(a) e o(a) faça crescer nessas áreas únicas.

2. Passem para a afeição:
   - Massageiem ombros, pescoço e têmporas um do outro (ou quaisquer outras partes do corpo!)
   - Beijem-se e toquem-se por alguns minutos antes de passarem para quaisquer zonas erógenas.

3. Mantenham tudo bem pessoal:
   - Diga o nome do seu cônjuge, diga a ele(a) que o(a) ama, e olhe nos olhos dele(a) — mesmo se tiverem que deixar as luzes acesas!
   - Preste atenção no que seu cônjuge está sentindo e tente aumentar o prazer dele(a).

- Se um de vocês chegar ao clímax antes do outro, ajude o outro a chegar ao clímax também (a menos que isso tenha sido difícil e estressante para você — nesse caso, espere até o próximo exercício).

4. Repousem na tranquilidade do pós-sexo
- Depois de se limparem, deitem-se nus nos braços um do outro por alguns minutos. Beijem-se um pouco mais antes de dormirem.

RESGATANDO E REESTRUTURANDO

- Em vez de dizer que "o marido tem uma necessidade de abertura física por meio da intimidade sexual", diga que "Deus fez o sexo para ser uma intimidade física e emocional para os dois cônjuges. Vocês dois têm necessidade de intimidade através do sexo, mesmo se sentirem isso de maneiras diferentes".
- Em vez de dizer que "ele não pode se sentir próximo de você a menos que você faça sexo com ele", diga que "o sexo pode ajudar um casal a se sentir mais próximos, mas não pode sustentar a intimidade por si só".
- Em vez de dizer que "vocês têm papéis predeterminados no seu casamento por causa do seu gênero", diga que "Deus criou você e seu cônjuge para refletirem a imagem dele de maneira única. Sigam o chamado exclusivo de Deus para suas vidas individualmente e como um casal".

CAPÍTULO 3

SUPERANDO A DISPARIDADE ORGÁSMICA

"Ó filhas de Jerusalém, eu as faço jurar: se encontrardes o meu amado, dizei-lhe que estou doente de amor"
CÂNTICO DOS CÂNTICOS 5.8

Qual mensagem você ouviu com mais frequência na igreja, em estudos ou em livros cristãos?

- Não prive seu marido de sexo.
- O prazer sexual da mulher importa.

Eu fiz essa pesquisa simples no Twitter e no Facebook. Os resultados? 95% contra 5%. Mais de 1500 respostas nas duas plataformas confirmaram esmagadoramente nossas suspeitas — a mensagem sobre sexo na igreja evangélica está focada na realização do marido ento ignora a da esposa.

EM DEFESA DO SEXO INCRÍVEL

Essa ideia deturpada apareceu repetidamente nas nossas pesquisas e grupos focais também. Kay nos disse que o casamento dela começou ótimo no quarto, mas, depois do terceiro filho, enquanto batalhava contra a depressão pós-parto e as consequências físicas de parir três crianças, o sexo simplesmente parou de ser prazeroso. Pelos anos seguintes, Kay se certificou de que ela e seu marido ainda fizessem sexo regularmente porque, como ela disse, "eu sei que ele precisava". Foi somente quando ela percebeu que ela também precisava que as coisas começaram a melhorar.

Para Natalie, o orgasmo tem sido um objetivo esquivo. Por seis anos de casamento, ela zelosamente garantiu a satisfação do marido, mas dois anos atrás ela acordou e disse para si mesma: "Cansei disso; isso é estúpido. Precisamos descobrir como isso pode dar certo para mim também".

DEUS PROJETOU O SEXO PARA
SER PRAZEROSO PARA OS DOIS

Por que Kay, Natalie e tantas mulheres evangélicas como elas presumem que o sexo é principalmente para seus maridos? Afinal, na criação dos nossos corpos, Deus mostrou que ambos os gêneros foram feitos para o prazer sexual. Certamente, o orgasmo do homem é necessário para a procriação (embora nós creiamos que o clímax dele seja para muito mais), mas Deus não deixou as mulheres para trás. O clitóris, aquela pequena saliência de carne no topo dos pequenos lábios (os interiores) e entre os grandes lábios (as dobras externas da genitália feminina), foi criado com tantas terminações nervosas quanto o pênis. Diferentemente do pênis, no entanto, o clitóris tem somente uma função: prazer.

O clitóris também foi projetado com "raízes" internas que sobem da parede frontal da vagina, as quais podem causar prazer adicional quando uma área específica é estimulada. (Isso é comumente chamado de "ponto G", por causa de Ernst Gräfenberg, que foi o primeiro a escrever sobre isso. Temos certeza quase absoluta de que as mulheres descobriram isso primeiro; ele foi apenas quem nomeou.)

SUPERANDO A DISPARIDADE ORGÁSMICA

Também sabemos que as mulheres, diferentemente dos homens, são capazes de orgasmos múltiplos de uma só vez. Enquanto os homens têm um período refratário depois do orgasmo, quando eles não são fisicamente capazes de ereção ou de atingir o orgasmo, o período refratário das mulheres é bem diferente. Estímulos diretos podem ser intensos demais depois do orgasmo, mas muitas mulheres são capazes de "entrar na correnteza" do orgasmo e ter vários em sucessão, e muitas delas acham que o sexo depois do orgasmo ainda é muito prazeroso e as ajuda a atingir o orgasmo de novo.

Então, Deus fez as mulheres para se sentirem bem durante o sexo — e, no geral, elas se sentem assim.

Na nossa pesquisa, 70% das mulheres casadas relatam que frequentemente ficam excitadas durante as relações sexuais com seus maridos. A maioria das mulheres casadas regularmente alcança o orgasmo (48,7% alcançam o orgasmo toda vez ou quase toda vez e um adicional de 18,7% o alcançam um pouco mais que a metade das vezes). Mas ainda temos muito espaço para melhorar, porque 12% das mulheres na nossa pesquisa raramente ou nunca atingem o orgasmo, e 11% o atingem menos da metade das vezes. É isso que queremos ajudar a consertar, começando com este capítulo, mas também ao longo do restante do livro.

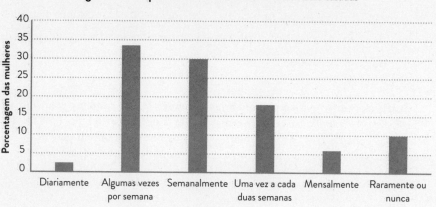

Figura 3.1 - Frequência de sexo entre mulheres cristãs casadas

QUE MENSAGEM TEM SIDO PASSADA ACERCA DO PRAZER FEMININO?

Livros cristãos escritos especificamente sobre sexo tendem a fazer um excelente trabalho de enfatizar o orgasmo das mulheres e de dizer aos homens que é responsabilidade deles assegurar que suas esposas sintam prazer.[1] Todos eles repetem a ideia de *Sexo e intimidade*: "Toda união física deve ser um concurso excitante para ver qual dos cônjuges consegue proporcionar maior prazer ao outro".[2]

Então, de que maneira mulheres como Kay e Natalie se casam sem saber que o sexo incrível também é para elas? Bem, em materiais evangélicos online e livros evangélicos dedicados ao casamento no geral, em vez de focados apenas no sexo, vemos algo bem diferente. Esses são alguns exemplos (de muitos):

- Depois de falar sobre como o sexo para as mulheres gira em torno, na verdade, da afeição (em vez de ser sobre a necessidade dela por prazer), *O poder da esposa que ora* diz: "Mas, para o marido, o sexo é pura necessidade. Seus olhos, ouvidos, cérebro e emoções ficam anuviados se não tiver esse relaxamento".[3]
- *Ela precisa, ele deseja* fala sobre as experiências sexuais dos homens e das mulheres da seguinte forma: "Ele confia que sua esposa estará disponível para ele sempre que for do seu desejo fazer amor, e que satisfará todas as suas necessidades sexuais. Da mesma forma, a esposa confia que seu marido satisfará suas necessidades emocionais".[4]

---

[1]LaHaye, *O ato conjugal*; Clifford e Joyce Penner, *O sexo é um presente de Deus*; Wheat, *Sexo e intimidade*; Leman, *Entre lençóis*; e outros (incluindo, é claro, *The good girl's guide to great sex*, de Sheila Wray Gregoire) entram em detalhes sobre como uma mulher pode alcançar o orgasmo e que ela deveria alcançar o orgasmo.

[2]WHEAT, *Sexo e intimidade*, p. 82.

[3]OMARTIAN, Stormie. *O poder da esposa que ora*, 2. ed. (São Paulo: Mundo Cristão, 2014), p. 58.

[4]HARLEY. *Ela precisa, ele deseja*, p. 53.

SUPERANDO A DISPARIDADE ORGÁSMICA

- *Amor e respeito* diz: "Se seu marido é como a maioria, tem uma necessidade que você não tem".[5]

Quando a cultura evangélica retrata repetidamente a realização sexual como algo de que o marido necessita e que a esposa pode ter como um bônus, que ideia os casais vão internalizar? *As mulheres não vão nem esperar ter prazer no sexo e os homens não vão achar que tenha algo particularmente errado se ela não tiver prazer.*

> **PERGUNTA DE REFLEXÃO**
> Onde você se classificaria na figura 3.2 abaixo? Onde o seu cônjuge estaria? Se você não começa o sexo esperando ter um orgasmo, isso é uma questão temporária ou de mais longo termo?

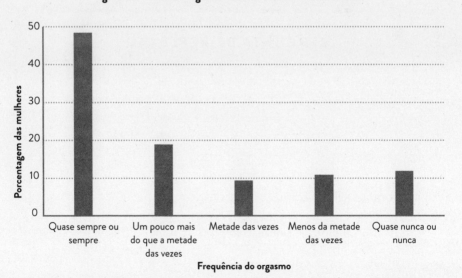

Figura 3.2 - Taxa de orgasmo entre mulheres cristãs casadas

---

[5]EGGERICHS, *Amor e respeito*, p. 225.

Uma pessoa escreveu um comentário:

> Estou completamente perplexa pelo fato de meu marido não se interessar em descobrir como fazer o sexo ser bom para mim. Eu pedi para ele me ajudar a descobrir como eu gosto de ser tocada, mas ele disse que estava cansado demais. Eu estava realmente esperançosa de que poderíamos conversar mais e fazer do sexo algo mais do que uma rotina de dois minutos. Quando falamos sobre sexo, ele parece desconfortável e me relembra de que ele é um rapaz da fazenda e que entende como o sexo funciona porque ele criava porcos. Mas eu NÃO SOU uma porca!

Charlotte, de um dos nossos grupos focais, nos contou algo similar. Quando começou a se perguntar se o sexo poderia ser bom para ela também, ela começou a ler alguns livros sobre sexo com algumas técnicas diferentes para tentar. Quando ela falou com o marido sobre isso, ele a interrompeu. Ele já sabia fazer sexo, disse. Ela só precisava acompanhar.

> **PERGUNTA DE REFLEXÃO**
>
> Lembre-se das ideias sobre sexo que você ouviu na sua adolescência e juventude. O sexo era representado como algo para os dois, ou era mais falado sobre as necessidades do homem? Quando você aprendeu que o orgasmo feminino existe?

Os homens sabem que o sexo é prazeroso; o que há de errado com as mulheres para não sentirem prazer também? Infelizmente, é comum que materiais cristãos reforcem a ideia de que os homens sabem fazer sexo e as mulheres, não. A falta de prazer sexual das mulheres se torna culpa delas. Apesar de explicar que as mulheres precisam de estímulos no clitóris, *O ato conjugal*, o livro sobre casamento *best-seller* lido pela geração X, também diz o seguinte: "Os homens têm maior índice de orgasmo principalmente porque são mais ativos no ato amoroso".[6] Na verdade, os homens têm uma taxa maior de orgasmos principalmente porque eles recebem estímulos mais diretos durante o sexo. Não deveria ser uma revelação arrebatadora que a genitália da mulher não alcança o orgasmo da mesma forma que um pênis.

A maioria (51,3%) das mulheres na nossa amostra não tem um "orgasmo garantido" toda vez que faz sexo (isto é, elas não têm um orgasmo em todo ou quase todo ato sexual), e isso não é necessariamente porque elas não são ativas durante o sexo. Luto, problemas no relacionamento e perturbações hormonais podem impactar a habilidade dela de ter um orgasmo. Mesmo assim, embora muitas coisas contribuam para as taxas de orgasmo das mulheres, uma se destaca mais do que qualquer outra: *mulheres precisam de preliminares.* A razão para a falta de orgasmo de uma mulher não é que ela não é ativa o suficiente durante o sexo; é mais provável que o marido não seja tão ativo *da forma correta.* Geralmente, é porque ele nunca foi ensinado que ele deveria agir dessa forma, e isso deixa muitas mulheres se sentindo desapontadas, frustradas ou até usadas quando sexo acaba.

> **PERGUNTA DE REFLEXÃO**
> Como você se sente depois do sexo? Como suas emoções depois do sexo afetam como você se sente a respeito dele?

A FALTA DE PRELIMINARES É A RAZÃO PRINCIPAL PARA A DISPARIDADE ORGÁSMICA

Vamos falar sobre o que os pesquisadores chamam de "disparidade orgásmica". Pesquisas descobriram repetidamente que mais de 90% dos ho-

---

[6]LaHaye, O ato conjugal, p. 121.

mens sempre ou quase sempre têm um orgasmo.[7] Compare isso com a taxa de orgasmo das mulheres na nossa pesquisa (48%) e nos vemos com pelo menos 42% de desigualdade de orgasmos.

Essa desigualdade é simplesmente porque as mulheres não têm orgasmos com facilidade? Não! Pesquisas mostram que, quando se masturbam, as mulheres podem atingir o orgasmo em menos de dez minutos.[8] Logo, a habilidade física das mulheres para terem um orgasmo não é o problema. E se o problema real for que falhamos em ensinar aos casais como fazer sexo de forma que seja boa para a esposa?

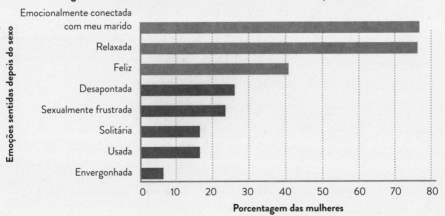

Figura 3.3 - Como mulheres cristãs casadas se sentem depois do sexo

---

[7] WADE, Lisa D.; KREMER, Emily C.; BROWN, Jessica. "*The ncidental orgasm: the presence of clitoral knowledge and the absence of orgasm for women*". In: *Women Health 42*, n. 1, 2005, p. 117-38. Disponível em: https://www.ncbi.nlm.nih.gov/pubmed/16418125.
Uma pesquisa representativa em nível nacional que percebeu uma diferença de 27% entre orgasmos de homens e de mulheres: https://nationalsexstudy.indiana.edu/. Embora estudos diferentes encontrem diferenças maiores ou menores baseados em quem entrevistam (se incluem encontros únicos ou somente sexo dentro de um relacionamento, por exemplo, já que a diferença de orgasmos é maior no primeiro grupo, https://theconversation.com/the-orgasm-gap-picking-up-where-the-sexual-revolution-left-off-96178), a diferença em todos os estudos que analisamos é consistentemente grande.

[8] "*Women's orgasm takes longer during partnered sex*", Sociedade Internacional de Medicina Sexual, 23.10.2018. Disponível em: https://www.issm.info/news/sex-health-headlines/womens-orgasm-takes-longer-during-partnered-sex/. Veja também HALTON, Mary. *We need to talk about the orgasm gap — and how to fix it*, 06.06.2019. Disponível em: https://ideas.ted.com/we-need-to-talk-about-the-orgasm-gap-and-how-to-fix-it/.

SUPERANDO A DISPARIDADE ORGÁSMICA

Homens e mulheres atingem o orgasmo de formas diferentes. Enquanto os homens facilmente alcançam o orgasmo com o ato sexual (e, de fato, o orgasmo deles geralmente sinaliza o fim da relação sexual), para as mulheres, a relação entre o ato sexual e orgasmo não é tão direta. Das mulheres na nossa pesquisa que conseguiam ter orgasmos, somente 39% conseguiam pelo ato de penetração apenas. O restante precisava de algum outro tipo de estímulo.

Portanto, as mulheres que alcançam o orgasmo regularmente durante relações sexuais normalmente não o alcançam somente pela penetração. *Esse é o padrão*. Infelizmente, muitos dos clássicos cristãos já escritos sobre sexo, embora sejam tão categóricos a respeito da importância da experiência sexual da mulher, ainda subestimam os melhores métodos das mulheres para o orgasmo.[9] *Sexo e intimidade* coloca o sexo oral como uma imitação da coisa real: "Para solucionar esse problema, eles se voltam para o sexo gênito-oral para levá-la ao orgasmo, e isso se torna, em certo sentido, um atalho que evita o desenvolvimento da disciplina e habilidade no controle necessário para se aprender a conseguir constantemente o máximo prazer físico para os dois por meio de relações sexuais normais".[10] *O ato conjugal*, o livro principal sobre sexo para os casais que se casaram nos anos oitenta e noventa, colocou como objetivo o orgasmo simultâneo durante o ato sexual,[11] enquanto outras formas de orgasmo foram reprovados: "(...) o sexo oral está aumentando hoje, graças à amoral educação sexual, à pornografia, à moderna literatura sexual e à decadência moral de nossos dias".[12]

Os casais não deveriam sentir que estão fracassando se não atingem orgasmos simultâneos; na verdade, embora pesquisadores reconheçam

---

[9]Graças a Deus, livros mais recentes promovem métodos melhores para as mulheres chegarem ao orgasmo. Kevin Leman, em *Entre lençóis*, defende o sexo oral, dando instruções detalhadas sobre como fazê-lo. Os Penner fizeram o mesmo em *O sexo é um presente de Deus*.

[10]WHEAT, *Sexo e intimidade*, p. 202.

[11]LaHaye, *O ato conjugal*, p. 72.

[12]LaHaye, *O ato conjugal*, p. 195.

EM DEFESA DO SEXO INCRÍVEL

que o orgasmo simultâneo possa ser fascinante, eles também percebem que é algo raro, mesmo nos relacionamentos mais ativos e realizados sexualmente. Eles até questionam se vale a pena tornar isso uma meta.[13] É muito mais importante focar em meios mais consistentes para o orgasmo quando o casal faz amor do que tentar espremer as mulheres em uma caixinha sexual na qual a maioria não cabe.

Além disso, e se o desafio das mulheres em alcançar o orgasmo através da penetração (e, assim, precisar de outros estímulos) for uma função intencional, e não um erro de projeto? Poderia ser a intenção de Deus que os homens precisassem levar algum tempo ajudando suas esposas a alcançarem prazer de maneira que não os estimule diretamente?

Foi assim como eu (Sheila) expliquei isso no meu livro *31 days to great sex* [31 dias para ter um sexo incrível], um desafio de 31 dias para casais:

> Deus poderia ter projetado os corpos das mulheres para que tivéssemos o prazer máximo com a penetração, mas ele não nos fez assim. Isso não significa que as mulheres não possam sentir prazer com a penetração, mas, em geral, a maioria das mulheres relata que elas alcançam o orgasmo mais facilmente com estímulos no clitóris. Elas tendem a precisar primeiro de muita estimulação manual ou oral se forem alcançar o orgasmo pela penetração. Por que Deus fez o clitóris desse jeito? Essa é minha teoria: enquanto os homens geralmente alcançam o clímax bem rapidamente somente com a penetração, as mulheres, não. Isso significa que, para as mulheres sentirem prazer, os homens têm que desacelerar e pensar nas suas esposas. O sexo é melhor quando não é apenas no estilo "animal", no qual vocês simplesmente fazem sexo sem preliminares, porque isso não vai ser bom para ela. Os homens têm que aprender a serem altruístas se quiserem que o sexo funcione bem para os dois. Frequentemente, a mulher pode sentir que está fazendo a

---

[13]CHARLAND, L. Y. N., Shrier, I. A. N.; Shor, E. R. A. N. "Simultaneous penile-vaginal intercourse orgasm" [carta ao editor]. In: *The Journal of Sexual Medicine 9*, n. 1, 2012, p. 334.

SUPERANDO A DISPARIDADE ORGÁSMICA

maior parte de cuidar e servir à família, mas Deus deliberadamente fez nossos corpos de forma que, para nos sentirmos bem durante o sexo, os homens tenham que passar um tempo servindo as mulheres.[14]

As preliminares não são apenas a taxa de admissão para o evento principal; para muitas mulheres, as preliminares *são* o evento principal, tanto quanto o ato sexual. Na verdade, percebemos que preliminares adequadas deixam a mulher 6,43 vezes mais propensa a ter orgasmos com frequência,[15] mas, mesmo assim, muitas mulheres nos disseram que seus maridos não estão nem um pouco interessados nisso:

- "Meu marido não entende que o sexo por si só não me afeta muito. Eu preciso de muito aquecimento. Ele parece achar que tem algo errado comigo; tipo, por que precisamos gastar tanto tempo fazendo essas 'outras coisas' em vez de fazer sexo?"
- "Eu já expliquei para o meu marido como homens e mulheres são diferentes. Ele não entende. Mas ele diz que o sexo é tudo que precisamos fazer e, se o sexo não é suficiente para mim, então eu mesma deveria cuidar das coisas. Se eu peço para ele me ajudar a ficar excitada, ele me diz que isso é problema meu e responsabilidade minha".
- "Meu marido odeia passar tempo nas preliminares, então, eu sinto que ele me apressa e passamos para o sexo, mesmo que eu não esteja completamente preparada".
- "Eu estou casada há um ano e meio. Meu marido não saberia o que são preliminares nem se elas o mordessem. É direto para o sexo, e não é importante se eu tenho um orgasmo, contanto que ele tenha... Eu passei a não gostar de sexo".

---

[14]GREGOIRE. Sheila Wray. *31 days to great sex* (Grand Rapids: Zondervan, 2020), p. 135-6.

[15](5,94 — 6,96).

Essa ênfase no ato sexual em detrimento das preliminares não apenas deixa as mulheres se sentindo frustradas se seus maridos estão com pressa de chegar ao oba-oba; ela também deixa muitas mulheres hesitantes de pedir o que elas querem, mesmo com maridos que estariam mais do que dispostos a atender. Outra mulher repetiu um sentimento que ouvimos frequentemente:

> Eu nunca fingi um orgasmo, mas eu acho que já menti ao dizer às vezes ao meu marido que não estava interessada em terminar. Isso nunca é verdade para mim, mas eu só consigo chegar lá por estímulos manuais e, se começa a demorar demais, eu começo a me sentir mal pelo meu marido e a pensar que ele deve estar ficando cansado ou a mão dele está doendo. Isso me faz ficar estressada e eu perco o prazer. Ele é gentil e me diz que não se importa com o tempo que levar, mas eu de alguma forma não consigo acreditar nele. Eu não quero ter prazer quando eu acho que isso o deixa secretamente chateado, implorando que eu ande logo e tenha um orgasmo de uma vez!

PERGUNTA DE REFLEXÃO
Quando foi a primeira vez que você ouviu sobre o clitóris? Você acha que sabe como ele funciona?

MARIDOS PRECISAM INVESTIR TEMPO PARA TER CERTEZA DE QUE SUAS ESPOSAS ESTÃO SENTINDO PRAZER

Portanto, precisamos encorajar os casais a trabalharem com o projeto de Deus para o corpo da mulher e levar o tempo que ela precisa para ter certeza de que ela se sente bem, não simplesmente esperar que ela "acompanhe" seu marido e seja capaz de gostar do sexo do jeito "certo".

Com muita frequência, porém, acontece o oposto nos nossos materiais sobre casamento. Por exemplo, olhe essa anedota bizarra em *Amor e*

SUPERANDO A DISPARIDADE ORGÁSMICA

respeito, onde Eggerichs conta a história de uma mãe convencendo sua filha a fazer mais sexo com seu marido. O ponto principal? "Por que você o priva de algo que leva tão pouco tempo e o faz tãããããoo feliz?!"[16] Francamente, não conseguimos imaginar por que qualquer pessoa esperando que o sexo seja bom para a mulher enfatizaria a brevidade acima de todo o resto.

Depois que eu (Sheila) dei uma palestra sobre sexo em uma conferência de casamento, uma mulher baixinha esperou nas alas laterais para falar comigo após a multidão se dispersar. Ela estava casada há 23 anos, mas simplesmente não tinha nenhuma vontade de fazer sexo e não entendia como ele deveria dar prazer. Depois de temperá-la com minhas perguntas habituais sobre excitação e técnicas, o problema revelou-se: as preliminares eram inexistentes, o sexo durava cerca de três minutos, e nenhum dos dois fazia ideia de que isso não era normal.

Em vez de esperar que o sexo não leve muito tempo, gostaríamos de apresentar uma nova expectativa: *nenhum homem deveria ficar satisfeito a menos que sua esposa também fique regularmente satisfeita.* Isso não significa que a esposa tenha que alcançar o orgasmo toda santa vez, mas a expectativa deveria ser que ele faça tudo que puder para ajudá-la a chegar lá. Efésios 5.28 diz que "o marido deve amar sua mulher como ao próprio corpo", significando que a experiência dela deveria importar tanto para ele quanto a experiência dele próprio. Gostaríamos de ver essa disparidade orgásmica sumir, mas isso só vai acontecer quando começarmos a acreditar que não é a esposa quem precisa "acompanhar"; pode ser que o marido precise desacelerar.

PERGUNTA DE REFLEXÃO

Você está satisfeito(a) com a quantidade de preliminares na sua vida sexual? E seu cônjuge? Se um de vocês quer mais, o que está impedindo vocês?

---

[16] Eggerichs, *Amor e respeito*, p. 220.

Kathleen ficou casada por 31 anos com seu primeiro marido em um casamento caracterizado pela distância emocional e pela raiva. Sem surpresa, isso deixou a reação sexual dela muito mais difícil, mas esse não era o único problema. Kathleen explica:

> Eu tinha um marido que não se importava se eu tinha um orgasmo. Ele não cortava as unhas e realmente não sabia o que fazer com as mãos. Eu era jovem e sem experiência, e não tinha noção do que pedir. Eu precisava de um homem que não ficasse chateado quando as coisas não estavam funcionando, mas que continuasse tentando pacientemente e me ajudasse a me sentir confortável. Quando eu falava para ele, ele nunca escolhia aceitar o desafio. Ele descartava a ideia e achava que era problema meu. Eu passei mais de 33 anos sem um orgasmo. Eu achava que eu estava estragada e ele deixou que eu me sentisse assim.
>
> Eu acabei me divorciando daquele homem. Agora, eu tenho 58 anos e estou casada com um homem maravilhoso. Eu consigo ter orgasmo no ponto G, orgasmo pelo clitóris e mais. Eu consigo até ter orgasmos múltiplos! Eu não estou estragada. Eu só precisava que alguém levasse um tempo para me ajudar a me descobrir.

O PRAZER DAS MULHERES TEM IMPORTÂNCIA
PARA O BEM DELAS

Nenhuma mulher casada deveria ter que esperar 33 anos por um orgasmo. Na verdade, a Bíblia nos conta que as mulheres não devem ser privadas. "*O marido cumpra a sua responsabilidade conjugal para com sua mulher*, e do mesmo modo a mulher para com o marido" (1Coríntios 7.3, ênfase nossa).

Porém, com frequência excessiva, livros retratam esse verso e os adjacentes como se referindo apenas aos homens. *Every heart restored* [Todo coração restaurado], de Fred e Brenda Stoeker, até diz isso: "Claro, aos homens é prometido pelas Escrituras alívio sexual regular, mas, na mesma moeda, às mulheres é prometido que seus maridos vão tratá-las com

SUPERANDO A DISPARIDADE ORGÁSMICA

honra e ternura (1Pedro 3.7)".[17] Mas vamos olhar mais de perto. Você percebeu algo interessante sobre essa passagem a que eles se referiram sobre as necessidades do homem? Eles se esqueceram de mencionar que ela é dirigida a *ambos* os cônjuges. Se eles usarem esse versículo para mostrar que as mulheres precisam dar esse "alívio sexual" (isto é, orgasmo) para seus maridos, então, pela mesma lógica, eles deveriam ter dado ao homem a mesma responsabilidade de dar esse alívio às suas esposas também.

A Bíblia não presume que um cônjuge vai ser privado sexualmente para sempre pelo outro. Não, a Bíblia nos fala que ambos os gêneros devem cuidar do outro, e é esperado que as mulheres sintam prazer também. Até "é melhor casar do que arder de paixão" é dirigido "aos solteiros e às viúvas" (1Coríntios 7.8-9). Paulo sabia que as mulheres teriam paixões! O sexo é sobre *vocês dois*. Vocês dois devem dar e receber; vocês dois devem se sentir amados e valorizados.

A maioria dos livros cristãos sobre sexo e casamento (até mesmo os que enfatizam o prazer sexual das mulheres) gastam tempo excessivo alertando as mulheres para não privarem seus maridos. Para ser honesta, eu (Sheila) já até fiz isso no passado, antes de eu começar a ouvir mulheres que evitam sexo. O que eu gostaria de propor agora é que o cônjuge mais provável de estar sendo privado não é o *marido*, mas sim a *esposa*. Se a privação consiste em não receber o prazer sexual (orgasmo), então muito mais mulheres estão sofrendo do que homens. Uma mulher escreveu um comentário com esta história triste:

> Eu sei que demora entre quinze e vinte minutos de preliminares para a maioria das mulheres ficarem excitadas, mas não tem chance de meu marido aceitar dedicar tanto tempo às preliminares (ele as chama de "lenga-lenga"). Se eu começo o sexo, ele diz: "Beleza, mas eu não estou a fim de fazer todo aquele lenga-lenga". Isso significa sexo doloroso e

---

[17]STOEKER, Fred e Brenda. *Every heart restored* (Colorado Springs: Waterbrook, 2004), p. 71.

seco, sem diversão para mim. Eu tento mostrar para ele do que eu gosto, mas ele fica frustrado e me diz: "Deixa comigo", e depois de alguns minutos ele para e diz: "Isso não vai funcionar mesmo", e então vai para a parte preferida dele. Talvez eu devesse ficar grata porque não machuca mais tanto. Ele fica frustrado quase toda vez que eu não tenho um orgasmo, mas como eu teria? O sexo ou me machucou a ponto de me fazer chorar, ou não sentir nada, ou eu fico tão estressada com todo o evento que mal me lembro dele. Eu me sinto como aquele brinquedo de corda quebrado, que você gira a chave até a metade, mas ele só dá três passos. Se eu soubesse que o sexo seria assim, eu teria ficado solteira.

Nossos materiais cristãos deveriam deixar claro que isso é inaceitável. Infelizmente, eles não deixaram, relegando muitas mulheres a se sentir da mesma maneira que a autora desse comentário e deixando muitos homens frustrados também porque suas esposas não querem ou não sabem como se entregar à paixão.

PERGUNTA DE REFLEXÃO

Você tem dificuldade para alcançar um orgasmo? Como você se sente sobre isso? Como seu cônjuge se sente sobre isso? Você está colocando essa responsabilidade aos pés de um cônjuge em particular? Por quê?

DE QUEM É A RESPONSABILIDADE DE FAZER O SEXO SER BOM PARA AS MULHERES?

Quando os livros falam sobre o prazer das mulheres, infelizmente esse ensino desequilibrado pode ficar ainda mais desequilibrado. Em vez de dizer: "Nenhum homem deveria ficar satisfeito a menos que sua esposa também fique regularmente satisfeita", muitos livros dizem: "Os homens se sentem mais satisfeitos se suas esposas estão satisfeitas. Então, esposas, *certifiquem-se de estarem satisfeitas*", sem nenhuma cobrança para que ele

SUPERANDO A DISPARIDADE ORGÁSMICA

cuide das necessidades dela. A responsabilidade pela satisfação dela é colocada inteira sobre ela mesma — e nem é pelo bem dela, mas pelo *dele*. Em vez de dizer aos homens para satisfazerem suas esposas pelo benefício delas, dizem às mulheres para se certificarem de que estão satisfeitas pelo benefício dos maridos. Isso é muito retrógrado.

No livro *Somente para mulheres*, Shaunti Feldhahn alerta às mulheres que de apenas fazer sexo não é suficiente — os homens precisam se sentir desejados. "Uma vida sexual regular e prazerosa para os dois é essencial para que o homem se sinta amado e desejado".[18] Mas aí, no mesmo capítulo, Feldhahn diz: "Mas se for mesmo impossível responder fisicamente, deixe que as palavras saiam do fundo do seu coração — carinhosas, tranquilizadoras, cheias de aceitação e de amor".[19] A mulher tem que reafirmar o marido, mesmo se ele não estiver atendendo às necessidades dela na cama. Feldhahn reconhece que algumas mulheres terão certa dificuldade de responder fisicamente, mas aí ela aborda isso como sendo um problema pessoal dela que pode precisar de aconselhamento, em vez da possibilidade muito maior de que o marido nunca aprendeu a priorizar as preliminares ou o prazer da esposa.[20] Achamos problemático dizer a uma mulher que ela deve gostar de algo sem também dizer a ela que deve esperar que o marido torne aquilo agradável.[21]

Depois, *O ato conjugal* opina: "Uma mulher inteligente e atenciosa fará todo o possível para demonstrar ao marido que ele é um grande parceiro no amor e que ela aprecia suas relações sexuais".[22] Mas isso é dito sem dizer que o marido deveria de fato *ser* um bom parceiro no amor.

---

[18]FELDHAHN, Shaunti. *Somente para mulheres* (Rio de Janeiro: Sextante, 2006), p. 78.

[19]Ibidem, p. 83.

[20]Ibidem, p. 84.

[21]Essa linha de pensamento era comum na época da publicação do livro de Feldhahn. Eu tenho certeza de que eu (Sheila) disse coisas semelhantes em posts no blog, em artigos e em livros do mesmo período. Nossa preocupação é que, apesar das novas pesquisas e das opiniões dos leitores, muitos autores não mudaram as ideias.

[22]LaHaye, *O ato conjugal*, p. 31.

EM DEFESA DO SEXO INCRÍVEL

E se ela não se sente satisfeita? Então, o seguinte é possível: "Se ela se considera um fracasso na cama".[23] Essa linguagem incentiva as mulheres a fingirem orgasmos (algo que 60% das mulheres relatam ter feito[24]) para evitarem machucar os egos dos seus maridos, em vez de pressionar para terem uma comunicação aberta e honesta sobre o sexo. O ego do marido não é mais importante do que o prazer sexual da sua esposa.

Como a Natalie explicou na entrevista dela: "Eu não acreditava que minha sexualidade era para mim; era tudo para ele. Uma vez, quando estávamos fazendo sexo, eu gemi e isso o deixou muito excitado. Então, eu perguntei para ele: 'Você gostou?' e ele me disse que gostou. Então, eu comecei a gemer muito mais depois daquilo, mas eu gemia mesmo se eu não estivesse sentindo nada".

Então, vamos colocar mais uma expectativa na mistura: já dissemos que nenhum homem deveria ficar satisfeito a menos que sua esposa também fique regularmente satisfeita. Agora, gostaríamos de adicionar isso: *o prazer sexual da mulher importa pelo bem dela, não apenas pelo do marido.*

Ao conduzir nossa pesquisa, nos sentimos encorajadas ao notar que mais mulheres do que pensávamos estão atingindo o orgasmo regularmente (isso aí, mulheres!). Mas, se as mulheres cristãs estão tendo orgasmos em taxas relativamente altas, mesmo quando a maioria dos materiais ignora o prazer delas, como muitas das mulheres que lutam para encontrar prazer simplesmente não foram ensinadas que o prazer existe? E se as mulheres que não têm orgasmos simplesmente não têm os materiais para ajudá-las a perceber que isso não é normal? Assim como aquela mulher baixinha na conferência de casamentos, muitas mulheres não sabem o que as preliminares são. Muitas de nós suportam um sexo medíocre por tanto tempo porque não percebemos que há algo melhor.

---

[23]Ibidem, p. 39.

[24]Herbenick, Debby et al. "Women's sexual satisfaction, communication, and reasons for (no longer) faking orgasm: findings from a U.S. probability sample". In: *Archives of Sexual Behavior 48*, n. 8, 2019, p. 2461-72. Disponível em: https://www.ncbi.nlm.nih.gov/pubmed/31502071.

SUPERANDO A DISPARIDADE ORGÁSMICA

Na verdade, o sexo medíocre geralmente é apresentado como o padrão. No livro de Tim Keller *O significado do casamento*, ele conta que, no início do casamento com Kathy, o sexo não estava funcionando muito bem. Ele lembra que, depois que terminavam, ele perguntava como Kathy havia se sentido. "Se eu perguntava: 'Como foi?', e ela respondia: 'Só doeu', eu me sentia arrasado, e ela também".[25] Como muitos dos casais que entrevistamos, eles não estavam se comunicando durante o sexo, e por isso o marido ficava sem informações sobre a experiência da esposa durante o acontecimento.

Ele continua explicando que eles decidiram que tentar se esforçar para o orgasmo dela gerava estresse demais. "E quando paramos de nos preocupar com o desempenho e começamos simplesmente a tentar amar um ao outro no sexo, as coisas começaram a progredir. Deixamos de nos preocupar com o que estávamos obtendo e começamos a dizer: 'O que podemos fazer para oferecer algo ao outro?'"[26] O problema para os Keller pode muito bem ter sido a pressão em ter orgasmo, mas quando mulheres como Kay, Natalie e outras que entrevistamos ouvem histórias assim, o que elas geralmente internalizam é que, se o sexo está ruim — se ela está sentindo dor ou se o orgasmo dela é difícil demais — ela pode simplesmente deixar ele terminar, aproveitando o que ela puder dar para ele.

Para muitas mulheres, uma solução melhor seria encorajá-las a pedir o que elas querem *durante* o sexo em vez de só dizer *depois* para o marido que não foi bom para ela (muito menos que ela estava sentindo dor). Quase todas as mulheres com quem falamos e que tinham dificuldade com o orgasmo explicaram que seu progresso começou quando elas perceberam que podiam se pronunciar e mudar o que estava acontecendo — mesmo se isso significasse parar no meio do sexo. Como Kay explicou: "Eu sentia que havia um momento de onde não havia volta. Quando começávamos a fazer, eu achava que não era justo eu pedir para ele parar".

---

[25] KELLER, Timothy e Kathy. *O significado do casamento* (São Paulo: Vida Nova, 2012), p. 283.

[26] Ibidem, p. 283.

No início, parar pode parecer muito egoísta. Kay estava tão acostumada com o sexo desequilibrado em favor do marido que ela "precisava aprender que, mesmo que pareça que eu quero sexo egoísta, na verdade não é egoísta. Se eu não estou sentindo prazer, eu preciso pedir para parar. E tudo bem. Na verdade, meu marido quer que eu me manifeste — ele quer que seja bom para mim".

. . . .

Regras de comunicação durante o sexo

Como se manifestar:

1. Se está machucando, diga algo — mesmo se você estiver apenas "um pouco desconfortável". Você merece sexo sem dor.

2. Se algo está te impedindo de ficar excitada (mais sobre como "chegar lá" no próximo capítulo), diga: "Vamos parar um pouquinho e tentar outra coisa".

3. Quer mais, ou menos de algo? Diga ao seu cônjuge quando algo está bom (mesmo se for só gemendo). Se algo não está bom, pegue a mão do seu cônjuge e a coloque você quer que esteja.

4. Não finja — orgasmo, excitação, nada.

Como ajudar seu cônjuge a se manifestar:

1. Se você não tiver certeza se seu cônjuge já está pronto para a penetração, pergunte!

2. Se você perceber que o seu cônjuge não está gostando das coisas, pare e volte a beijar e tocar por mais um tempo.

3. Observe as dicas do seu cônjuge. Se estiver obviamente ruim, seja você quem pare e diga: "Vamos deixar para outro dia". Mostre para seu cônjuge que o sexo pode parar sem que você fique bravo(a).

. . . .

Quando você está acostumado com sexo desequilibrado e tenta equilibrá-lo, pode parecer que você compensou demais na outra direção.

Você está tão acostumado com o sexo ser desigual que a igualdade faz parecer que você está tirando algo do outro. Essa falta de igualdade na conversa sobre sexo o levou a ser não apenas decepcionante para muitas mulheres, mas ativamente prejudicial.

> **PERGUNTA DE REFLEXÃO**
> Vocês dois se manifestam quando algo não está bom durante o sexo? Que regras podem ser combinadas para que vocês se sintam mais livres para se manifestarem?

E QUANDO O SEXO MACHUCA?

É triste quando uma mulher nunca usufrui do prazer sexual, mas é trágico quando o sexo é realmente doloroso e ela sente que precisa suportar essa dor para evitar privar o marido. Dor sexual feminina é muito prevalente, seja devido a complicações no parto, seja em decorrência de disfunções sexuais primárias.[27] Descobrimos que um total de 32,3% das mulheres passam por algum tipo de dor sexual em seus casamentos (26,7% relataram dores devido a partos e 22,6% relataram dores de vaginismo ou

---

[27] Muito pouca pesquisa foi publicada sobre dores sexuais femininas, mas estima-se que entre 10% e 28% das mulheres passa por quadros de dispareunia (sexo doloroso) alguma vez na vida. MITCHELL, K. R. et al. *"Painful Sex (Dyspareunia) in Women: Prevalence and Associated Factors in a British Population Probability Survey"*. In: *BJOG 124*, n. 11, 2017, p. 1689-97. Disponível em: https://www.ncbi.nlm.nih.gov/pmc/articles/PMC5638059/.

Ainda mais mulheres passam por períodos de dores sexuais, especialmente depois de partos (até 55% das mulheres relataram sexo doloroso nos primeiros três meses depois do nascimento da criança e 21% relataram essas dores até seis meses depois): ALLIGOOD-PERCOCO, Natasha R., KJERULFF, Kristen H. e REPKE John T. *"Risk Factors for Dyspareunia After First Childbirth"*. In: *Obstetrics & Gynocology 128*, nº 3, 2016, p. 512-518. Disponível em https://www.ncbi.nlm.nih.gov/pmc/articles/PMC4993626/ (veja também BARRETT, Geraldine et al. *"Women's Sexual Health after Childbirth"*. In: *BJOG 107*, nº 2, 2005, p. 186-195. Disponível em https://obgyn.onlinelibrary.wiley.com/doi/full/10.1111/j.1471-0528.2000.tb11689.x?sid=nlm%3Apubmed).

outra forma de dispareunia. Algumas mulheres relataram ambas).[28] Para 6,8% das mulheres, a dor é tão intensa que a penetração é impossível. Mesmo assim, muito poucas pessoas estão falando sobre isso.

Disfunções sexuais femininas

Vaginismo: dor durante penetração vaginal, às vezes tão severa que a mulher não consegue colocar absorventes internos. Causada por espasmos involuntários dos músculos da parede vaginal.

Dispareunia: sexo doloroso com qualquer causa — partos, secura excessiva, mudanças hormonais, condições inflamatórias e mais.

Vulvodinia ou **vestibulite vulvar**: dor ardente durante o sexo, localizada em qualquer área da vagina ou da vulva.

Sempre vale a pena informar ao seu médico dores durante o sexo. Geralmente são perfeitamente tratáveis, e você merece!

Fizemos algumas pesquisas. Enquanto o PubMed (a base dados online do *National Institutes of Health* para artigos de revistas científicas) tem 41.473 artigos com as palavras-chave "disfunção erétil", ele tem apenas 4.809 para "dispareunia" (isto é, sexo doloroso).[29] De maneira similar, há 1.796 estudos sobre "ejaculação precoce", mas somente 401 sobre "vaginismo". Não queremos subestimar a importância ou a severidade dos problemas de saúde sexual masculina. No entanto, se você assistiu *Roda a roda* na última década, você provavelmente viu milhares de comerciais de tratamentos de disfunções eréteis. Antes de ler este livro, você já tinha ouvido falar de vaginismo?

---

[28]O vaginismo foi determinado baseado em dores sexuais autorrelatadas que não eram devido a partos e que deixavam a penetração muito difícil ou impossível entre as mulheres que relataram sobre suas experiências com quaisquer dores durante o sexo.

[29]Todas as pesquisas conduzidas em https://www.ncbi.nlm.nih.gov/pubmed/ em 21 de abril de 2020.

SUPERANDO A DISPARIDADE ORGÁSMICA

É fato conhecido há tempo em círculos médicos que mulheres religiosas conservadoras enfrentam mais dores com o sexo do que a população geral.[30] Mas, se os estudiosos estão negligenciando com esse assunto, a igreja está ainda pior. *The gospel coalition* e *Focus on the family* têm artigos online sobre disfunção erétil enquanto falham em fornecer informações sobre vaginismo, dores sexuais ou dor pós-parto.[31]

Disfunções sexuais masculinas

Disfunção erétil: incapacidade persistente de ter ou manter uma ereção por tempo suficiente para fazer sexo.

Ejaculação precoce: transtorno em que o período entre o início do sexo e o momento da ejaculação é muito curto (tipicamente por volta de dois minutos ou menos).

Ejaculação retardada: transtorno em que o período para alcançar a ejaculação é extenso, se é que ela é alcançada.

Se você está sofrendo com qualquer uma dessas condições, procure um médico. Tratamentos médicos e técnicas sexuais podem ser usadas para trazer de volta um sexo ótimo para vocês dois.

---

[30]ÖZDEMIR, Özay et al. *"The Unconsummated Marriage: Its Frequency and Clinical Characteristics in a Sexual Dysfunction Clinic"*. In: *Journal of Sex & Marital Therapy 34*, n. 3, 2009, p. 268-79. Disponível em: https://www.tandfonline.com/doi/abs10.1080/00926230701866380; MICHETTI, P. M. et al. *"Unconsummated Marriage: Can It Still Be Considered a Consequence of Vaginismus?"* In: *International Journal of Impotence Research 26*, 2014, p. 28-30. Disponível em: https://www.nature.com/articles/ijir201324#Bib1; BORG, Charmaine, DE JONG, Peter J.; SCHULTZ Willibrord Weijmar. *"Vaginismus and Dyspareunia: Relationship with General and Sex-Related Moral Standards"*. In: *Journal of Sexual Medicine 8*, n. 1, 2011, p. 223-31. Disponível em: https://www.jsm.jsexmed.org/article/S1743-6095(15)33223-9/fulltext.

[31]Nós pesquisamos no site *The Gospel Coalition* por "vaginismo", "dores sexuais", "dispareunia" e "dores pós-parto" no dia 27 de março de 2020. Nós pesquisamos no site Focus on the Family por "vaginismo", "dores sexuais", "vulvodinia", "dispareunia" e "sexo pós-parto" no dia 27 de março de 2020.

EM DEFESA DO SEXO INCRÍVEL

Além disso, não conseguimos achar um único livro sobre casamento (além do meu[32]) que sequer mencionasse o vaginismo, embora alguns dos livros dedicados unicamente ao sexo tocassem no assunto.[33] Mas, mesmo nesses casos, a maneira como ele é tratado geralmente é prejudicial (*O sexo é um presente de Deus* e *Entre lençóis* são exceções). *O ato conjugal* nunca menciona o vaginismo, mas diz que as mulheres podem ficar com um medo irracional de que estarão apertadas demais para ter uma penetração confortavelmente.[34] *Sexo e intimidade* reconhece o problema, mas aí estraga tudo com essa afirmação: "O vaginismo pode geralmente ser eliminado em cerca de uma semana se for seguido o seguinte procedimento".[35] O livro então descreve o uso de dilatadores. Eu (Sheila) tinha vaginismo severo e tentei isso. Fiz tudo certinho; vesti a camisa. A recuperação ainda levou anos, e isso não é incomum porque pesquisas mostram que o vaginismo pode ser muito resistente a tratamentos.[36]

---

[32]GREGOIRE. Sheila Wray. *The good girl's guide to great sex* (Grand Rapids: Zondervan, 2012). O livro discute sobre vaginismo e temos um curso para quem sofre com isso em www.ToLoveHonorandVacuum.com, além de mais materiais de estudo. O livro sobre casamento de Sheila, *9 thoughts that can change your marriage*, também menciona a jornada dela com o vaginismo.

[33]Nas categorias sobre sexo, *O sexo é um presente de Deus*, de Clifford e Joyce Penner fez um maravilhoso trabalho discutindo todos os possíveis problemas que as mulheres podem encarar com o sexo. Leman, em *Entre lençóis*, os mencionou brevemente, sugerindo buscar auxílio médico, mas falhou em dizer para essas mulheres que as dores sexuais são uma razão apropriada para parar o sexo e buscar tratamento.

[34]LAHAYE, *O ato conjugal*, p. 268.

[35]WHEAT, *Sexo e intimidade*, p. 107. Este conselho confronta a literatura revisada por pares, que mostra que o vaginismo pode, às vezes, ser resistente a tratamento.

[36]Tão pouca pesquisa foi feita para identificar tratamentos eficientes para o vaginismo que, em 2012, uma meta-análise feita por Cochrane Reviews concluiu que não havia evidências suficientes para provar se qualquer tratamento era mais efetivo do que simplesmente não fazer nada e evitar a penetração (MCGUIRE, H., HAWTON, K. K. "*Interventions for Vaginismus*". Cochrane Database of Systematic Reviews. 2001: 2).

SUPERANDO A DISPARIDADE ORGÁSMICA

. . . .
Disfunções sexuais que podem afetar homens e mulheres

Transtorno de desejo sexual hipoativo: libido clinicamente baixa.

Anorgasmia: incapacidade de alcançar o orgasmo. Pode ser a completa falta de orgasmos ou pode ser caracterizada por um clímax muito infrequente.

Síndrome da doença pós-orgásmica (acomete os homens) ou **disforia pós-sexo** (acomete as mulheres): transtornos em que uma grande variedade de sintomas, de enxaquecas a ansiedade, ocorre depois do orgasmo.

. . . .

A dor importa. Ter alguém obtendo prazer de algo que te causa dor agrava essa dor. É por isso que vamos analisar o problema da dor sexual ao longo do livro e as diferentes crenças que levam a maiores taxas de vaginismo.

O sexo seve ser uma experiência mútua. Isso significa que o prazer do marido importa sim, mas o da esposa também, assim como a dor que ela sente. Quando entendemos isso corretamente, então o sexo se torna o que Deus o projetou para ser. Como uma usuária do blog comentou:

> Quando fazemos amor, eu sou capaz de ficar muito conectada ao meu marido e de me sentir muito amada por ele. É emocionante ver a paixão nos olhos dele quando ele olha fundo nos meus. Nem sempre foi assim, e tivemos alguns desafios no nosso casamento. Tivemos que aprender o que é bom para nós, mas o prazer que sentimos com o outro vale muito qualquer esforço que tivemos que fazer. O sexo é um privilégio maravilhoso que precisamos ser capazes de viver juntos. Eu desejo de verdade que todos os casamentos possam experimentar essa coisa maravilhosamente poderosa que Deus nos deu.

Isso é lindo — e é isso que nós desejamos para todos vocês também.

EM DEFESA DO SEXO INCRÍVEL

EXPLOREM JUNTOS

Aprendam a causar sensações ótimas no outro de outras maneiras além do sexo em si — especialmente porque essa geralmente é a chave para o prazer da esposa! Primeiramente, vamos pedir para você fazer algo um pouco gráfico: faça o movimento manual usado para estimular manualmente um homem. Agora faça o movimento manual usado para estimular manualmente uma mulher. Qual dos dois se parece mais com o sexo? O que isso te diz sobre a importância de outros estímulos para as mulheres?

Logo a seguir você vai encontrar três sugestões diferentes para te ajudar a aplicar esse conceito e dar prazer para o outro. Tente todos, se puder, trabalhando com cada um por noite. Primeiro, um dos cônjuges tenta e depois vocês trocam de lugar.

1. **Não se mova!** Coloque um alarme de quinze minutos e deite seu cônjuge de bruços na cama. Toque seu cônjuge, explorando seu corpo. Estude as reações dele(a). O que faz seu cônjuge demonstrar mais excitação? Tente segurar o orgasmo até o fim dos quinze minutos.

2. **A ou B?** Quando você faz um teste de vista no oftamologista, eles sempre perguntam: "Qual é melhor: esse ou esse?" Brinque assim hoje à noite! Toque seu cônjuge de duas formas ou em dois lugares. Ele(a) prefere com menos ou com mais pressão? A pressão é melhor que o movimento? Lamber é melhor do que tocar? Tente tantas combinações quantas conseguir pensar e aprenda o que funciona com seu cônjuge! Para o cônjuge que está sendo tocado: seja honesto(a). O objetivo não é atiçar o ego de quem está tocando, mas descobrir o que você gosta.

3. **Instrutor.** Diga exatamente o que seu cônjuge deve fazer e não tenha medo de ordenar. "Mais rápido. Não tão forte. Um pouco para a esquerda". Dê instruções claras — e depois elogios claros.

SUPERANDO A DISPARIDADE ORGÁSMICA

RESGATANDO E REESTRUTURANDO

- Em vez de dizer que "ela tem necessidades emocionais e ele tem necessidades sexuais", diga que "ambos os cônjuges têm necessidades sexuais e emocionais, mesmo que sintam uma ou outra em níveis diferentes".
- Em vez de dizer que "as mulheres precisam atender às necessidades sexuais dos seus maridos", diga que "cada um dos cônjuges deveria ter o prazer sexual do outro como sua maior prioridade".
- Em vez de insinuar que as preliminares são para se suportar até chegar ao evento principal, ensine aos casais que o sexo engloba a experiência completa de dar prazer para o outro.
- Em vez dizer às mulheres: "Assegurem aos seus maridos que vocês gostam de sexo", diga aos homens: "Tornem-se ótimos amantes para suas esposas".

CAPÍTULO 4

DEIXE-ME OUVIR SEU CORPO FALAR

*"Ó filhas de Jerusalém, eu vos faço jurar:
não acordeis nem provoqueis o amor até que ele o queira"*
CÂNTICO DOS CÂNTICOS 8.4

Duas de nós vivem em Belleville, uma cidade pequena entre duas cidades grandes: Toronto e Ottawa. Se você quiser pegar um trem para uma dessas cidades, terá opções limitadas porque nem todos os trens param em Belleville, mas todos param em Kingston, uma cidade maior próxima de nós. Você pode ir de Toronto a Ottawa sem parar em Belleville, mas não sem parar em Kingston. Todos os trens passam por Kingston.

Acabamos de falar sobre como o sexo precisa ser prazeroso e que as mulheres devem ter orgasmos também, mas gostaríamos de dar um passo a mais e falar sobre como essa jornada se apresenta. O sexo não será prazeroso — a mulher não terá um orgasmo — até que os casais consigam descobrir essa parte da excitação. Ela é como a estação de trem

EM DEFESA DO SEXO INCRÍVEL

em Kingston. Você não vai chegar ao orgasmo a menos que passe pela excitação no caminho.

Quando Piper (uma das participantes da nossa pesquisa) e o marido dela ainda estavam namorando, eles curtiam uns momentos de amassos bem animados, mas os dois estavam dedicados a esperar até o casamento para fazerem amor. Quando Piper sentia que eles tinham deixado as coisas irem um pouco longe demais, ela declarava um jejum de beijos por quarenta dias, período em que eles iam mudar o ritmo e focar em Jesus. Ela amava beijar, mas ela também se sentia culpada por isso.

Depois do casamento, eles tentaram desajeitadamente fazer sexo — deixe "tentaram" aqui em destaque. Eles rapidamente perceberam que Piper sofria de vaginismo, e a penetração era dolorosa demais. Pelos seis anos que demoraram até eles finalmente conseguirem a penetração, eles faziam outras formas de estímulos para ajudar o marido a chegar ao orgasmo, mas o desapontamento e a frustração cresciam.

Eu perguntei a Piper se ela estava se sentindo excitada antes de ter tentado fazer sexo pela primeira vez. Ela admitiu que não. Eles tinham tentado ir de Toronto direto para Ottawa sem passar por Kingston — e eles travaram. Piper disse que se perguntava frequentemente o que teria acontecido se eles tivessem tentado fazer sexo em uma das vezes em que ela estava sentindo "calor" antes de eles se casarem. Não que ela desejasse que eles tivessem feito sexo quando estavam namorando; mas ela desejava que, na primeira vez que tivessem tentado fazer sexo, ela estivesse realmente excitada. Talvez, se tivesse sido esse o caso, a história dela não teria sido o que foi. Mas ela nunca saberá.

Piper não foi a única a dizer isso. Charlotte também. Ela e o marido passaram seus dias de namoro dando uns amassos sem ultrapassar a linha, mas ela estava em alerta máximo para ter certeza de que as coisas não iriam longe demais. Como a "guardiã", ela era hipervigilante, assegurando que parariam a tempo. Levou 26 anos de casamento até ela finalmente descobrir o que era a excitação e como alcançar o orgasmo. Teria levado 26 anos se eles tivessem cedido quando ela estava excitada?

Shannon também se pergunta isso. Assim como Piper, Shannon sofria com vaginismo, que eles descobriram na noite de núpcias. Ela nos disse: "Eu me lembro de duas ocasiões específicas, quando estávamos namorando, em que tivemos que nos conter porque quase fomos longe demais e ficamos muito orgulhosos por termos nos contido. Mas agora eu não consigo parar de me perguntar como seria nosso casamento se eu estivesse excitada na primeira vez que fizemos sexo. Teria sido menos traumático e menos doloroso se meu corpo realmente quisesse isso nessa primeira vez?" Todas as três ainda dizem que não acreditam no sexo antes do casamento. Elas só se perguntam e desejam que o sexo tivesse começado de maneira diferente.

Contudo, mesmo se o casal fizer sexo antes da noite de núpcias, não há garantia de que eles descobriram a parte da excitação. Natalie, uma das mulheres que entrevistamos, nos disse que ela e o marido começaram a vida sexual antes de se casarem, mas, mesmo agora, com seis anos de casados, ela ainda tem dificuldade. Quando eles estavam namorando, ela ainda não era cristã. Mesmo que ele nunca a tivesse pressionado, Natalie presumiu que ele esperava o sexo e então, tentando fazê-lo sentir-se amado e desejado, ela decidiu fazer sexo com ele. Ela estava feliz por se sentir próxima a ele, mas não sentiu prazer físico algum. Ela decidiu começar a fazer sexo antes que o corpo dela estivesse pronto e agora o corpo dela não sabe o que fazer.

PERGUNTA DE REFLEXÃO
Como foi sua primeira experiência sexual consensual? Você estava excitado(a) e pronto(a) para a ação, ou pediu para seu corpo fazer algo para o qual não estava pronto?

Nos dizem nas igrejas que a chave para um sexo ótimo é esperar até a noite de núpcias. Mas, se isso é verdade, por que tantas das mulheres na nossa pesquisa, que esperaram pela noite de núpcias, têm a mesma história

EM DEFESA DO SEXO INCRÍVEL

que Natalie, que não esperou? Essa é uma verdade desconfortável: seu estado civil não é o que faz o sexo ser orgásmico ou não — é o seu nível de excitação. Muitas mulheres solteiras não têm problema algum para terem um orgasmo, e esse fato não deveria ameaçar nossa visão cristã tradicional do sexo. Guardar o sexo para o casamento não é para ele ser mais orgásmico, mas para que seja mais significativo — um conhecer-se profundo — enquanto nos protegemos de corações quebrados, doenças e maternidade solteira. A chave para o prazer sexual não é uma aliança de casamento.

É por isso que, se você quer um casamento orgásmico, fazer sexo dentro de 24 horas depois de dizer "sim" não garante nada. Nosso bordão não deveria ser apenas "Eu escolhi esperar o casamento", mas sim "Eu escolhi esperar o casamento e a excitação!" Guarde o sexo para quando estiver casado e, depois de casado, *não faça sexo até seu corpo estar implorando por isso.*

Cada uma dessas mulheres, se esperaram pelo casamento ou não, perderam a progressão natural da excitação sexual. Essa progressão é mais ou menos assim:

1. Contato físico sutil que faz vocês se sentirem próximos, como segurar as mãos, colocar os braços ao redor do outro ou beijos curtos.
2. Beijos e toques que começam a aparecer quando vocês começam a se sentir excitados.
3. Tirar algumas peças de roupa e aprender a tocar um ao outro sem estranheza.
4. Explorar o corpo um do outro para ver o que te excita e o que excita o outro.
5. Aprender a levar um ao outro ao orgasmo sem penetração.
6. Fazer sexo com penetração.

Quando você permite que seu corpo te diga quando é o momento certo de seguir em frente, esses passos se seguem naturalmente, um após o outro. É por isso que, quando um casal de namorados faz sexo "por acidente", o rapaz não escorregou para dentro da vagina da moça sem querer. Geralmente é porque eles estavam se abraçando e beijando enquanto conversavam, e esses beijos viraram amassos. Eles começaram a ficar excitados, então as mãos deles começaram a ficar bobas, deixando-os ainda mais excitados. Eventualmente, eles chegaram ao ponto em que os corpos deles já estão gritando: "Já sabemos qual é o próximo passo. Será que podemos passar para ele logo?!" Eles ficaram se beijando e se agarrando por tanto tempo que os corpos deles estavam dizendo: "PRECISAMOS de sexo!" E realmente parece que eles estão fora de controle — eles simplesmente não conseguem conter toda essa paixão e desejo e acabam fazendo sexo. Sexo "acidental" não é tão acidental assim. Geralmente leva horas para acontecer. Mas, para muitas mulheres, inicialmente o sexo se move rápido demais e alguns passos são pulados. Os seus corpos nunca tiveram a chance de dizer: "Eu preciso disso!"

Beijar antes do casamento

Embora muitas celebridades cristãs defendam não beijar antes do casamento, não tínhamos ideia de quanto os casais tinham o primeiro beijo somente no altar. Então, nós perguntamos. Um número esmagador de mulheres cristãs casadas com o primeiro marido tinham beijado antes do casamento: 95,1%!

Nos perguntamos o quanto isso mudou ao longo do tempo, especialmente comparando com o auge da cultura da pureza. Descobrimos isto: tudo isso de "Não beije até chegar no altar" é uma ideia bem moderna. Mais de 99% das mulheres cristãs com mais de sessenta anos e que estão casadas com o primeiro marido os beijaram antes do casamento. Entre as mulheres com as mesmas características, mas com menos de quarenta anos, 93,2% beijaram seus atuais maridos antes do altar.

O que isso significa? Mesmo no ponto mais alto da febre da cultura da pureza, a vasta maioria das mulheres cristãs estava beijando antes do casamento.

Este é um dos capítulos que não planejávamos escrever. Não sabíamos que tantas mulheres tinham dificuldade com a excitação até vermos os resultados da nossa pesquisa e conduzirmos alguns grupos focais. Então, fizemos uma enquete informal no Twitter e no Facebook perguntando: "Se você era virgem na sua noite de núpcias, estava excitada na primeira vez que fez sexo?" Somente 52% estava.[1] Isso significa que aproximadamente metade das mulheres que esperaram até a noite de núpcias não estavam excitadas na primeira vez que fizeram sexo. E muitas para as quais a noite de núpcias não foi a "primeira vez" comentaram que elas não necessariamente se sentiam excitadas de antemão e que ainda tinham dificuldade com isso. Para muitas mulheres, ideias que elas ouviram enquanto cresciam se tornaram um bloqueio para elas — mesmo dentro de um casamento seguro. Vamos ver por quê.

COMO SER A "GUARDIÃ" PODE PREJUDICAR
A EXCITAÇÃO DA MULHER

Frequentemente, as garotas são alertadas assim que entram na puberdade: os rapazes vão tentar forçar os seus limites sexuais. Como uma moça comentou no meu blog: "Me disseram que ele aperta o acelerador, e eu, o freio".

Em nossa pesquisa, 81,2% das mulheres atualmente acreditam que os rapazes vão tentar forçar os limites sexuais das moças. Mas essa ideia de guardiã, em que as mulheres devem ser quem aperta o pedal do freio, foi uma das mais danosas para a satisfação conjugal e sexual para as mulheres. Em grande medida, as mulheres adotam o papel de guardiãs para protegerem sua pureza, o que tende a ser definida no mundo evangélico como a virgindade, o que não é nenhuma surpresa quando nossas adolescentes crescem lendo esses tipos de ideias em livros cristãos:

- Em *Quando Deus escreve sua história de amor*, Eric e Leslie Ludy contam a história de Karly e Todd, que cederam à tentação e

---

[1] As enquetes do Twitter e do Facebook tiveram, juntas, 739 respostas.

fizeram sexo quando estavam namorando. Karly ficou desolada: "Ela cometeu o erro de dar a ele o seu presente mais precioso: sua virgindade, mas agora ele estava distante e frio em relação a ela".[2] Todd, no entanto, também deixou de ser virgem, mas ele não é descrito como tendo perdido nada ou desistido do presente mais precioso *dele*. Em vez disso, ele fica distante e frio, nervoso com ela por ter feito sexo com ele.

- O mesmo livro conta outra história, de uma jovem se lamentando com desespero similar: "Eu entreguei a coisa mais preciosa que eu tinha: minha pureza. Não restou nada do meu tesouro (...) Eu arruinei minha vida inteira".[3] Embora a resolução para isso seja que ela foi perdoada por Jesus, os autores não falam que ela *não arruinou* a sua vida inteira.

- Em *For young women only* [Só para as jovens], Shaunti Feldhahn relata: "Muitos rapazes não sentem a capacidade nem a responsabilidade de parar o progresso sexual com você, e os que *sentem* essa responsabilidade não querem ter que parar o progresso sozinhos".[4] Depois de revelar os resultados da sua pesquisa, ela conclui: "Isso soma 82% de rapazes relatando dificuldades sérias em parar as coisas em uma situação de amassos — ou nenhuma vontade de parar!"[5]

---

[2] LUDY, Eric e Leslie. *Quando Deus escreve sua história de amor* (Pompeia: Editora UDF, 2011).

[3] Idem.

[4] FELDHAHN, Shaunti; Rice, Lisa A. *For young women only* (Colorado Springs: Multnomah, 2006), p. 147.

[5] Ibidem, p. 148. Uma nota de preocupação é que os números relatados aqui não representam as respostas que Feldhahn recebeu. Primeiro, várias opções de resposta são combinadas e tratadas como a opção mais severa. Segundo, a pergunta foi feita a rapazes não cristãos de forma que presumia consenso da moça (ou que não mencionava a falta de consenso). Quando ela replicou essa pesquisa e encontrou diferenças entre participantes cristãos e não cristãos, ela admitiu que os rapazes cristãos sentem mais responsabilidade de parar, mas ela não consertou o valor de 82%.

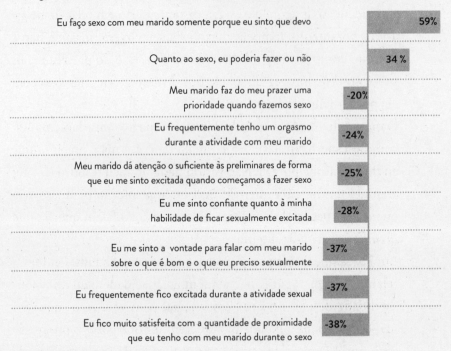

Figura 4.1 - Moças do Ensino Médio que acreditam que elas devem ser as guardiãs sexuais se tornam mulheres menos sexualmente satisfeitas no casamento

Eu faço sexo com meu marido somente porque eu sinto que devo	59%
Quanto ao sexo, eu poderia fazer ou não	34 %
Meu marido faz do meu prazer uma prioridade quando fazemos sexo	-20%
Eu frequentemente tenho um orgasmo durante a atividade com meu marido	-24%
Meu marido dá atenção o suficiente às preliminares de forma que eu me sinto excitada quando começamos a fazer sexo	-25%
Eu me sinto confiante quanto à minha habilidade de ficar sexualmente excitada	-28%
Eu me sinto a vontade para falar com meu marido sobre o que é bom e o que eu preciso sexualmente	-37%
Eu frequentemente fico excitada durante a atividade sexual	-37%
Eu fico muito satisfeita com a quantidade de proximidade que eu tenho com meu marido durante o sexo	-38%

Então, se você crescer como uma moça evangélica, pode ser que te ensinem que perder a virgindade é a pior coisa que pode te acontecer e que seu namorado não será capaz de resistir ao sexo. Portanto, você tem que se tornar a guardiã para proteger a pureza dos dois. Toda a responsabilidade, o risco e as repercussões do sexo estão nos seus ombros. Uma das maiores razões por que achamos que essa ideia é tão danosa é que ela é muito unilateral. Se a ideia fosse simplesmente "vocês dois precisam praticar o domínio próprio", pode ser que não víssemos os resultados alarmantes que vimos, porque o domínio próprio é, afinal de contas, um fruto do Espírito.[6]

---

[6] As mulheres sempre terão que ser mais vigilantes porque elas são mais vulneráveis à violência sexual e carregam mais das consequências de atividades sexuais, mas tal vigilância não deveria ser necessária em relacionamentos românticos saudáveis, caracterizados pela confiança. Dizer a elas que elas não podem confiar em seus namorados, noivos ou maridos provavelmente é o que leva a essas repercussões negativas.

DEIXE-ME OUVIR SEU CORPO FALAR

Mas, quando a ideia passada é de que o rapaz é incapaz de praticar o domínio próprio e que ele não vai querer praticar esse domínio e, portanto, você deve fazer isso no lugar dele... É aí que as coisas saem dos trilhos.

Quando dizemos às moças que todos os rapazes vão querer pressioná-las, nós colocamos um padrão baixo demais para os rapazes e um alto demais para as moças. Se todos os rapazes vão forçar os limites das moças e elas precisam lutar contra cada um deles, como elas saberão que merecem namorar e casar com alguém que respeite esses limites? Ou, pior ainda, estamos preparando as moças para o estupro no namoro? Ficamos de coração partido ao ouvir história após outra de mulheres que não perceberam até anos depois que haviam sido estupradas ou abusadas quando elas achavam que o problema era que elas tinham deixado o rapaz ir longe demais — mesmo se elas tivessem dito não.

Figura 4.2 - Moças do Ensino Médio que acreditam que elas devem ser as guardiãs sexuais se tornam mulheres menos felizes no casamento

Eu frequentemente me sinto desconfortável com como meu marido olha para outras mulheres quando estamos em público	58%
Eu frequentemente tenho medo de que meu marido verá pornografia ou olhará para outras mulheres	48%
Quando temos uma discordância, eu não sinto que meu marido realmente me ouve	47%
Eu tenho confiança de que meu marido não é tentado por outras mulheres	-33%
Em nosso casamento, as minhas opiniões são tão importantes quanto as do meu marido	-34%
Eu sinto que meu marido leva em consideração minhas necessidades, meus desejos e minhas vontades no nosso casamento tanto quanto as dele	-40%
Eu me sinto confortável trazendo temas desconfortáveis ao meu marido	-41%

Infelizmente, é frequente a descrição de homens como incapazes de se controlar. *O ato conjugal* traz uma história sobre Susie reclamando do marido: "Desde que o conheço, parece que estou sempre lutando para afastá-lo".[7] Ela pensa em Bill como se fosse uma fera e, mesmo quando estavam namorando, ela estava sempre tentando tirar as mãos dele de cima dela. Mas vamos pensar mais sobre o que está se passando na cabeça de Susie. Ela está namorando com Bill e eles estão se beijando no sofá. Ela se sente bem, mas, em vez de ela se concentrar no que está sentindo, ela está prestando atenção no que Bill está fazendo. "Onde estão as mãos dele? Ele está respirando forte demais?" Se as mãos dele começarem a ficar bobas, ela dá um tapa para afastá-las. Se ele as coloca no mesmo lugar de novo, ela se levanta e fala que eles têm que parar. Ela aprendeu que ela nunca pode relaxar realmente, mesmo quando eles estão só se beijando.

Bill, por outro lado, recebeu carta branca para relaxar e aproveitar tudo porque ele sabe que Susie vai pará-lo quando for a hora. Assim, Bill pode ficar sexualmente excitado e explorar — até certo ponto, enquanto Susie tenta freneticamente impedir que ela mesma fique excitada ou então ela não vai conseguir pará-lo. Para muitas mulheres, esse comportamento aprendido não evapora depois dos votos de casamento.

PERGUNTA DE REFLEXÃO
Como você se sente quando seu cônjuge te apalpa? Tudo bem em alguns contextos, mas não em outros?

Ao olhar para trás, pensando por que ela nunca podia responder sexualmente ao marido, Charlotte acredita que esse papel de guardiã era uma das principais razões. Ela nunca se permitia sentir nada quando estavam se beijando. Ela estava constantemente se perguntando: "Quando que eu aperto o freio? É agora? Ou agora? Ou agora?"

Quando ela se casou, ficou tão acostumada com esse papel de observadora que não conseguia largá-lo. Ela não sabia como aproveitar o

---

[7] LaHaye. *O Ato Conjugal*, p. 26.

momento ou como relaxar e só sentir o que o corpo dela estava sentindo. Ela passou a *avaliar* o que estava acontecendo em vez de *vivenciar* o que estava acontecendo, e isso tornou a parte da excitação muito difícil. Natalie usou a palavra "examinar" para descrever o mesmo fenômeno: "Eu estava bem-vestida? Eu agi corretamente?" E isso é exatamente o que descobrimos na nossa pesquisa: mulheres que acreditavam, no Ensino Médio, que tinham que ser as guardiãs pelos rapazes são menos propensas a se sentirem confortáveis falando com seus maridos sobre o que elas gostam sexualmente e o que elas querem sexualmente agora.[8] Ser capaz de falar sobre o que é agradável sexualmente é crucial para descobrir e desfrutar do prazer sexual.

O sexo é melhor quando vocês podem dizer um ao outro o que querem. Isso não é mistério. Mas como dizer ao seu cônjuge o que você quer quando foi sistematicamente treinada para não ouvir seu corpo?

PERGUNTA DE REFLEXÃO
Você se sentiu como a(o) guardiã(o) durante o período de namoro ou noivado do seu relacionamento?

DESCARTE A ABORDAGEM DE "PASSO A PASSO" PARA O SEXO

Os livros cristãos sobre sexo que avaliamos entendem que as mulheres atingirem o orgasmo é um desafio, e a solução geralmente é dar instruções detalhadas, em termos muito gráficos, sobre como ajudá-la a chegar ao clímax. *O ato conjugal* expõe o que você deveria fazer na sua noite de núpcias, passo a passo, momento a momento.[9] *Entre lençóis* dá instruções

---

[8]A razão de possibilidades entre as mulheres acreditarem na ideia de guardiãs durante o Ensino Médio e a habilidade atual de se comunicar sobre preferências sexuais com seus maridos foi de 1,25 (1,10 — 1,42).

[9]LaHaye. *O Ato Conjugal*, p. 73.

sobre como fazer sexo oral com a esposa de forma que ele "poderá levá-la a começar a morder o travesseiro por medo de acordar as crianças".[10]

Nos grupos focais que conduzimos, todas as mulheres apreciaram os conselhos explícitos e detalhados sobre como a anatomia e a excitação funcionam, mas elas foram muito negativas a respeito da abordagem prescritiva de "passos". Elas acharam que essas instruções fazem o sexo parecer uma prova, para ser aprovada ou reprovada. Uma mulher perguntou: "E se eu não estiver mordendo o travesseiro?" Outra mulher riu, dizendo que era como se ela precisasse ter o livro sempre ao lado, conferindo constantemente para ter certeza de que ela estava mantendo a pélvis no ângulo correto.

E se esses autores diagnosticaram o problema apenas parcialmente e, por causa disso, estão dando as soluções erradas? E se a razão de as mulheres não estarem alcançando orgasmos não for porque os casais não sabem seguir esses passos, mas sim porque as mulheres, para início de conversa, não sabem ouvir seus corpos e sentir a excitação?

· ·

O aconselhamento sexual cristão infantiliza as mulheres?

Conduzimos uma série de grupos focais perguntando para as mulheres como elas se sentiam a respeito de trechos em livros sobre sexo, incluindo os seguintes:[11]

"Suas inibições infantis e noções erradas fazem com que se limitem a ficar deitadas, permitindo que o jovem e vigoroso marido se satisfaça".
— *O ato conjugal*[12]

"Se você ou ela estiver por cima, se você estiver por trás e ela ajoelhada, ou se vocês estiverem na posição da colher, você pode passear

---

[10]Leman. *Entre Lençóis*, p. 107.

[11]A avaliação dos grupos focais incluía opiniões como "vitoriano", "ultrapassado", "uma generalização" e "é prepotente presumir essas concepções erradas". Algumas das emoções que as mulheres associaram a esse trecho de *O ato conjugal* foram "frustração", se sentirem "usadas", "enojadas" e "vulneráveis", e outras reações para os trechos foram que elas são "tóxicas", "perturbadoras" e "machistas".

[12]LaHaye. *O Ato Conjugal*, p. 121.

DEIXE-ME OUVIR SEU CORPO FALAR

com a mão e, com muito cuidado, encontrar esse pequeno e delicado amigo". — *Entre lençóis*[13]

"Para as mulheres que querem oferecer um tratamento especial para seu marido, vamos falar sobre fazer o "Sr. Feliz" sorrir". E um trecho mais longo inclui "O Sr. Feliz gosta de ser beijado". — *Entre Lençóis*[14]

No geral, as mulheres não ficaram muito impressionadas quando sentiram que estavam sendo menosprezadas. Algumas das partes mais ofensivas foram os eufemismos bonitinhos como "Sr. Feliz" para "pênis" e "pequeno e delicado amigo" para "clitóris". Essas expressões fizeram as mulheres se sentirem infantilizadas, o que não é lá muito *sexy*. Quando lemos os trechos do "Sr. Feliz", as sobrancelhas das mulheres se levantaram rapidamente, elas começaram a balançar as cabeças e, em um dos grupos, até ouvimos um coro: "Eeeeecaaaaa". Uma mulher falou sobre o Sr. Feliz: "Se não fosse sobre sexo, isso poderia ser um show de marionetes para crianças".[15] Outra mulher disse: "Isso parece coisa da Vila Sésamo, onde tudo é um amigo. Isso é muito perturbador!"

Como um todo, as mulheres não ficaram envergonhadas com instruções explícitas, mas elas preferiram trechos com a terminologia adequada. Acreditamos que esses autores quiseram deixar o sexo menos vergonhoso ao falarem abertamente, talvez até adicionando algum humor. Contudo, falar com as mulheres como se elas fossem crianças não acaba com a vergonha; em vez disso, isso é tratá-las como se elas fossem inadequadas e despreparadas para ao ato.

Conclusão: como os homens tendem a ter orgasmos mais facilmente e a querer mais sexo, os livros os retratam como sexuais, enquanto as mulheres precisam ser persuadidas no processo. Infelizmente, isso geralmente leva a presumir que os homens sejam bons no sexo e as mulheres, ruins, reforçando o exato problema que estamos tentando consertar.

---

[13]LEMAN. *Entre Lençóis*, p. 113.

[14]Ibidem, p. 104.

[15]Depois de ouvir todos os trechos eufêmicos, uma mulher disse: "Cuidado demais com as palavras pode deixá-las intragáveis!"

Dizer aos casais "Faça A, depois B, depois C" simplesmente não funciona para mulheres que estejam sem a parte da excitação. A habilidade de ouvir seu corpo é mais importante do que saber exatamente onde colocar os dedos. É com isso que Natalie ainda tem dificuldade. Ela pensa demais, e ainda não descobriu uma solução que tenha causado excitação. Uma coisa que ela sabe é que não adianta aprender a tocar melhor em lugares, mas sim desbloquear quaisquer ideias de vergonha que ainda estão em seu cérebro. Ela explicou: "Eu sinto como se eu tivesse aprendido a pisar no acelerador, mas eu ainda não consigo parar de pisar no freio ao mesmo tempo. Assim, eu vou até 75% do caminho eaí travo".

As mulheres não precisam somente saber como o sexo funciona. Elas precisam saber como *elas* funcionam, o que inclui ir até a raiz de por que elas reprimiram a sexualidade em primeiro lugar. A cultura evangélica prepara as mulheres para reprimirem sua sexualidade, mas depois as condena por fazerem a mesma coisa quando estão casadas. É de surpreender que muitas mulheres se sintam como se simplesmente não houvesse solução?

PERGUNTA DE REFLEXÃO
Você se sente uma pessoa sexual? O que seria confiança sexual, para você?

POR QUE OS ESTÍMULOS NEM SEMPRE A EXCITAM

Recentemente, quando estávamos discutindo no blog sobre a parte da excitação que faltava, muitas mulheres comentaram, expressando sua frustração: "Ele está tocando todos os lugares corretos, mas eu não sinto nada!" Eles tinham lido que o clitóris é a chave para a excitação e estavam mexendo com ele, girando e esfregando, mas nada acontecia, e muitos estavam implorando por instrução mais detalhada. Digam a eles exatamente como apertar, dedilhar, esfregar, apalpar, tocar, tanto faz!

Conforme a parte dos comentários crescia e as mulheres compartilhavam suas histórias, a ficha caiu para uma mulher. Ela e o marido estavam indo direto para a estimulação no clitóris antes que o corpo dela estivesse pedindo isso. Eles nunca aprenderam os passos intermediários, e pular direto para a estimulação no clitóris ou penetração sem excitação suficiente pode acabar fazendo o casal retroceder.

Homens, imaginem tentar fazer sexo ou se masturbar assim que você teve um orgasmo. Não é nem um pouco agradável. De maneira similar, as mulheres podem achar que ter o clitóris tocado ou ter dedos colocados na vagina antes da excitação é desconfortável e desagradável. Pode parecer até com um exame Papanicolau. Se você seguir instruções detalhadas sobre como estimular os mamilos, o clitóris, ou outras zonas erógenas dela antes de ela estar pelo menos um pouco excitada, isso geralmente não leva à excitação. Em vez disso, geralmente parece estranho e invasivo, e pode até deixá-la *menos afim ainda*.

VOLTE A FAZER AS COISAS SEM PRESSÃO

Qualquer pessoa que tenha crescido assistindo as reprises de *Dias felizes* se lembra de Richie Cunningham cantando *"I found my thrill... on Blueberry Hill..."* [Achei meu barato... em Blueberry Hill...] toda vez que ele levava uma namorada para o cantinho dos amassos. O programa passava longe do sexo nos primeiros anos (antes de Joanie e Chachi ficarem juntos), mas retratava os amassos como sendo muito agradáveis, mesmo que não levassem a nada.

Ou era *porque* não levavam a nada?

As mulheres nos nossos grupos focais relataram sentirem muito mais liberdade para explorar e experimentar quando não havia pressão simultânea para fazer sexo. Quando as mulheres se sentem pressionadas a fazer sexo, ou mesmo ter um orgasmo, elas podem causar um curto-circuito no processo de excitação se elas pensarem que estão levando tempo demais ou que seus maridos estão ficando entediados, mesmo se seus maridos realmente quiserem ajudá-las a descobrir a excitação. Para muitas mulheres, a liberdade para *sentir* sem ter que levar a nada foi uma das chaves para destravar a excitação e, em última análise, o orgasmo.

Talvez o que os casais precisem mais do que instruções detalhadas sobre como brincar com mamilos e estimulação no clitóris seja voltar para Blueberry Hill. Afinal, por que dar uns amassos era tão mais excitante antes de você estar casada do que agora? Geralmente, é porque vocês assistiram a um filme juntos, começaram a se beijar por uma hora, as suas mãos estavam acariciando o cabelo um do outro e vocês queriam arrancar as roupas um do outro, mas não podiam ainda. Vocês levaram bastante tempo naquelas preliminares porque era só até onde podiam ir e, assim, deram tempo para a excitação acordar.

Se vocês estão fazendo sexo por anos e ela nunca se sentiu excitada, pode ser a hora de voltar alguns passos. Pode ser que o marido precise colocar seu próprio orgasmo no modo de espera temporariamente para ajudá-la a descobrir essa parte da excitação sem pressão. Essa parte "sem pressão", para muitas mulheres, é a única rota para aprender a ouvir o próprio corpo, e é por isso que preliminares passo a passo não vão funcionar se ela souber que sempre vão levar ao sexo.

Outra usuária do blog comentou:

> Meu marido e eu éramos virgens sem experiência quando nos casamos. Quando meu marido perguntava, ou eu mesma me perguntava mentalmente se estava bom, desde que não estivesse machucando, eu dizia que sim. Meu momento "arrá!" aconteceu quando estávamos nos beijando uma vez e eu comecei a sentir algo que eu tinha sentido algumas vezes antes quando eu era mais jovem e estava lendo livros cristãos de romance. Vergonhoso, mas é verdade — eu ficava excitada com aquelas coisas, mas não tinha o vocabulário nem a consciência para identificar o que estava acontecendo. Parecia um batimento cardíaco quente no meu clitóris que se espalhava. Então, quando comecei a sentir isso com meu marido, eu me perguntei se era isso que "bom" significava. Eu foquei no que me fazia sentir aquilo e o que intensificava essa sensação, e foi as-

sim que eu descobri como ter um orgasmo. Quando eu descobri como era a sensação de "bom", eu fui capaz de ouvir meu corpo e aprender quais coisas diferentes me faziam sentir daquele jeito e foi ficando mais fácil com a prática.

Ela não tinha ideia do que era a excitação, e por muitos anos ela simplesmente fazia sexo sem sentir nada. Mas, quando ela e o marido simplesmente deram uns amassos de novo, ela percebeu o que a excitação deveria ser. Ela aprendeu a surfar na crista da onda e as coisas finalmente funcionaram!

PERGUNTA DE REFLEXÃO:
Quando foi a primeira vez que você se lembra de se sentir excitado(a)? O que você estava fazendo?

E SE ELA AINDA NÃO CONSEGUIR RELAXAR?

Para muitos casais, dar à esposa permissão para explorar e sentir sem ser obrigada a ir mais longe é tudo de que se precisa para preencher essa parte da excitação. Outros casais ainda ficam presos em bloqueios porque, mesmo se eles quiserem que a esposa não sinta pressão, ela ainda a sente. Ela quer descer do trem em Kingston e só explorar, mas ela não consegue se permitir. Geralmente, é por causa das ideias que ela internalizou sobre o sexo: ela é obrigada a dar sexo para o marido quando ele quer ou ela será uma esposa ruim; se ela não fizer sexo com ele, ele vai ficar tentado a assistir pornografia ou ter um caso; ele não vai se sentir amado se ela não fizer sexo com ele, então, ela não pode esperar que ele sequer fale com ela se ela não estiver fazendo sexo com ele.

Para algumas mulheres (e para alguns homens), essas ideias falam bem alto. Para elas, a jornada para um sexo gratificante não deve começar com ela aprendendo a parte da excitação. Começa, na verdade, com

EM DEFESA DO SEXO INCRÍVEL

os dois desprezando as ideias que os impedem de ver o sexo de maneira saudável. E é a essas ideias que vamos nos atentar agora.

EXPLOREM JUNTOS: UMA VIAGEM A BLUEBERRY HILL

Se o orgasmo tem sido esquivo e a excitação tem sido difícil, remova a pressão para fazer sexo. Eis algumas maneiras de fazer isso:

- Escolham um período em que o sexo vai estar totalmente vetado (de duas a quatro semanas). Usem esse tempo como uma oportunidade para enfatizar o afeto físico, mesmo se isso significar estacionar o carro em uma rua vazia e dar uns amassos ali.
- Priorizem tocar um ao outro sem sexo depois. Coloquem o temporizador e se beijem por pelo menos quinze minutos por dia. Se estiverem vendo um filme, fiquem aconchegados juntos.

Dicas para recolocar o sexo na jogada:

- Façam o marido deitar parado e deixem a esposa beijá-lo e explorar o corpo dele a fim de construir a confiança sexual dela conforme ela descobre como dar prazer para ele.
- Até ela estar excitada, não faça nada demais. Não toque o clitóris ou os mamilos dela até ela querer.

RESGATANDO E REESTRUTURANDO

- Em vez de dizer que "os rapazes vão querer forçar os limites das moças", diga o seguinte para os dois gêneros:
  - "Querer sexo é natural e saudável".
  - "Você é capaz de resistir à tentação e é responsável por não violar os limites de ninguém".

- "Se você se sente pressionado(a) a fazer algo que não quer fazer, isso não é um relacionamento seguro".
- Em vez de dizer "Não façam sexo até o casamento", diga "Não façam sexo até estarem casados e excitados!"
- Em vez de dizer que "a noite de núpcias vai ser a melhor noite das suas vidas", diga que "o sexo é uma jornada de descobrimento e alegria, então, não esperem ser mestres no primeiro dia".

CAPÍTULO 5

VOCÊ TEM OLHOS APENAS PARA MIM?

"Eu, porém, vos digo que todo aquele que olhar com desejo para uma mulher já cometeu adultério com ela no coração"
MATEUS 5.28

Nós (Sheila e Rebecca) fomos a um casamento uma vez em que o doce casal escreveu seus próprios votos. Foi uma cerimônia amável, com direito a arcos feitos à mão e decoração e música originais.

Mas, ao final dos votos, olhamos surpresas uma para a outra. Eles esqueceram algo importante: "renunciando a todos os outros". Foi um descuido, mas, mesmo assim, essa é uma promessa crucial. Devemos esperar que nosso cônjuge seja capaz de dizer, nas palavras do grupo de jazz dos anos cinquenta, *The Flamingos*: "Eu só tenho olhos para você". Apesar das estrias e do peso extra por causa do bebê, apesar dos pneuzinhos aumentando e dos cabelos diminuindo, apesar dos anos, das rugas e da saúde enfraquecendo, queremos saber que "Eu sou seu, e você é minha, exclusivamente e para sempre". Isso é segurança. Isso é aceitação. Isso é amor.

É com isso que todos sonhamos. Mas isso é tudo? Só um sonho?

COMEÇA A BATALHA

Um dos livros cristãos *best-sellers* nos anos 2000 foi *A batalha de todo homem*, de Stephen Arterburn e Fred Stoeker.[1] E qual é essa batalha que todo homem estava lutando? Luxúria. Todo homem luta contra isso, todo homem é tentado por isso, todo homem deve lutar com muita, muita força para superar isso. Assim, o termo "desviar o olhar" nasceu. "Quando seus olhos desejarem olhar para uma mulher, eles devem se desviar imediatamente".[2] As moças foram chamadas à modéstia como um sinal de amor por seus irmãos em Cristo. Não demorou muito para o slogan "as modestas são as mais gostosas" [Modest is hottest] pegar.

A maneira com que falamos sobre essa luta — como se fosse a luta de todo homem e todos eles fossem naturalmente estimuláveis visualmente — faz parece que, se um homem não luta contra a luxúria, ele não é um homem de verdade. Veja só esses trechos de vários livros:

- "As mulheres devem cuidar do problema da luxúria visual, enquanto os homens, quase universalmente, devem lidar com esse problema somente por serem homens". — *O ato conjugal*[3]
- "Como homens e mulheres funcionam de formas tão diferentes, as mulheres geralmente não percebem como o sexo oposto vê o mundo. A maioria das mulheres simplesmente não está ciente do que significa a natureza visual dos homens, ou o quanto ela impacta literalmente todas as áreas das vidas e dos relacionamentos

---

[1] Mais de quatro milhões de exemplares foram vendidos na série de livros *Todo Homem*.

[2] ARTERBURN, Stephen; STOEKER, Fred. *A batalha de todo homem* (São Paulo: Mundo Cristão, 2004) p. 145.

[3] LaHaye, *O ato conjugal*, p. 298.

VOCÊ TEM OLHOS APENAS PARA MIM?

da maioria dos homens". — *Through a man's eyes* [Pelos olhos de um homem][4]

- "Encontramos outra razão para o predomínio do pecado sexual entre os homens. Nós chegamos a esta situação naturalmente — simplesmente por sermos homens". — *A batalha de todo homem*[5]
- "Um homem não consegue não querer olhar". — *Somente para mulheres*[6]

PODEMOS CHAMAR OS HOMENS PARA MAIS?

Quando eu (Rebecca) tinha catorze anos e estudava em casa, minha mãe me mandou ler *O Sol é para todos*. Eu me deitava no nosso sofá amarelo e devorava o livro por treze horas seguidas, pulando refeições e pausas para ir ao banheiro para finalmente descobrir como Jem quebrou o braço. Eu me encolhi e chorei de soluçar quando acabei a obra-prima. Para mim, Atticus Finch foi a epítome do que significava ser um homem bom. É claro que ele não era perfeito; ele era atormentado pela sua própria incerteza. Mesmo assim, ele se posicionou pelo que era certo e lutou contra a injustiça, enquanto mantinha uma crença no bem da humanidade.

Pulando dois anos para frente, eu fui apresentada a *Jersey shore*. Os homens no programa sabiam o que queriam, e queriam agora. Eles eram convencidos e vaidosos, e não havia nenhuma esperança de que fossem melhorar.

O que incomoda todas nós escrevendo esse livro é que o mundo cristão tende a descrever todos os homens como tendo um festeiro de "Jersey Shore" interior. Em vez de desejar que os homens sejam como Atticus Finch, ensinam para moças e mulheres que Atticus Finch é um fruto da nossa imaginação. Precisamos nos contentar com nos casarmos com um Pauly D.

---

[4]FELDHAHN, Shaunti, Gross, Craig. *Through a man's eyes* (Colorado Springs: Multnomah, 2015), p. 8.

[5]ARTERBURN; Stoeker, *A batalha de todo homem*, p. 77.

[6]FELDHAHN, *Somente para mulheres*, p. 91.

Podemos até ouvir isso escutando os que estão mais alto nos círculos evangélicos. Paige Patterson, antes de ser demitido da presidência do *Southwestern Baptist Theological Seminary* [Seminário Teológico Batista do Sudoeste], defendeu dois adolescentes por objetificarem uma moça em um sermão infame.[7] A moça passou pelos rapazes e um virou para o outro e disse: "Cara, que corpinho". O pastor, que tinha no episódio 72 anos, aparentemente concordou, descrevendo a moça de forma repulsiva para as mulheres: "Ela não tinha mais do que dezesseis, mas [limpa a garganta] deixe-me apenas dizer [pausa com um sorrisinho] que ela era bonita". A mãe de um dos rapazes se virou para o filho e o castigou pelo desrespeito com a moça, mas Patterson intervém com uma repreensão rápida: "Senhora, deixe o rapaz. Ele está apenas sendo bíblico". De acordo com Patterson, não é correto dizer a rapazes para não objetificarem mulheres; desrespeitar mulheres é bíblico. Nada de Atticus Finch aqui.

PERGUNTA DE REFLEXÃO

Que mensagens você recebeu, quando adolescente, sobre rapazes, homens e luxúria? Como isso te fez sentir sobre o gênero oposto? Como isso te fez sentir sobre seu próprio gênero?

NOTAR NÃO É OLHAR COM DESEJO

Talvez a razão por que esse fenômeno "a batalha de todo homem" se tornou tão dominante seja um problema de definição. Parece-nos que, com frequência demais, os livros que falam sobre a luxúria igualam notar que uma mulher é bonita a vê-la com desejo. Mas notar é ver com desejo?

---

[7] PATTERSON, Paige. Sermão na Conferência AWAKEN de janeiro de 2014 em Las Vegas. Disponível em: https://www.youtube.com/watch?v=gDRUVmcaQ3k. Acesso em: 31.03.2020, minutagem 1:55. Veja também SHIMRON, Yonat. "*Thousands of Southern Baptist women sign petition against Paige Patterson*", Religion News Service. Disponível em: https://religionnews.com/2018/05/07/a-watershed-moment-southern-baptist-women-sign-petition-against-paige-patterson/.

Quando falamos sobre luxúria, geralmente puxamos essa passagem: "Ouvistes que foi dito: Não adulterarás. Eu, porém, vos digo que todo aquele que olhar com desejo para uma mulher já cometeu adultério com ela no coração" (Mateus 5.27-28).

Vamos dissecar essa passagem por um momento. Ela não diz que todos que *veem* uma mulher cometem adultério. Ela diz que o homem que *olha* para uma mulher *com desejo* cometeu adultério. Ver não é errado. Você não pode evitar ver se está de olhos abertos. Olhar, por outro lado, é uma ação intencional. Mas olhar, por si só, *também* não é errado. É olhar para a mulher visando à gratificação sexual que ultrapassa o limite.

Não é porque o homem *vê*.

Não é nem porque ele *olha*.

É porque ele olha *com um objetivo específico*: fixar os olhos nela e ter fantasias sobre ela.

Isso significa que atração sexual não é luxúria. É possível notar que alguém é muito bonito e depois não fazer mais nada com essa informação. Acreditamos que a tentação à luxúria pode parecer intransponível porque a associamos com atração. Isso deixa os homens e os rapazes hipervigilantes, tentando nem mesmo ver. É como o efeito do elefante rosa. Assim que você fala para alguém "Não pense em um elefante rosa!", qual é a primeira coisa em que a pessoa pensa? Um elefante rosa.

Na média, os homens respondem mais a estímulos visuais do que mulheres, sim (mas, em breve, analisaremos como as mulheres são muito sensíveis visualmente também!), mas pessoas demais interpretaram errado o que as pesquisas psicológicas dizem. Dizer que a atração sexual, para os homens, vem primariamente de estímulos visuais é uma coisa. Mas dizer que pensamentos luxuriosos vão acontecer com todos os homens a menos que eles evitem todos os estímulos visuais é outra coisa bem diferente. Pesquisas psicológicas definitivamente afirmam a primeira parte, mas, mesmo assim, doutrinas completas (e livros!) foram desenvolvidas sobre luxúria e modéstia a partir da segunda percepção.

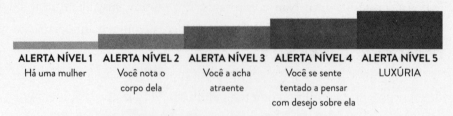

Figura 5.1 - Modelo de atração e luxúria baseado no medo

Ao ler esses livros, temos uma ideia de como ver uma mulher leva à luxúria, algo parecido com a figura 5.1. Ver uma mulher, notar o corpo dela, ficar atraído por ela, ter pensamentos luxuriosos com ela — tudo isso é apresentado como passos que, inevitavelmente, vêm um atrás do outro. Como em uma daquelas esteiras de aeroporto, é difícil sair dela depois que você sobe. E você não quer mesmo chegar ao final. A única maneira de sair da esteira é evitá-la completamente desviando os olhos, neutralizando a ameaça.

Nós propomos que a situação se parece mais com a figura 5.2. A rota para a luxúria não é direta e há muitas, muitas chances de se evitar a luxúria que não levam a estresse algum. É possível notar que uma mulher é bonita e até ter uma pontada de atração, e depois não pensar em mais nada sobre ela e continuar o seu dia.

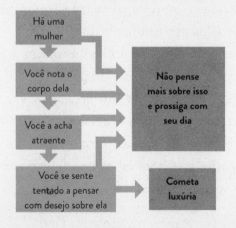

Figura 5.2 - Nosso modelo alternativo de atração e luxúria

Francamente, essa hipervigilância está estressando muitos homens que estão simplesmente tentando ser caras legais. O primeiro capítulo de *Through a man's eyes* [Pelos olhos de um homem] explica a batalha que os homens enfrentam diariamente contra estímulos sexuais à sua volta: tentar não olhar para *outdoors* no caminho para o trabalho, tentar desviar os olhos dos seios da barista, se preocupar se a colega de trabalho com a camisa apertada vai se sentar bem na frente deles. No livro, lemos que "Jack suspira de alívio" quando a saia de uma colega não está curta demais e "as horas seguintes são difíceis" porque outra colega atraente está no campo de visão dele.[8]

Meu (Sheila) marido trabalha em um ambiente quase completamente feminino (ele é pediatra; as colegas dele são mulheres, a enfermagem tende a ser composta por mulheres e as crianças costumam ser trazidas pelas mães). Ele passou por todo esse estresse o dia todo? Depois de ler esse capítulo, eu perguntei para ele. Ele riu. Eu perguntei de novo. Ele fez outra piada. Eu fiquei meio inquieta por ele não me levar a sério.

"Espera, você está dizendo que existem homens estressados por ir ao trabalho porque eles podem cometer luxúria? Que doideira!", ele disse. Mas eu poderia confiar no meu marido? O livro me disse que todos os homens lutam contra isso, mas eles não sabem como explicar ou têm medo de confessar essa luta para suas esposas.[9]

E se a maneira como falamos sobre a luxúria faz esses problemas parecerem maiores do que seriam se falássemos de outra forma? É isso que Chris, um usuário do blog, descobriu.

> Como alguém que cresceu na era do movimento da pureza e da *Batalha de todo homem*, eu tenho me esforçado para reconfigurar meu cérebro há alguns anos. Tantos anos de luta diária só para evitar olhar. A Bíblia diz que o jugo dele é suave e o seu fardo é leve, mas gastar cada parte de

---

[8] FELDHAHN; GROSS, *Through a man's eyes*, p. 6-7.
[9] FELDHAHN; GROSS, *Through a man's eyes*, p. 15.

todos os dias gastando energia para me certificar de que eu não olhei para uma mulher atraente é o oposto de suave e leve.

Eu fui forçado a confrontar meu pensamento errado durante umas férias na Europa. O primeiro dia em uma praia *topless* na Espanha foi excruciante. Eu estava me dando uma enxaqueca desviando meus olhos, mas sem ter para onde desviá-los. Eu definitivamente não estava desfrutando da bela praia nem desfrutando da minha bela esposa.

Eu falei com minha esposa e expliquei tudo isso para ela. Com algum medo e apreensão, eu olhei para a praia repleta de [seios] e comecei a conversar ao longo do processo de não fazê-los estarem lá para minha gratificação sexual. O restante da viagem foi muito relaxante e agradável, e eu passei um tempo maravilhoso com minha esposa na praia.

Desde então, eu posso ver uma mulher atraente e não ficar excitado.

PERGUNTA DE REFLEXÃO
A definição excessivamente abrangente de *luxúria* tornou a sua vida difícil? Faria diferença na sua vida ver "notar" e "olhar com luxúria" como coisas diferentes? Como?

Chris alcançou a liberdade de uma luta da vida toda simplesmente ao rejeitar a mentira de que ele não poderia evitar a luxúria. Mas e se não forem só os homens a quem esse ensino machuca?

OUVIR SOBRE AS "LUTAS" DOS HOMENS AJUDA AS MULHERES?
Os autores de livros sobre luxúria dizem que escrevem esses livros para ajudar as mulheres a entenderem as lutas que os homens enfrentam.[10]

---

[10] Quando nos referimos a livros sobre a luta dos homens contra a luxúria e pecados sexuais, nós analisamos quatro livros: *A batalha de todo homem*, de Arterburn e Stoeker; *Every Heart Restored*, de Stoeker, ambos da série *Todo homem*; *Somente para mulheres*, de Feldhahn; e *Through a Man's Eyes*, de Feldhahn e Gross.

VOCÊ TEM OLHOS APENAS PARA MIM?

Mas nossa pesquisa mostra que ler esses livros não ajuda os casamentos ou as vidas sexuais das mulheres; na verdade, os prejudica. Nós descobrimos que as mulheres que concordam que todos os homens cometem luxúria têm satisfação conjugal e sexual menor do que as que não acreditam. Elas são 79% mais propensas a fazerem sexo por obrigação e 59% menos propensa a estar frequentemente excitada durante o sexo.[11] Na verdade, acreditar nessa ideia como uma estudante do Ensino Médio significa que, quando a mulher se casa, ela é 43% mais propensa a desconfiar do marido, com medo de que ele verá pornografia ou olhará para outras mulheres.[12]

Figura 5.3 - Mulheres relatam sexo pior se acreditam que a luxúria é uma batalha constante e universal para os homens

Eu faço sexo com meu marido somente porque sinto que devo	79%
Quanto ao sexo, eu poderia fazer ou não	52%
Eu me sinto a vontade para falar com meu marido sobre o que é bom e o que eu preciso sexualmente	-27%
Meu marido dá atenção o suficiente às preliminares de forma que eu me sinto excitada quando começamos a fazer sexo	-27%
Eu frequentemente tenho um orgasmo durante a atividade com meu marido	-31%
Eu estou muito satisfeita com a quantidade de proximidade que eu tenho com meu marido durante o sexo	-36%
Meu marido faz do meu prazer uma prioridade quando fazemos sexo	-38%
Eu me sinto confiante quanto à minha habilidade de ficar sexualmente excitada	-51%
Eu frequentemente estou excitada durante a atividade sexual	-59%

---

[11]Razões de probabilidades: sexo por obrigação é 1,79 (1,65 — 1,94) e excitação é 1,59 (1,47 — 1,73).

[12]Razão de probabilidade: 1,43 (1,30 — 1,56).

EM DEFESA DO SEXO INCRÍVEL

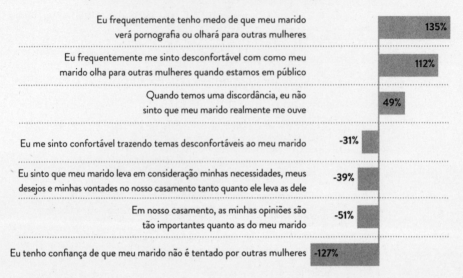

Figura 5.4 - Mulheres são menos felizes no casamento se acreditam que a luxúria é uma batalha constante e universal para os homens

Pare um momento para pensar: *dizem isso às moças no Ensino Médio.* Se a moça conhece seu marido na faculdade, ele nunca teve chance! Ela foi ensinada que nenhum homem é capaz de ser fiel nos seus pensamentos *antes mesmo de ela conhecer o homem com quem se casaria.* Disseram a ela que o Atticus Finch com quem ela sonhou era uma miragem. Então, o que acontece quando uma mulher que foi ensinada desde a adolescência que os homens não são confiáveis se casa com um homem que *é* confiável? É assim que um usuário do blog descreveu em um comentário:

> Eu tive ótimos relacionamentos com moças que não envolveram luxúria por toda a minha adolescência. O problema começou quando eu me casei. Minha mulher achava que ver era olhar com luxúria e eu não conseguia convencê-la do contrário. Uma hora, eu cedi e tentei não ver. Olhando para trás, eu posso ver o dano enorme que isso causou não apenas em mim, mas na nossa família. Não consigo nem dizer o número de casais de quem não podíamos ser amigos porque ela achava que a mulher era atraente (não importava se eu achava isso ou não). Nossa família não

ia à praia, a piscinas ou a parques aquáticos por causa da possibilidade de haver uma mulher lá que pudesse estar vestida de forma imodesta. Eu me lembro de uma vez na igreja, depois de cantar uma música, minha esposa estava me encarando e eu fiquei tipo: "Que foi?" Mais tarde, ela me disse que eu tinha olhado para uma dos membros da equipe de louvor que era atraente. Eu vivia com medo constante de ela decidir que eu pudesse estar com pensamentos luxuriosos em relação a alguém.

Mas agora imagine um casamento em que a mulher não tem nada para se preocupar porque o marido dela é um homem nobre, como o casal citado anteriormente, *e* ela não acredita na ideia de que "todos os homens cometem luxúria". Certamente esse casamento está a salvo dos efeitos negativos desse ensino, certo?

Errado. Acontece que, mesmo se uma mulher disser que discorda da ideia de que todos os homens cometem luxúria, se estiverem ensinando essa ideia para ela, *ela ainda tem efeito.* Quando uma mulher acredita na ideia da batalha de todo homem, ela é 127% menos propensa de ter confiança de que seu marido não é tentado por outras mulheres. E se ela não acreditar nisso, mas ainda ouvir isso de outros? Ela ainda é 64% menos propensa. Poderia ser porque o marido *não é,* de fato, um homem nobre? De novo, errado. A tendência continuou estável mesmo para casamentos em que a mulher não acreditava que o marido lutava contra a pornografia. Quando nossas igrejas e a mídia cristã que consumimos nos dizem repetidamente que não podemos confiar nos nossos maridos, mesmo se nossos maridos forem confiáveis, isso planta sementes de dúvida.

PERGUNTA DE REFLEXÃO
Mulheres, quando vocês estavam no Ensino Médio, que ideias vocês ouviram sobre se todo homem comete luxúria? Como isso afetou sua visão acerca dos homens? Como isso afetou sua visão acerca do seu marido?

EM DEFESA DO SEXO INCRÍVEL

NÃO APENAS NORMALIZAMOS A LUXÚRIA; NORMALIZAMOS A PREDAÇÃO

Os livros que discutimos não apenas normalizaram a luxúria; alguns também confundiram a luxúria com predação real, horrorizando suas leitoras.[13] Leia esse trecho que *A batalha de todo homem* retrata como algo com que homens normais lidam:

> Talvez seja verdade que quando você e uma mulher chegam a uma porta simultaneamente, você a espera entrar primeiro, mas não por educação. Você deseja segui-la escada acima para ficar admirando. Talvez você entre com seu carro alugado em um estacionamento de uma academia local, entre um compromisso e outro, para observar mulheres em trajes minúsculos saltando e andando de um lado para o outro, e você fantasiando e cobiçando-as – até mesmo se masturbando – no carro.[14]

Ler isso causa estranhas lembranças dos dias de *Vila Sésamo*: "Uma coisa é uma coisa". Ficar olhando para os glúteos de uma mulher e se masturbar no carro em um estacionamento de academia são coisas muito diferentes. O segundo não é só anormal; é ilegal em muitos lugares. Assim como se masturbar abertamente por causa da vista da sua cunhada dormindo a um metro de você — outra anedota contada em *A batalha de todo homem*.[15] Tratar essas coisas como comportamento masculino comum, como se masturbação pública fosse algo generalizado, é um desserviço aos homens.

---

[13]Além dos três incidentes apresentados a seguir, *A batalha de todo homem* também diz isso: "E meus olhos? Eles eram ávidos caçadores de fogo buscando o horizonte, fixando-se em qualquer alvo que apresentasse um calor sensual. Jovens mães inclinando-se para tirar as crianças do carro. Solteiras com camisetas de seda. Vestidos de verão com decotes.", p. 25. É repugnante normalizar homens tendo gratificação sexual por olharem mulheres tirando seus filhos do carro.

[14]ARTERBURN; STOEKER. *A batalha de todo homem*, p. 39.

[15]Ibidem, p. 84.

Foi isso que feriu Erik, que comentou na minha *thread* no Twitter: "Eu não consigo dizer alto o bastante o quanto esse livro especificamente me fez acreditar que eu ia crescer e virar um monstro. Como se fosse o destino, enraizado na minha biologia. Porque, mesmo nas melhores partes, esses autores ainda pensam que os homens são monstros amordaçados. Demorou muito tempo para eu perceber a mentira".[16]

> **PERGUNTA DE REFLEXÃO**
> Homens, vocês acreditam que são inerentemente sujos em termos de pureza sexual simplesmente por serem homens? Se sim, como isso tem te afetado?

Não é difícil entender por que Erik pensou que se tornaria um monstro ou por que as participantes da nossa pesquisa colocaram *A batalha de todo homem* como um dos materiais mais prejudiciais para seu casamento.[17] O estranho é que os autores dos livros sobre a luxúria dos homens admitiram *nos próprios livros* que as mulheres estavam sendo feridas pelo conteúdo!

- "'Os homens parecem porcos cafajestes cujas mentes e cujos pensamentos só vão para onde querem', [Brenda] comentou. 'Não existe nada sagrado para eles? Como mulheres, devemos acreditar nos homens depois de ler isto? Você não pode nem mesmo acreditar que o pastor seja uma pessoa pura. Sinto que se algo acontecesse alguma vez com Fred, nunca me casaria novamente porque confiaria muito pouco nos homens.'" — a

---

[16] Erik Kort (@ErikMKort), resposta no Twitter a @sheilagregoire. 03.03.2020, 13:23. Disponível em https://twitter.com/ErikMKort/status/1234907343432777728. Erik já escreveu sequências extensas sobre *A batalha de todo homem* da perspectiva de alguém que, desde então, tem desconstruído a fé.

[17] Veja o apêndice.

esposa de um dos autores responde depois de ler as palavras do marido em *A batalha de todo homem*[18]

- "Muitas mulheres nos disseram: 'Eu nunca mais vou ser capaz de confiar no meu marido de novo, agora que sei o quanto ele é visual.' E mais do que alguns maridos devastados nos disseram que suas esposas pararam completamente de ser íntimas com eles quando elas descobriram a verdade sobre como os homens funcionam". — *Through a man's eyes*[19]

Apesar disso, como os autores responderam? "As mulheres só precisam entender os homens". Na discussão sobre a luxúria em *Amor e respeito*, Emerson Eggerichs diz que parte de respeitar seu marido é aceitar essa luta como parte da masculinidade dele. "Se seu marido sentir que você não respeita a luta dele, o desejo que ele tem por você *e a masculinidade dele*, ele se afastará de você".[20] Parece ameaçador, não?

Talvez o fato de as mulheres se sentirem tão transtornadas com essa ideia de que "todo homem luta contra a luxúria" não é porque elas simplesmente precisam entender os homens; talvez seja porque estão pedindo que as mulheres aceitem algo que reflete o reino das trevas em vez de Cristo. Talvez as mulheres não consigam aceitar serem vistas como objetos e não se sintam seguras em uma sociedade que não as trata como seres humanos — *e talvez as mulheres estejam certas de se sentirem assim.*

AS ESCRITURAS APRESENTAM A LUXÚRIA COMO A BATALHA DE TODO HOMEM?

Vamos dar um passo para trás e perguntar: "As Escrituras falam sobre a luxúria da mesma forma que esses livros falam?" De acordo com a Bíblia, quando o Espírito Santo passa a habitar em nós, nós deveríamos espe-

---

[18]ARTERBURN; STOEKER. *A batalha de todo homem*, p. 202.

[19]FELDHAHN; GROSS. *Through a man's eyes*, p. 14.

[20]EGGERICHS. *Amor e respeito*, p. 225 (ênfase nossa).

rar que a luxúria fosse derrotada. Paulo nos conta em Colossenses 3.5: "Portanto, eliminai vossas inclinações carnais: prostituição, impureza, paixão, desejo mau e avareza, que é idolatria". Não é para lutarmos uma batalha perpétua; *é para vencermos a batalha*. Pecados sexuais podem parecer uma corrente pesada que nos prende, mas somos chamados para mortificar a luxúria e viver em liberdade — e nós podemos!

É perfeitamente razoável que uma mulher espere que o marido dela viva os votos de casamento que fez. Ela não está sendo egoísta. Ela não está falhando em entender o que é ser homem. Ela está se apoiando em princípios bíblicos! E sentimos muitíssimo que a comunidade cristã tenha feito as mulheres pensarem que os homens são animais que não conseguem se controlar e que tenha feito os homens pensarem que estão pecando simplesmente por terem olhos.[21]

A ideia de que "todo homem luta contra a luxúria" nos ensinou a trocar a confiança pelo medo em nossos casamentos, então, não deveria ser uma surpresa quando o sexo não funciona. Jesus nos disse para olhar o fruto a fim de julgar a árvore, e o fruto dessa árvore é podre. As esposas ficam paranoicas porque elas ouvem que não podem confiar no homem com quem se casaram, no bom homem que as ama. Esses livros retratam injustamente os maridos como viciados em sexo e mentirosos patológicos, enquanto normalizam olhar com malícia para as mulheres. Se esse é o fruto, por que ainda mantemos a árvore?

---

[21]Vale a pena mencionar que as mulheres na nossa pesquisa não estão preocupadas, no geral, sobre seus maridos estarem sendo tentados por outras mulheres e não ficam desconfortáveis com eles olhando de soslaio em público. (70,7% disseram que discordam levemente ou fortemente de que estavam preocupadas de que seus maridos veriam pornografia ou olhariam para outras mulheres, com 8% concordando fortemente que estavam preocupadas, e 87,7% das mulheres discordam ou discordam fortemente de que ficam desconfortáveis com como seus maridos olham para outras mulheres em público; 57,9% discordaram fortemente, e somente 2,5% concordaram fortemente que ficam desconfortáveis.)

EM DEFESA DO SEXO INCRÍVEL

RESPEITO: A PEÇA QUE FALTAVA NO QUEBRA-CABEÇA DA LUXÚRIA

O que esses livros enfatizam é a proteção da pureza do homem. Mas e se o problema real da luxúria não for que ela mancha o homem, e sim que ela objetifica e desumaniza aquelas a quem Cristo valoriza e chama de preciosas?

Boa parte da solução apresentada em *A batalha de todo homem* para o problema da luxúria vê as mulheres através das lentes da luxúria em vez das lentes do reino. As mulheres são a ameaça à pureza dos homens. "Desviar os olhos" diz aos homens para se perguntarem: "Essa mulher é perigosa para mim?" Mas uma pergunta mais bíblica é: "Eu estou sendo respeitoso com essa pessoa como uma portadora da imagem de Cristo?"

Mas o que significa ser respeitoso? Em *Through a man's eyes*, Jack é retratado como sendo respeitoso ao girar a cabeça para o outro lado e virar sua cadeira para não ver Abbie, a colega atraente que tanto o distraía.[22] Se ele puder evitar olhar para ela, pode parar de pensar sobre ela com luxúria e, assim, vai honrar a esposa dele e Abbie. Mas, se eu estivesse no lugar de Abbie, eu não me sentiria honrada e respeitada se alguém virasse a cadeira para não me ver. Eu me sentiria objetificada e excluída.

Uma mulher nos contou essa história:

> Quando eu tinha quase a idade de ir para a faculdade, estava treinando com um técnico para os esportes da faculdade. Eu estava vestindo *shorts* normais, uma camiseta sem mangas e um sutiã esportivo. Alguns colegas meus e um pai entraram na academia e o técnico me apresentou. O pai queria saber se eu treinaria com a filha dele para melhorar as habilidades dela. Quando eu me apresentei, ele apertou minha mão muito brevemente e não olhou mais para mim. Ele falava com todos ao meu redor, mas nem olhava para mim, mesmo eu sendo a razão de ele estar lá. Eu estava envergonhada e confusa. Eu me desculpei e, aparentemente, o pai comentou, tentando rir do seu comportamento, que era um cristão de-

---

[22]FELDHAHN; GROSS. *Through a man's eyes*, p. 23.

voto com um problema com luxúria. Eu fiquei tão envergonhada. Eu me senti horrível. Eu não fiz nada errado. A reação dele fez eu me sentir suja.

Outra mulher nos contou essa história:

Eu estava em uma excursão de temática cristã e minha irmã e eu entramos num elevador com outros dois casais do grupo. Dissemos oi e sorrimos. Não conhecíamos os casais, mas sabíamos de uma coisa: os homens eram pastores. Então, ficou mais evidente quando cada um deles deu um olá curto e formal antes de fisicamente virarem as cabeças e se recusarem a olhar para mim. Nenhum contato visual. Mal reconheceram minha existência.

Eu estava usando um macacão longo sem mangas e com o pescoço quadrado. Não era justo e nem tinha decote. Mas eu não acho que teria feito diferença mesmo assim. Eu não era uma pessoa, um humano, uma mulher, uma irmã naquele elevador. Eu era uma pedra de tropeço, um objeto. Eu era uma coleção ambulante e falante de partes corporais tentadoras. Eu era o inimigo. Foi uma desumanização das mais óbvias.

Não ser capaz de olhar para uma mulher é tratá-la como uma ameaça em vez de como uma pessoa. E o que você faz com ameaças? Você as neutraliza. Quando se lida com alcoolismo, você joga a bebida no ralo e fica longe de lugares com bebida. Então, muitas pessoas tratam a luxúria que nem o alcoolismo: se livram das mulheres! Ou pelo menos dizem para elas se cobrirem. Todavia, mesmo se toda mulher na igreja se vestir como os Amish, o restante da sociedade não vai.[23] Além disso, você não

---

[23]Abuso e assédio sexuais são generalizados em comunidades Amish, como Sarah McClure detalhou em *The Amish Keep to Themselves. And They're Hiding a Horrifying Secret*, Cosmopolitan, 14.01.2020. Disponível em: https://www.cosmopolitan.com/lifestyle/a30284631/amish-sexual-abuse-incest-me-too/. Além disso, uma perspectiva interessante de uma mulher iraniana sobre como os padrões de modéstia no país dela deixam o assédio sexual mais comum é mostrada por Tehran Bureau em *How the hijab has made sexual harassment worse in Iran*, The Guardian, 15.09.2015. Disponível em: https://www.theguardian.com/world/iran-blog/2015/sep/15/iran-hijab-backfired-sexual-harassment.

pode viver sua vida fugindo de mulheres, e nem deveria. Uma mulher que comanda uma organização contra o tráfico sexual resumiu da seguinte forma: "A ironia é que, ao igualar a atração à luxúria, nós resumimos as mulheres aos seus corpos, seja quando o homem a evita completamente ou quando pensa com luxúria sobre ela".

Derrotar a luxúria não é sobre limitar os contatos dos homens com as mulheres; é sobre capacitar os homens a tratarem as mulheres ao redor deles como pessoas completas, filhas de Cristo. O segredo para derrotar a luxúria não é evitar olhar para as mulheres; *é vê-las de verdade.* Foi isso que o marido dessa usuária entendeu instintivamente — talvez porque ele não cresceu na igreja:

> Meu marido se tornou cristão quando tinha uns vinte anos. A exposição dele à igreja antes disso era extremamente limitada. Eu me divirto quando tenho que explicar o dialeto "crentês" de vez em quando! ("A batalha de todo homem" foi uma das expressões que eu precisei explicar. Eu perguntei para ele se ele sabia o que isso significava e ele disse: "O pecado? Todos lutam contra o pecado."). Ele só soube recentemente do problema da luxúria dentro da igreja e ficou abismado. A maioria dos amigos dele são mulheres, geralmente — ele até chamou uma amiga para ser madrinha dele no nosso casamento, em vez de um padrinho — e a maioria delas é bem atraente. Mas, mesmo quando não era cristão, ele me disse que não pensava sobre elas com luxúria. Era desrespeitoso demais.
>
> É loucura para ele — e para mim — que, mesmo sem ser cristão, ele podia se controlar, mas a igreja trata isso como um obstáculo intransponível para homens que são habitados pelo Espírito Santo! Ele me disse que a maneira mais fácil de não desrespeitar as mulheres é vê-las como pessoas. Se alguém não cristão conseguiu entender isso, por que é tão difícil para a igreja?

Mas ainda há mais pontos sobre o assunto da luxúria para abordarmos.

VOCÊ TEM OLHOS APENAS PARA MIM?

. . . .
Como os homens podem lutar contra a luxúria

O segredo para lutar contra a luxúria é ver as mulheres como pessoas completas em vez de como ameaças em potencial.

1. Quando estiver passando por uma mulher, em vez de desviar os olhos, olhe-a nos olhos, dê um aceno breve e amigável com a cabeça e continue sua vida.

2. Quando estiver com uma mulher, olhe-a nos olhos e converse com ela. Pergunte a opinião dela sobre assuntos diferentes.

3. Não viva uma vida separada por gêneros. Junte-se a grupos onde as mulheres estão em posições de liderança ou onde as opiniões delas são consideradas.

4. Identifique mulheres na sua vida com quem você pode aprender, seja com conselhos sobre trabalho, criação de filhos, finanças etc. Pratique procurar mulheres tanto quanto homens quando for tomar uma decisão.

. . . .

DE ONDE VIERAM OS PROBLEMAS COM A IMAGEM CORPORAL DAS MULHERES

Minha (Sheila) irmã mais nova, Katie, atingiu a puberdade bem cedo. Em uma manhã de domingo, quando ela mal tinha onze anos, o professor da escola dominical dela a levou para um canto e disse para ela que ela teria que começar a prestar atenção no que ela vestia e evitar golas V porque ela não queria que os homens na igreja olhassem para ela com luxúria. Katie ficou com medo de ir para a igreja por semanas, completamente enojada de os homens adultos ficarem olhando os seios dela.

Eu (Rebecca) cresci lendo a revista *Brio* do ministério *Focus on the family*, onde eu me lembro de ter lido que calças só eram modestas se eu pudesse puxar um dedo de tecido nas coxas. Mas eu tinha coxas largas e um bumbum redondo com um quadril estreito, então eu

EM DEFESA DO SEXO INCRÍVEL

simplesmente não conseguia encontrar calças que cabiam em mim que não eram apertadas nas minhas coxas ou no quadril. Minhas curvas deixaram impossível me vestir de acordo com os padrões de modéstia de algumas pessoas sem eu voltar no tempo alguns séculos. Meu *corpo* se tornou o problema. E a *Brio* reforçou essa ideia de que meu corpo era perigoso com mensagens como estas: "Se um rapaz vir uma moça andando com roupas apertadas, uma minissaia ou um shortinho, você poderia já colocar o pescoço da vida espiritual dele na forca".[24] Se um rapaz simplesmente *vê* uma moça com roupas apertadas — não é *olhar* com luxúria, mas meramente *ver* —, a vida espiritual dele vai morrer. Eu, no auge de meus doze ou treze anos, juntamente com milhões de outras *millennials*, entendi a ideia claramente: "Meu corpo é tão perigoso que ele pode matar as vidas espirituais dos rapazes".

> Mas não colocamos apenas os rapazes em perigo. No artigo *A letter to our teenage daughters about how they dress* [Carta para nossa filha adolescente sobre o que vestir], Shauti Feldhahn alerta as moças sobre o efeito delas sobre os homens: "Quando aquele rapaz te vê, essa moça atraente que está chamando atenção para a forma dela (mesmo que você não ache isso), uma parte do cérebro dele chamada *núcleo accumbens* é estimulada automaticamente. Instantaneamente, até o rapaz mais honrável é instintivamente tentado a ceder visualmente... até os pais que estão lá".[25]

Reflita sobre isso: as adolescentes ouvem que os pais dos amigos delas vão lutar para não as verem com luxúria. Nós colocamos a responsabilidade dos pecados de homens adultos sobre os ombros de *crianças*.

---

[24]GRESH, Dannah. "What advertisers know about your body!", *Brio and Beyond*, novembro de 2002.

[25]FELDHAHN, Shaunti. "A Letter to Our Teenage Daughters about How They Dress". Blog de Shaunti Feldhahn. 10.04.2019. Disponível em: https://shaunti. com/2019/04/a-letter-to-our-teenage-daughters-about-how-they-dress/.

VOCÊ TEM OLHOS APENAS PARA MIM?

Talvez, em vez de dizer para meninas de onze anos se cobrirem, os pastores deveriam estar pregando mensagens sobre os males da pedofilia e da efebofilia (atração sexual por crianças na puberdade). Ao seguir o que Jesus nos ensinou quando falou sobre a luxúria, vamos colocar a responsabilidade de volta sobre quem deve tê-la: a pessoa cujo olho a faz tropeçar.

. . . .

Repensando a pesquisa sobre modéstia do *Rebelution*

Em 2007, o site *Rebelution* conduziu uma pesquisa com os rapazes, perguntando o que eles achavam sore a modéstia — uma pesquisa que foi amplamente publicada e relatada na revista *Brio* do *Focus on the Family*. E até hoje Shaney Irene, uma moderadora do *Rebelution*, diz: "Se você me perguntar o que eu acho sobre a pesquisa, eu vou te dizer que eu me arrependo de ter feito parte dela". Ela explica:

Talvez o maior e mais perturbador problema é que demos um palco para os rapazes só porque, bem, eles são rapazes. Não tínhamos como saber se os participantes tinham um entendimento saudável da sua própria sexualidade, sabiam a diferença entre atração e luxúria, realmente respeitavam mulheres etc. Muitos rapazes admitiram perder o respeito pelas moças que não viviam de acordo com as ideias deles de modéstia, se sentindo com nojo ou com raiva dessas mesmas moças. A palavra *causa* em relação à luxúria dos rapazes também teve uma ocorrência frequente. Essa é a mesma atitude que diz que as vítimas de abuso e assédio sexuais que vestem roupas não tão "recatadas" estão pedindo para serem violentadas.[26]

. . . .

---

[26] IRENE, Shaney. "Why the Rebelution's Modesty Survey Was a Bad Idea". Acessado em: 09.09.2020. Disponível em: https://homeschoolersanonymous.org/2013/04/10/why-the-rebelutions-modesty-survey-was-a-bad-idea-shaney-irenes-story/.

Eu (Sheila) estava debatendo uma vez sobre a modéstia das mulheres em um programa cristão popular de rádio. Eu estava argumentando que deveríamos parar de retratar a modéstia de acordo com regras de modéstia e que deveríamos simplesmente ensinar as mulheres a se respeitarem na forma como elas se vestem.[27] Enquanto eu estava no programa, uma mulher ligou e contou uma história perturbadora. Ela admitiu que sempre foi uma mulher grande e, um dia na igreja, uma mulher linda passou por ela. Desencorajada, ela orou: "Deus, por que você não me fez linda assim?" Aí ela disse que Deus falou para ela: "Seja grata porque você não se parece com ela porque ela faz que muitos homens pequem".

Eu acredito firmemente que essa não era a voz de Deus. Deus não culpa as mulheres por fazerem os homens pecarem simplesmente *por existirem*. É de surpreender que tantas mulheres cresçam com problemas de imagem corporal que deixam o sexo tão difícil?

PERGUNTA DE REFLEXÃO
Esposas, as ideias sobre a luxúria afetaram como você se sentia sobre seu corpo quando estava crescendo? Elas te afetam agora?

IGUALAR A LUXÚRIA À MASCULINIDADE FAZ AS MULHERES QUE SÃO VISUALMENTE ESTIMULÁVEIS SE SENTIREM COMO ABERRAÇÕES

Mas isso fica ainda mais complicado quando é uma mulher que luta contra a luxúria. Como essa é a batalha de todo *homem*, ela pode se sentir uma aberração — e se sentir envergonhada da própria sexualidade.

O mundo evangélico tende a presumir que as respostas sexuais dos homens e das mulheres são opostos absolutos. As mulheres simplesmente

---

[27] Para mais informações sobre isso, leia GREGOIRE, Sheila Wray. "My 40% Modesty Rule". Disponível em: https://tolovehonorandvacuum.com/2019/03/new-look-at-christian-modesty-guidelines/.

VOCÊ TEM OLHOS APENAS PARA MIM?

não se excitam do mesmo jeito que os homens. Mas, embora homens e mulheres possam, *na média*, responder diferentemente a estímulos visuais,[28] isso não significa que *todo* homem responde mais do que *toda* mulher.

Eis um exemplo: todos sabemos que os homens são, na média, mais altos que as mulheres. Mas a minha (Sheila) tataravó tinha 1,80m de altura e o marido dela tinha 1,67m, e os cientistas não iam bater na porta deles tentando entender como isso era possível. Não, nós entendemos que a altura média para cada gênero não dita a altura de um indivíduo. Sabemos disso tão intrinsecamente que não dizemos "todos os homens são altos e todas as mulheres são baixas" ou "ser alto é uma característica biblicamente masculina porque foi assim que Deus projetou". Não, nós entendemos que alguns homens são baixos e algumas mulheres são altas, mesmo se no geral os homens tenderem a serem mais altos que as mulheres.

Praticamente todas as diferenças de gênero que existam em um espectro mostram um padrão similar: não é que os homens sejam de um jeito e as mulheres sejam de outro; costuma haver bastante sobreposição.

É assim que pensamos sobre estímulos visuais também. O homem médio pode ser mais estimulado do que a mulher média, mas isso não diz nada sobre o indivíduo.[29] Quando falamos sobre os homens serem

---

[28]LEE, S. W. et al. "Sex Differences in Interactions between Nucleus Accumbens and Visual Cortex by Visual Erotic Stimuli: An fMRI Study". *International Journal of Impotence Research*, n. 27, 2015, p. 161-6. Disponível em: https://www.nature.com/articles/ijir20158.

[29]Há debate sobre se os homens realmente são mais estimuláveis visualmente. Uma grande meta-análise recente com 61 estudos, que estudou as diferenças de gênero em imagens cerebrais de estímulos sexuais, concluiu: "Seguindo uma revisão estatística minuciosa de todos os estudos significativos com neuroimagens, chegamos a fortes evidências quantitativas de que a resposta neuronal a estímulos sexuais visuais é independente do sexo biológico, contrariando a perspectiva amplamente aceita. Tanto homens quanto mulheres demonstraram ativação aumentada em muitas regiões no córtex e no subcórtex cerebrais que parecem estar envolvidas na resposta a estímulos sexuais visuais, enquanto as limitadas diferenças de sexo biológico que foram encontradas e relatadas anteriormente referem-se a avaliações subjetivas do conteúdo". MITRICHEVA, Ekaterina et al. "Neural Substrates of Sexual Arousal Are Not Sex Dependent". *Proceedings of the National Academy of Sciences 116*, nº 31. Julho de 2019. 1567176, Disponível em: doi.apa.org/10.1073/pnas.1904975116.

EM DEFESA DO SEXO INCRÍVEL

desse jeito sexualmente e as mulheres serem *daquele jeito* sexualmente, estamos generalizando e perdendo o quadro geral. Como uma mulher comentou no blog:

> Eu definitivamente sou uma mulher e definitivamente noto os homens. O tempo todo. Em todo lugar. 100% de atração visual, estranhos completos, não sei nada sobre eles e nunca saberei. Acreditem, nós, mulheres, absolutamente olhamos — digo, eu luto para não olhar de novo, digamos, mas nós olhamos. Eu dificilmente sou a única mulher que eu conheço que funciona assim. Realmente me frustra quando as pessoas perpetuam a ideia errada de que "as mulheres não são visuais", porque ela é absolutamente falsa e aumenta o abismo de compreensão entre os sexos, e, para piorar, humilha e silencia as mulheres por causa de impulsos perfeitamente normais.

Homens e mulheres, se vocês estão batalhando contra a luxúria, lembre-se de que todos batalhamos contra algo. E o fato de vocês estarem batalhando em vez de desistirem é admirável! Mas homens, por favor, saibam que isso não é a batalha de todo homem, e, mulheres, por favor, saibam que vocês não são aberrações se lutam contra isso. Essa é uma batalha que pode ser vencida e que vocês podem vencer. E notar não é ter luxúria! Quanto mais vocês puderem ver um ao outro como pessoas completas e quanto menos vocês tentarem evitar o sexo oposto por o verem como perigoso, mais vitoriosos vocês serão.

Para o restante das mulheres que está lendo, por favor, nos ouçam: nunca foi para você se sentir como se estivesse competindo pelos olhos do seu marido com todas as outras mulheres. Nunca foi para você se sentir como se seu próprio corpo fosse perigoso e mau. É para você se sentir valorizada por quem você é. Você é preciosa, foi feita pelo nosso Criador e você merecer ser respeitada. Não vamos esperar nada menos uns dos outros.

EXPLOREM JUNTOS: "EU SÓ TENHO OLHOS PARA VOCÊ!"

Mostre para seu cônjuge que ele(a) é o único alvo da sua afeição. Revezem-se fazendo o seguinte exercício:

1. Escolham cinco coisas que vocês acham *sexy* sobre seu cônjuge (tudo bem se uma ou duas não forem físicas — talvez você fique excitado(a) pela voz do seu cônjuge ou pelo trabalho dele(a), mas pelo menos três precisam ser físicas.

2. Compartilhe essas cinco coisas com seu cônjuge. Conforme vocês compartilham um com o outro, passem alguns minutos prestando atenção especial a essa parte do corpo ou dizendo ao seu cônjuge o que é tão *sexy* sobre o que você gosta.

Fortaleça a confiança do seu cônjuge para que ele(a) nunca tenha que se perguntar: "Eu sou suficiente para você?"

RESGATANDO E REESTRUTURANDO

- Em vez de dizer que "todos os homens lutam contra a luxúria; essa é a batalha de todo homem", diga que "a luxúria é uma batalha que muitas pessoas lutam. Em Cristo, não somos mais escravos do pecado, mas do Espírito. Quando o Filho te libertar, você será realmente livre".
- Em vez de dizer: "Não se vista de forma que possa ser uma pedra de tropeço para seus irmãos em Cristo", diga: "Você tem a responsabilidade de tratar os outros com respeito independente do que eles vistam. Leve todo pensamento cativo a Cristo — você não pode ser forçado a pecar pelas roupas dos outros. O pecado é uma escolha".
- Em vez de dizer que "os homens são estimulados visualmente", diga que "as pessoas são estimuladas visualmente, algumas mais

EM DEFESA DO SEXO INCRÍVEL

que outras. Com frequência, mas não sempre, os homens são mais estimulados. Mas ser estimulado visualmente não significa que você está condenado a cometer luxúria".

- Em vez de dizer: "Desvie os olhos para ter certeza de que você não será tentado pelas mulheres à sua volta", diga: "Trate e respeite as mulheres como pessoas completas feitas à imagem de Deus".

CAPÍTULO 6

SEU CÔNJUGE NÃO É SEU TRATAMENTO

"A vontade de Deus para vós é esta: a vossa santificação; por isso, afastai-vos da imoralidade sexual. Cada um de vós saiba manter o próprio corpo em santidade e honra, não na paixão dos desejos, à semelhança dos gentios que não conhecem a Deus. Nesse assunto ninguém iluda ou engane seu irmão"
1Tessalonicenses 4.3-6

Rick não consegue se lembrar de uma época antes de ele ter visto pornografia. Quando garoto, ele ficou hipnotizado pelas revistas escondidas na casa do tio. Quando ele se casou, ele só usava a pornografia algumas vezes por mês, quando precisava aliviar algum estresse. Mas, quando sua esposa ficou grávida, ele percebeu que a pornografia o ajudava a não importuná-la. Ultimamente, ele percebeu que é mais fácil recorrer à pornografia do que tentar fazer sexo com sua esposa, que está sempre exausta. De vez em quando, ela o pega no flagra, ele promete que vai mudar, mas

EM DEFESA DO SEXO INCRÍVEL

a verdade é que a vida fica mais fácil assim. Ele não acha mais o sexo com a esposa excitante e tem ficado mais difícil manter uma ereção.

Foi somente quando foi para a faculdade, com a solidão e a pressão sobrecarregando sua vida, que Sam acabou descobrindo a pornografia. Viver nesse mundo secreto enquanto frequentava uma universidade cristã alimentava a culpa, mas também era emocionante, de certa forma. Sam desejava que o sexo fosse excitante daquele jeito um dia. Mas, quando se casou, o sexo não era suficiente. Sem se lembrar das imagens pornográficas, o clímax era esquivo. Frequentemente, Sam sai da cama à noite para ver pornografia para aliviar as frustrações do dia, mas também para dormir com mais facilidade.

Uma coisa pode te surpreender sobre Sam. "Sam" não é abreviação de Samuel. É de Samantha.[1]

A pornografia está mudando nosso mundo e a natureza dos nossos relacionamentos. Em vez de dizer "Eu te amo", a mensagem da pornografia é "Eu quero te usar". A pornografia treina seu corpo e sua mente para você ficar excitado e ter um orgasmo por meio da junção da masturbação com imagens sexualmente gráficas e frequentemente violentas. E, é claro, a indústria da pornografia é a maior responsável pelo tráfico sexual.[2] A pornografia tem efeitos devastadores no(a) usuário(a) e no casamento dele(a), mas ela também fere as pessoas presentes nela própria.[3] O pecado não é apenas contra seu casamento.

---

[1]Rick e Sam são personagens compostos pela combinação de temas expressados em e-mails recebidos e agregados pela equipe do nosso blog, *To Love, Honor, and Vaccum*. Nada foi incluído neles que não tivesse sido mandado repetidamente para nós.

[2]"By The Numbers: Is The Porn Industry Connected To Sex Trafficking?", *Fight the New Drug*. 30.07.2020. Disponível em: https://fightthenewdrug.org/by-the-numbers-porn-sex-trafficking-connected/.

[3]BROWN, Asa Don. "The Effects of Pornography", *Counselling Connect* (blog), Canadian Counselling and Psychotherapy Association. 07.03.2013. Disponível em: https://www.ccpa-accp.ca/the-effects-of-pornography/.

> **PERGUNTA DE REFLEXÃO**
> Quantos anos você tinha quando viu pornografia pela primeira vez (se já viu)? Ela afetou como você vê o sexo? Ela afetou como você se vê?

QUAL O TAMANHO DO PROBLEMA DA PORNOGRAFIA?

Enquanto a taxa de uso de pornografia tem aumentado para os homens na população geral ao longo dos últimos trinta anos, a taxa tem sido notavelmente estável para homens cristãos abaixo de quarenta anos e que aderem ao literalismo bíblico. Aproximadamente 40% desses homens relatam ter visto pornografia no último ano, comparado com 60% da população geral.[4] Nossa pesquisa descobriu que 29% das mulheres cristãs acreditam que seus maridos usam pornografia, o que é provavelmente uma subestimação, porque não pudemos perguntar aos maridos.

E quanto a usuárias de pornografia? Na nossa pesquisa, 13% das mulheres que estão ou já foram casadas relatam ter usado pornografia, e 3,7% relatam usar pornografia regularmente ou em maratonas intermitentes.

A pornografia por si só certamente rouba o sexo ótimo dos casais. Mas e se a maneira com que lidamos com a pornografia está, na verdade, piorando as coisas? As esposas dos viciados em pornografia ouviram: "Faça sexo para que ele não seja tentado!" E as usuárias de pornografia? Elas têm sido completamente ignoradas. Ambas essas respostas feriram nossas vidas sexuais. Vamos analisá-las uma a uma.

MULHERES QUE USAM PORNOGRAFIA NÃO SÃO UNICÓRNIOS

Em todos os livros cristãos que estudamos, não encontramos sequer um que mencionasse o uso de pornografia por mulheres.[5] O único material que lemos que abordava o uso de pornografia por mulheres foi *Sete prin-*

---

[4] PERRY, Samuel L. *Addicted to lust* (Nova York: Oxford University Press, 2019), p. 29.
[5] Os livros cristãos que abordaram o uso de pornografia por mulheres não venderam exemplares suficientes para serem incluídos na lista de *best-sellers* que revisamos.

cípios para o casamento dar certo, de John Gottman, cujo trabalho não é específico para um grupo religioso em particular. O que acontece quando mulheres que usam pornografia são deixadas de lado na conversa cristã?

Audrey Assad — cuja coleção de hinos, *Inheritance*, me deu forças (Joanna) para suportar minha jornada de infertilidade e meu aborto espontâneo — é aberta sobre a experiência dela com pornografia e com o profundo senso de vergonha que ela sentia como uma evangélica usuária de pornografia:

> A primeira vez que ouvi sobre [pornografia] em um contexto de igreja foi em uma escola dominical focada principalmente nos homens, a biologia e as fraquezas em potencial deles. A palestra alertava que todos os assassinos em série entrevistados sobre o assunto eram viciados em pornografia explícita. Você pode imaginar como isso fez eu, uma viciada em pornografia com quinze anos de idade, me sentir, e eu posso te dizer com certeza como isso *não* fez eu me sentir segura ou acolhida para falar abertamente sobre a minha luta privada. Eu sentia apenas vergonha e uma hesitação profunda e crescente para informar qualquer pessoa sobre meu vício porque eu tinha certeza de que eu era uma aberração e não era feminina o bastante.[6]

Levando em consideração essa falta de informação sobre o uso de pornografia por mulheres, não é de surpreender que protestantes conservadoras são menos propensas do que os homens em situação igual a buscarem pastores ou conselheiros para as ajudarem na luta contra pornografia.[7] Jessica Harris, a fundadora de *Beggar's daughter*, um ministério online para mulheres lutando contra o vício em pornografia, narra essa experiência que ela teve quando jovem adulta:

---

[6]ASSAD, Audrey. Citada em Perry, *Addicted to lust*, p. 88-9.
[7]Ibidem, p. 100.

Quando eu era uma caloura na faculdade, uma palestrante cristã veio ao nosso *campus*. Ela falou sobre pornografia, obviamente se dirigindo aos rapazes... Quando voltei para o meu dormitório, eu escrevi uma carta para ela contando sobre minha luta e pedindo ajuda. Eu a entreguei para ela na mesma noite em uma "noite das garotas" especial.

Por um lado, foi bom alguém saber, mas, ao mesmo tempo, aquilo não parecia ser o bastante. Eu queria que ela não somente soubesse sobre minha luta, mas que também soubesse como me consertar.

Alguns dias depois, eu recebi uma carta pelo correio. Era dela, digitada, e dizia: "Desculpe, não tem nada por aí para moças como você. Aqui está um livro para rapazes. Só leia o capítulo 10; o restante provavelmente não vai ajudar". E foi isso.

Eu me senti tão... desanimada. Claro, alguém sabia, mas, embora confessar tivesse dado uma sensação boa, no fim das contas, eu fiquei me sentindo mais envergonhada do que quando ela não sabia.[8]

Mas as mulheres não estão carregando apenas a vergonha e a responsabilidade do próprio uso de pornografia — aparentemente, elas também são a causa do uso por parte dos homens.

COMO DEVERÍAMOS FALAR SOBRE OS HOMENS E A PORNOGRAFIA?

Em 5 de novembro de 2019, em um programa do *Focus on the family*, um dos anfitriões disse sobre a pornografia: "Eu acho que uma das razões por que os homens estão tendo problemas nessa área é porque aquela necessidade [de sexo] não está sendo atendida".[9] Nós percebemos que esse

---

[8]HARRIS, Jessica. "The false Freedom of Anonymous Confession", *Beggar's Daughter*, 26.07.2017. Disponível em: https://beggarsdaughter.com/freedom-anonymous--confession/.

[9]"Building a Dream Marriage during the Parenting Years", *Focus on the Family Broadcast*, 05.11.2019. Gravação, minutagem 16:21. Disponível em: https://www.focusonthefamily.com/episodes/broadcast/building-a-dream-marriage-during-the--parenting-years/.

EM DEFESA DO SEXO INCRÍVEL

posicionamento é um dos mais prevalentes nos muitos livros e artigos que analisamos. A culpa pelo uso de pornografia pelos homens é colocada aos pés das mulheres. A vítima nesse cenário — a esposa cujo marido tem usado pornografia — agora é a culpada. Como isso aconteceu?

No artigo *Sex is a spiritual need* [O sexo é uma necessidade espiritual], do *Focus on the family*, as esposas leem o seguinte: "Se você está casada, seu marido depende de você para ser a parceira dele na batalha contra a tentação sexual".[10] Usando a lógica muito característica de muitos livros e artigos cristãos sobre pornografia e casamento, a autora explica como o sexo é a principal defesa do homem contra tentações tremendas. Se não for o suficiente, ele vai eventualmente sucumbir à pornografia, mesmo que ele não queira e mesmo que ele prefira o sexo com a esposa. E aí, na conclusão, a autora faz a ressalva de que, embora você não seja a responsável pelo pecado dele, você precisa perceber que ele vai pecar se você não fizer sexo com ele. "Não fique motivada pelo medo de que ele vai pecar porque você não atendeu às necessidades dele; em vez disso, fique motivada pelo amor e desejo de compartilhar da jornada espiritual dele".[11]

Isso é similar à maneira que Kevin Leman retrata um casamento afetado pela pornografia em *Entre lençóis*:

> O período mais difícil para aquele homem acontecia durante a menstruação da esposa, porque ela ficava indisponível sexualmente para ele. Depois de cerca de dez anos, ela finalmente percebeu que agradar seu marido com sexo oral ou com um simples "trabalho manual" fazia maravilhas para ajudá-lo durante aquele período difícil. Ela percebeu que a fidelidade é uma via de mão dupla. Isso não significa que um marido possa escapar da culpa por usar pornografia apontando para uma esposa não cooperativa — fazemos nossas próprias escolhas —, mas

---

[10]SLATTERY, Juli. "Sex Is a Spiritual Need", *Focus on the Family*, 01.01.2009, https://www.focusonthefamily.com/marriage/sex-is-a-spiritual-need/.

[11]Ibidem.

uma mulher pode contribuir muito para que seu cônjuge mantenha a pureza mental.[12]

Embora ele faça a advertência de que o marido é o culpado final, qual é a ideia principal que a esposa ouve? Se ela não o servir, mesmo durante a menstruação, ele vai ver pornografia. Os autores podem tentar expressar isso como quiserem, mas as mulheres ouvem a ameaça nas entrelinhas.[13]

Como que isso vai fazer as mulheres ficarem excitadas com o sexo? Alerta de *spoiler*: não vai. As mulheres que acreditam *antes* de se casarem que sexo frequente previne o uso de pornografia são 37% mais propensas, quando *estão* casadas, a fazerem sexo somente porque acham que devem e 38% menos propensas a estarem felizes com a intimidade emocional que elas têm com seus maridos durante o sexo.[14]

PERGUNTA DE REFLEXÃO

Você foi ensinado(a) antes de se casar que o sexo no casamento previne o uso de pornografia? Você se identifica particularmente com algum dos achados nas figuras 6.1 ou 6.2?

Mesmo assim, livros e artigos continuam repetindo essa ideia como se estivessem usando um mesmo manual. *Amor e respeito* explicitamente diz: "a dura verdade é que eles [homens] são muitas vezes atraídos para

---

[12] LEMAN. *Entre lençóis*, p. 50.

[13] Sem mencionar que a dura realidade da indústria da pornografia geralmente significa que as imagens e vídeos pornográficos foram criados em condições nas quais as atrizes eram estupradas ou humilhadas, e 88% dos materiais pornográficos apresentam violência contra as mulheres. Veja CASTLEMAN, Michael. "How Much of Porn Depicts Violence against Women?", *Psychology Today*, 15.06.2016. Disponível em: https://www.psychologytoday.com/ca/blog/all-about-sex/201606/how-much-porn-depicts-violence-against-women.

[14] Razões de probabilidade: sexo obrigatório é 1,37 (1,26 — 1,49) e a proximidade durante o sexo é 1,38 (1,26 — 1,51).

um caso porque são privados de sexo em casa"[15], e então conta a perspectiva de um marido que estava traindo a esposa: "Não a culpo por [minha] imoralidade, mas ela não admite nada. Não a estou culpando, mas ela não é inculpável".[16] Os homens são retratados como zumbis sexuais, que precisam ser mantidos sedados com sexo suficiente para que eles não fiquem incapazes de dizer não à tentação.

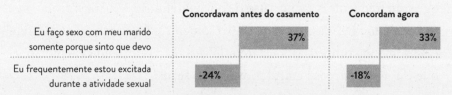

Figura 6.1 - Mulheres relatam sexo pior se elas acreditam que devem fazer sexo com os maridos para evitar que vejam pornografia

Na introdução de *Entre lençóis*, Kevin Leman conta a história de Brenda e Mark. Eles estão se afastando porque Brenda está ocupada com as crianças e ignora as tentativas de romance do marido e Mark começa a se masturbar com pornografia duas ou três vezes por semana porque ele "estava cansado de ser recebido com relutância e de nunca ser procurado".[17] Como Leman retrata esse problema? "O que Brenda não imaginava era quanto esse inverno sexual estava custando a eles como casal, e de que maneira, caso não mudassem, eles poderiam chegar a um divórcio em, no máximo, mais cinco anos".[18] Leman não inclui nada sobre o que Mark falhou em perceber. É tudo sobre a responsabilidade de Brenda de consertar o uso de pornografia do marido e a distância sexual entre eles.

---

[15]EGGERICHS. *Amor e respeito*, p. 221.

[16]Ibidem, p. 222. *Amor e respeito* também traz uma anedota na qual o marido está chateado porque sua esposa ganhou peso. Eggerichs critica a esposa por falar do uso de pornografia dele como resposta, apesar do fato de que o uso de pornografia está fortemente envolvido com a crítica do marido ao peso da esposa. Esse ganho de peso dela é visto como um problema maior do que o marido usando pornografia.

[17]LEMAN. *Entre lençóis*, p. 16.

[18]Ibidem, p. 16.

De forma similar, *A batalha de todo homem* diz às esposas: "Quando os homens não têm alívio sexual regular, eles têm muita dificuldade em controlar os olhos. Ajude-o nessa batalha. *Forneça o alívio*".[19] Em vez de ver o sexo como uma experiência holística, que é apaixonada, pura e pessoal, o sexo vira atingir a cota de orgasmos do homem.

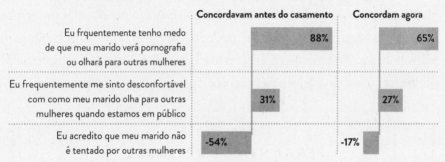

Figura 6.2 - Mulheres são menos felizes no casamento se elas acreditam que devem fazer sexo com os maridos para evitarem que eles vejam pornografia

Quando escrevemos sobre isso pela primeira vez no nosso blog, estávamos tentando transmitir, com tanto choque quanto possível, como essa ideia é errada. Então, eu (Rebecca) inventei a melhor analogia que pude: "As mulheres não podem ser o tratamento com metadona para o vício em pornografia do marido". Nós achamos que isso era tão na cara, tão terrível, que as pessoas poderiam ver como essa ideia é degradante.

E depois nós lemos a série *Every man* e descobrimos que Rebecca não foi a primeira a inventar a analogia da metadona. Os autores literalmente escrevem: "Sua esposa pode ser uma injeção de metadona quando sua temperatura estiver alta".[20] E, para as mulheres, eles aconselham: "Após ele ter lhe dito que está seguindo o método *cold turkey* [que consiste de abstinência abrupta], seja um frasco misericordioso de metadona para ele".[21]

---

[19] Arterburn; Stoeker. *A batalha de todo homem*, p. 166-7 (ênfase nossa).
[20] Ibidem, p. 137.
[21] Ibidem, p. 139.

Em vez de perceberem que essa explicação destruiria o espírito de uma mulher, os autores a promovem como um grande atrativo do sexo! Não há nenhuma representação do projeto de Deus para o sexo como um conhecimento total e profundo um do outro em vez de um simples coito durante o qual a esposa se sente como um receptáculo. É simplesmente pressuposto que os homens não podem desfrutar do sexo da maneira que Deus planejou.[22] Acreditamos honestamente que os homens são, de alguma forma, menos capazes de entender o projeto de Deus para o sexo simplesmente porque são homens? Essa é uma visão tão rasteira dos homens. E, mesmo assim, é retratado deste modo: o uso e a tentação da pornografia pelos homens são tomados como certos. E, por causa disso, a solução não pode estar nas mãos deles; ela precisa estar nas mãos das esposas.

> **PERGUNTA DE REFLEXÃO**
> Você já ouviu a ideia de que o consumo de pornografia do homem é culpa da esposa? Como isso te faz sentir sobre o sexo? E sobre você mesmo(a)? E sobre seu cônjuge?

A PORNOGRAFIA PODE ARRUINAR A LIBIDO DO HOMEM — E O DESEMPENHO SEXUAL DELE

Dizer às mulheres que "basta fazer sexo para que ele não veja pornografia" é duplamente doloroso para mulheres casadas com viciados em pornografia que estão recorrendo à masturbação e pornografia *em vez* das suas esposas. Muitas mulheres vivem em casamentos sem sexo porque seus maridos preferem a pornografia. Ou ele usou tanta pornografia por tanto tempo que ele sofre de disfunção erétil, ejaculação precoce ou ejaculação retardada, os quais aumentam com o consumo da pornografia. Sem o estímulo da pornografia e da masturbação, muitos homens são

---

[22] Ibidem, p. 77. STOEKER. *Every heart restored*, p. 87.

SEU CÔNJUGE NÃO É SEU TRATAMENTO ·

incapazes de manter uma ereção ou chegar ao clímax.[23] Outros homens treinaram tanto seus corpos para reagirem rapidamente a estímulos sexuais que eles não têm a capacidade de durar muito.

E, mesmo assim, os materiais cristãos que revisamos raramente mencionam esse feito da pornografia. Talvez seja porque eles foram escritos antes que a pesquisa sobre isso fosse feita — não havia estudos em larga escala sobre a relação do uso de pornografia com disfunção erétil até 2006, quando sites pornográficos e internet de alta velocidade se tornaram mais difundidos.[24] Assim, muitos livros evangélicos *best-sellers* já passaram da data de validade porque foram escritos há tempo demais. Leia essas cartas de mulheres para quem a solução "basta fazer mais sexo" parece um tapa no rosto:

- "Eu estou deitada ao lado do meu marido, que me recusou de novo hoje. Hoje, 'as costas dele estão doendo'. Nós dois temos quase quarenta anos e estamos casados há quatro anos. No começo, o sexo era incrível. Não conseguíamos nos cansar um do outro! E aí, quase que da noite para o dia, ele parou de querer fazer sexo e começou a dar todo tipo de desculpa. Ele já teve muitos problemas com pornografia. Ele jura para mim que não vê mais, porém, com os problemas que já tivemos, eu não acredito nele".

- "Nos casamos há quatro meses. Ele tem visto pornografia desde quando estávamos namorando, mas eu não sabia. Às vezes, passamos mais de uma semana sem fazer sexo e às vezes ele não consegue ficar ereto o bastante para continuar. Me machuca saber que ele assiste pornografia. Ele diz que ele gosta de ver os corpos nus, que ele fica excitado e que se masturbar é mais fácil do que fazer sexo".

- "Quando nos casamos, cinco anos atrás, fazíamos um sexo incrível... e o tempo todo. Cerca de sete meses atrás, ele começou a

---

[23] PARK, Brian Y. et al. "Is Internet Pornography Causing Sexual Dysfunctions? A Review with Clinical Reports". *Behavioral Sciences* 6, n. 3, 2016. Artigo n. 17. Disponível em: https://www.ncbi.nlm.nih.gov/pmc/articles/PMC5039517/pdf/behavsci-06-00017.pdf.

[24] PARK, Brian Y. et al. *Is Internet Pornography Causing Sexual Dysfunctions?*

viajar muito por causa do trabalho. Eu notei que, cada vez mais, ele está tendo dificuldade de manter a ereção e ficar excitado. Eu sei que ele tem assistido à pornografia enquanto está longe. Ele ainda não foi ao médico, mas disse repetidamente que só estar comigo o deixa feliz... como se ele já tivesse desistido do sexo".

Precisamos ter uma resposta melhor para o vício em pornografia do que simplesmente "se esforce mais na cama".

PERGUNTA DE REFLEXÃO

O uso de pornografia afetou a sua vida sexual? Se você usa pornografia ou materiais eróticos, seu cônjuge sabe a extensão do seu uso?

COMO O ENSINO DA IGREJA SOBRE PORNOGRAFIA PODE AFETAR O CASAL

Vamos ver o casamento de Jared e Melissa, personagens que representam muitos casais que escutamos. Como acontece com muitos *millennials*, a prevalência de pornografia na internet quando Jared estava crescendo significa que, quando casou, ele já usava pornografia havia doze anos.[25]

Quando Jared está se casando, ele pensa: "Finalmente, vou ser capaz de superar isso porque o sexo certamente vai deixar isso muito mais fácil de largar". Durante a fase da lua-de-mel, a luta dele realmente diminui, mas não demora muito para o que era novo e empolgante começar a virar rotina. Eles param de fazer sexo com tanta frequência. Ela fica grávida. Ele começa a ter mais responsabilidades no trabalho. Eles passam menos tempo juntos.

Ele está sozinho tarde da noite quando sua esposa está dormindo. No tédio e no estresse da vida cotidiana, ele volta ao que foi o hábito dele por

---

[25]Sliwa, Jim. "Age of First Exposure to Pornography Shapes Men's Attitudes Toward Women", *American Psychological Association*, 03.08.2017. Disponível em: https://www.apa.org/news/press/releases/2017/08/pornography-exposure.

maior parte da vida. Ele se sente envergonhado imediatamente, mas isso rapidamente se transforma em raiva defensiva. Jared percebe que, nos dias em que ele faz sexo, não sente tanta necessidade de ver pornografia e, pouco depois, os dias em que eles não fazem sexo começam a parecer como se Melissa estivesse atacando Jared pessoalmente. Ela tem a chave para a dificuldade dele e se recusa a dá-la para ele. Ela nem precisa fazer sexo — uma simples masturbação serve.[26] Mas Melissa não parece se importar.

Ao mesmo tempo, o grupo de homens de Jared começa a estudar *A batalha de todo homem*. Ele escuta que as esposas precisam fazer sexo com seus maridos para que eles não sucumbam à tentação. Jared se sente ouvido e entendido. Ele diz para Melissa: "Viu? Precisamos fazer mais sexo porque eu quero ser fiel a você. Você não consegue entender minha luta porque é mulher. Por que você não pode fazer isso por mim?"

Melissa se sente como se levasse um soco no estômago. Ela está grávida, trabalhando o expediente completo, cuidando da casa e ainda não é o suficiente para ele? Agora, toda vez que eles fazem sexo, tudo que ela consegue pensar é no marido assistindo pornografia. O sexo é rápido e objetivo. Mesmo quando ele quer tentar alguma coisa para ela, ela não consegue tolerar porque se pergunta se ele aprendeu aquilo com a pornografia.

Eventualmente, Melissa ficou cheia disso. Ela odeia o sexo e está em desespero. O sonho dela de um casamento amoroso e fiel foi destruído. Ela percebe que as únicas pessoas que realmente vão amá-la são os filhos, então, dá toda sua atenção a eles. Machucada e farta, ela fala para Jared: "Cuide de si mesmo", já que ela sente que tudo que ele fez foi simplesmente se masturbar dentro pela última década.[27]

Jared não quer isso, então, ele conta ao pastor que a esposa disse para ele se masturbar em vez de fazer sexo. O pastor a repreende: "Você não sabe que o sexo é um presente de Deus no seu casamento?"

---

[26]Isso é exatamente o que Kevin Leman aconselha em *Entre lençóis*, o que nós discutiremos mais a fundo no capítulo 11.

[27]STOEKER. *Every heart restored*, p. 84.

EM DEFESA DO SEXO INCRÍVEL

Melissa ouve as palavras, mas elas não são internalizadas. Ela foi reduzida a um receptáculo para Jared depositar o orgasmo dele a fim de protegê-lo da tentação. Se o sexo é isso, ela não quer nada disso. Jared já destruiu sistematicamente a libido da esposa ao permitir que seu vício em pornografia infiltrasse seu casamento na tentativa de mantê-lo fora dele.

Nós duvidamos que a experiência de Jared e Melissa seja o que os autores dos livros e artigos tinham em mente, mas é isso que ouvimos diversas vezes tanto de homens quanto de mulheres. É isso que vimos na nossa pesquisa. Esse é o resultado de dizer às mulheres que "sem sexo, ele vai assistir pornografia", e de dizer aos homens que "você precisa que ela seja sua metadona". Como a história de Jared e Melissa poderia ter sido diferente se, em vez de esperar que Melissa curasse o problema de Jared, ele tomasse responsabilidade por si mesmo? Você não constrói uma vida sexual ótima dizendo para a mulher que, a menos que ela fique completamente disponível para o marido de forma tão vulnerável, ele vai trai-la usando pornografia.

As mulheres que se casam acreditando que precisam fazer sexo com seus maridos para ajudarem a prevenir o uso de pornografia deles são 19% mais propensas a sofrerem com dores sexuais significantes não relacionadas a partos.[28] As mulheres que acreditam agora que sexo frequente previne o uso de pornografia são 18% mais propensas a relatarem estar desinteressadas no sexo, 37% mais propensas a fazerem sexo por um senso de obrigação, 24% menos propensas a terem orgasmos com confiança durante o sexo e 24% menos propensas a terem confiança de que estarão excitadas durante o sexo.[29] Elas são, contudo, 42% mais propensas a fazerem sexo pelo menos duas vezes por semana.[30] Se o sexo é pior para elas, então por que elas estão fazendo com mais frequência? Porque nós as ameaçamos se elas não fizerem.

---

[28]Razão de probabilidade: 1,19 (1,10 — 1,28).

[29]Razões de probabilidade: habilidade de se comunicar durante o sexo é 1,17 (1,08 — 1,28), estar desinteressada no sexo é 1,18 (1,08 — 1,29), fazer sexo por um senso de obrigação é 1,37 (1,27 — 1,49), orgasmos confiáveis é 1,24 (1,13 — 1,36), confiança de estar excitada é 1,24 (1,13 — 1,36) e sexo muito frequente é 1,42 (1,30 — 1,55).

[30]Razão de probabilidade: 1,42 (1,30 — 1,55).

SEU CÔNJUGE NÃO É SEU TRATAMENTO

A BÍBLIA FALA QUE CURAMOS O VÍCIO EM PORNOGRAFIA COM UMA VIDA SEXUAL ATIVA?

A solução bíblica para o uso de pornografia é uma vida sexual ativa? Afinal, é isso que 1Coríntios 7.3-5 parece sugerir. Mas apenas três capítulos depois Paulo escreve: "Não veio sobre vós nenhuma tentação que não fosse humana. Mas Deus é fiel e não deixará que sejais tentados além do que podeis resistir. Pelo contrário, juntamente com a tentação providenciará uma saída, para que a possais suportar" (1Coríntios 10.13). Nós defendemos que 1Coríntios 7 é mais sobre compartilhar os jugos um do outro para ajudarem um ao outro a lidar com as tentações *normais* da vida, não sobre aplacar os vícios um do outro. Você não pode livrar uma pessoa do pecado dela — essa foi a obra de Jesus na cruz, não a sua no quarto.

· ·

Mulheres cujos maridos usam pornografia frequentemente são mais propensas a se sentirem pessoalmente responsáveis pelo uso dele de pornografia.

Mulheres que frequentemente têm medo de que seus maridos vão ver pornografia ou olhar para outras mulheres são 88% mais propensas a acreditarem que as mulheres devem fazer sexo frequentemente com seus maridos para evitarem que eles vejam pornografia do que outras mulheres cristãs.[31]

E quanto às mulheres que sabem que seus maridos estão usando pornografia? Elas são 37% mais propensas a concordarem que as mulheres devem fazer sexo frequentemente para prevenirem o uso de pornografia do que mulheres que não acreditam que seus maridos estão usando pornografia.[32]

· ·

---

[31]88% (74 — 103%).
[32]37% (27 — 48%).

EM DEFESA DO SEXO INCRÍVEL

Além disso, Paulo é categórico em 1Tessalonicenses 4.3-5 que a responsabilidade básica cristã é que cada um lide com seu próprio pecado sexual: "A vontade de Deus para vós é esta: a vossa santificação; por isso, afastai-vos da imoralidade sexual. Cada um de vós saiba manter o próprio corpo em santidade e honra, não na paixão dos desejos, à semelhança dos gentios que não conhecem a Deus".

Vamos repetir isto: *"Cada um de vós saiba manter o próprio corpo em santidade e honra"*. Não porque sua esposa te livra da tentação, mas porque você está vivendo no poder do Espírito! A ideia de que os homens precisam de sexo senão assistirão pornografia está diretamente oposta a como a Bíblia retrata a imoralidade sexual e a tentação. Somos chamados para sermos santos e renovados — não para continuarmos viciados e anestesiados por fazermos sexo suficiente.

O TRAJETO ERRADO PARA RECUPERAR-SE DA PORNOGRAFIA

Então, como derrotamos a imoralidade sexual? A maioria dos livros que analisamos segue a abordagem de *A batalha de todo homem*: ore mais e se ajeite com Deus. Mas, quando chegam à parte das ações práticas no quarto, a solução deles é transferir toda a sua energia sexual para sua esposa. Ao fazer isso, a libido dos homens por suas esposas vai aparentemente decolar. Fred, um dos autores de *A batalha de todo homem*, explica da seguinte maneira:

> Esta fome recém-descoberta vai deixá-la surpresa. Ela está acostumada a lhe fornecer cinco vasilhas por semana, principalmente através de preliminares físicas e relações sexuais. As coisas estavam equilibradas. De repente, você precisa de que ela lhe dê mais cinco vasilhas. Por nenhuma razão aparente, você chega pedindo por relações com uma frequência duas vezes maior.[33]

---

[33]ARTERBURN; STOEKER. *A batalha de todo homem*, p. 154.

Então, em uma impressionante falta de conhecimento sobre as mulheres, o livro diz aos maridos: "Embora esta sensação seja vagamente agradável para ela...".[34] Nada no livro, porém, fala sobre ver o sexo como algo íntimo, que é feito para o benefício e prazer da esposa tanto quanto do marido. Na verdade, no livro inteiro, *o prazer dela jamais é mencionado*. A única razão dada para fazer sexo é para aliviar a tentação sexual do homem.

Qual foi a perspectiva da esposa de Fred depois que ele começou a querer sexo com mais frequência? Nós a vemos em *Every heart restored*, quando Brenda explica: "Praticamente da noite para o dia, ele não conseguia tirar as mãos de mim, sempre me apalpando ou dando tapinhas no meu bumbum. Não importava se eu estava fritando hambúrgueres, arrumando as roupas ou secando meu cabelo depois do banho".[35] (Devemos mencionar que muitas mulheres relatam que é um grande incômodo seus maridos ficarem apalpando-as em ocasiões inoportunas.)

O que esses livros falham em expressar é que a esposa não pode aplacar os desejos sexuais do marido se esses desejos foram distorcidos pela pornografia. Em 2014, as contas na nuvem da atriz Jennifer Lawrence foram *hackeadas* e fotos dela nua vazaram online. Ao explicar por que ela tinha essas fotos, ela disse: "Ou seu namorado vai olhar para a pornografia ou vai olhar para você".[36] Em resposta, Gabe Deem, um ex-usuário de pornografia, escreveu na revista *Cosmopolitan* que ela entendeu tudo errado. "Se você tentar competir com a pornografia, vai perder toda vez".[37] A atração da pornografia sempre é nova e diferente; nenhuma mulher da vida real pode ser perpetuamente nova e diferente.

Marcy, uma das nossas entrevistadas, se sentia responsável por evitar que seu marido usasse pornografia, e o resultado foi desastroso. Ela explica:

---

[34]Ibidem, p. 155.

[35]STOEKER. *Every heart restored*, p. 9.

[36]DEEM, Gabe. "An ex-porn addict's message to Jennifer Lawrence", *Cosmopolitan*, 09.10.2014. Disponível em: https://www.cosmopolitan.com/uk/reports/news/a30287/an-ex-porn-addicts-message-to-jennifer-lawrence/.

[37]Ibidem.

EM DEFESA DO SEXO INCRÍVEL

Eu achava que a única maneira de ajudá-lo era fazer sexo do jeito que ele quisesse, o quanto ele quisesse. Ele trabalha longe de casa por semanas, e mandar fotos e vídeos se tornou algo que ele queria constantemente. Sempre que eu mandava, ele sempre queria mais. Finalmente, eu percebi (depois de muita mágoa) que, não importava o que eu fizesse, eu não poderia ser a razão de ele escolher usar ou não a pornografia. Eu ainda estava alimentando o vício dele. Ele estava, essencialmente, me usando da mesma forma que a pornografia, mas nós dois nos sentíamos um pouco melhor sobre isso porque era "lícito", isto é, só entre nós.

Depois que percebi isso, entrei em depressão profunda. Ele se afastou de mim, já que eu não oferecia mais as fotos que ele queria. Eu nunca recusava o sexo só por recusar, mas, se não estivesse funcionando para mim, eu pedia a ajuda dele para me animar. Ele ficava bravo e parava, fazendo birra por semanas a fio. Mesmo que ele não tenha usado pornografia por seis meses, ainda estamos lutando para encontrar uma normalidade saudável.

Marcy estava permitindo que seu marido redirecionasse os desejos sexuais dele para ela (e até realizava quaisquer fantasias que ele pedisse), mas nem isso resultou em um casamento saudável ou em uma vida sexual saudável. Ele se tornou cada vez mais egoísta e sem consideração pelas necessidades legítimas dela, e ela se tornou um objeto para ele ao ponto de que ela pedir pelo próprio prazer o desanimava sexualmente.

Você não consegue derrotar a pornografia simplesmente fazendo com que o marido transfira sua luxúria e objetificação para uma fonte "segura", isto é, sua esposa. Você derrota a pornografia rejeitando a visão sobre sexo vinda do reino das trevas, como se fosse tomar e usar alguém para satisfazer suas necessidades, e adotando a visão sobre sexo vinda do reino do céu — um conhecimento mútuo e apaixonado em serviço sacrificial. Deus nunca quis que as mulheres fossem a metadona sexual dos homens. Gary Thomas concorda: "Abordar esse elemento espiritual do sexo é crucial para ajudar os homens a viverem a libertação do vício sexual. Quando o sexo é reduzido apenas ao prazer, nenhuma mulher é capaz de atender às expectativas do marido".[38]

Pode haver dano emocional se você constantemente se sente traída e usada sem nenhuma esperança de que possa melhorar. Isso faz trechos como esse, de *Every heart restored*, serem de virar o estômago: "No campo de batalha da confiança sexual quebrada, seu marido deve se tornar confiável e você deve, eventualmente, escolher confiar de novo (...) *Preocupar-se com qual deve vir primeiro é escolher a derrota*".[39] Ele quebrou a confiança, mas ela está *escolhendo a derrota* se ela requer que ele seja confiável antes que ela realmente confie nele de novo. Ela deve fazer sexo com ele, mesmo se ele não estiver fazendo nenhum esforço para construir uma vida sexual saudável.

Assim como você não pode curar um alcoólatra dando-lhe tantos sedativos para que não queira mais ir para um bar, também não pode curar um viciado em pornografia dando-lhe tanto sexo que ele não vai querer ligar o computador. Mesmo que isso leve a menos uso de pornografia, o problema não está curado — ele só foi anestesiado. Deus não quer nos *anestesiar*. Deus quer nos *libertar*.

COMO DEVE SER A RECUPERAÇÃO?

Graças a Deus, apesar desse ensino, muitíssimos casamentos foram libertos de vícios em pornografia. Mas isso aconteceu principalmente quando a responsabilidade pelo uso de pornografia foi colocada no lugar onde deveria estar: nas mãos do usuário. Karen contou a história dela:

> Um amigo mostrou a pornografia online para meu marido quando ele tinha catorze anos. Ele ficou viciado e lutou secretamente por anos.
>
> Na nossa noite de núpcias, eu estava preparada para o problema típico do homem virgem: terminar cedo demais. Foi o contrário. Ele não conseguia ter um orgasmo. Por quase dezesseis anos de casamento,

---

[38]THOMAS, Gary. *Casamento sagrado* (Curitiba: Editora Esperança, 2017).
[39]STOEKER. *Every heart restored*, p. 211 (ênfase nossa).

EM DEFESA DO SEXO INCRÍVEL

o sexo durava *eternamente*. Isso não é uma coisa boa, na verdade. Eu temia o sexo mais e mais a cada vez. Eu não fazia ideia do que estava errado e ele estava em negação.

Não muito tempo atrás, um dos nossos presbíteros mencionou a pornografia durante o sermão. Foi como se um relâmpago tivesse acertado meu marido. Ele sempre soube que era errado, mas foi convencido de que deveria abrir o jogo comigo, com nosso pastor e dar passos concretos para parar. O fato de ele ter confessado voluntariamente e sem desculpas foi um grande passo para a cura. Ele fez tudo que eu pedi para ele. Ele se reúne com o presbítero toda semana. Nós nos tornamos muito mais intencionais quando conversamos. Eu faço perguntas difíceis para as quais não tenho certeza se quero a resposta, ele as responde e vai ficando um pouco mais fácil a cada vez. Mesmo agora, quando eu fico desconfiada, ele não fica nervoso. Ele aceita que essa é a consequência por mentir por tanto tempo. Ele não voltou a usar desde então.

Eu acredito 100% que o arrependimento dele é real. Meu coração dói por aquele menino de 14 anos que nunca teve a chance de aprender sobre o sexo e a sexualidade de forma saudável e por como os pais dele falharam miseravelmente com ele. Sim, ele escolheu pecar e continuar pecando, mas isso é, na minha opinião, muito diferente de homens que acolhem a pornografia como uma coisa ótima que as esposas precisam superar ou que só confessam quando são pegos no flagra. Toda a personalidade dele também mudou para melhor. Ele se tornou menos intensamente introvertido, faz coisas difíceis sem chateação, passa tempo com as crianças, e tudo isso não só porque ele sabe que precisa. Nossa vida sexual está muito, muito diferente agora. Eu ainda estou superando a reação involuntária de medo e ele ainda é um pouco afetado pela ansiedade, mas agora nos divertimos bem mais. Eu fico triste por todo o tempo perdido, mas eu sou muito grata porque Deus o convenceu do pecado e trabalhou essa mudança nele.

Contudo, as ideias que as mulheres ouvem sobre os homens e a pornografia podem tornar difícil aceitar maridos arrependidos. Anne nos

SEU CÔNJUGE NÃO É SEU TRATAMENTO

contou em uma entrevista que, pouco depois que se casou, ela leu a abordagem de *Somente para mulheres* sobre a luxúria dos homens e ficou chocada. Ela não conseguia tirar as anedotas da cabeça. Ele pode ter fantasias com a garçonete bonita que os atendeu no encontro romântico? Como ela poderia sequer sair de casa com ele de novo? Ela pensou: "Se eu soubesse que os homens são fracos assim, eu nunca teria me casado — o risco de me machucar era grande demais".

Anne ficou aliviada quando a autora do livro admitiu que um pequeno número de homens não tinha problema com isso. Anne pensou: "Bem, esse é o meu homem — um dos bons".

Depois que problemas médicos deixaram o casal incapaz de fazer sexo por um ano, o marido de Anne confessou para ela que ele assistiu pornografia algumas vezes isoladas. Tudo desmoronou. Quando ele cometeu um erro, Anne pulou para a conclusão de que ele *não era* um dos bons, afinal. E, se ele não era bom, então devia ser tão ruim quanto os demais.

Os livros que ela leu fez os homens parecerem tão insaciáveis que ela acreditou que os homens eram ou perfeitos ou pervertidos — não havia espaço para uma conversa com nuances sobre pecados sexuais e tentações. Mas o progresso de Anne aconteceu quando ela foi capaz de, simultaneamente, nomear a pecaminosidade das ações do marido enquanto as colocava em perspectiva. Ele assumiu completamente suas ações, embora elas não definam o caráter inteiro dele. Mesmo que não fosse perfeito, ele estava arrependido, e ainda era um bom homem.

Depois de trabalhar no nosso blog por mais de uma década e ouvir milhares de histórias de casamentos impactados pela pornografia, percebemos que duas coisas são necessárias para a recuperação: assumir seu pecado sexual sem justificá-lo e dar passos práticos para deixar a resistência contra o pecado mais fácil. Se alguém não está justificando seu pecado e não está sendo controlado por ele, então a cura não é somente possível, mas é provável, como Anne e o marido descobriram e como muitos outros descobriram também.

EM DEFESA DO SEXO INCRÍVEL

No entanto, se o usuário de pornografia continua dando desculpas para o seu comportamento, seja por minimizar a importância ou por colocar a culpa em outra pessoa, ou se está sendo controlado pelo pecado e não está tomando medidas mensuráveis para expulsá-lo da vida do casal, então o casal precisa de ajuda e intervenção externas. Fazer mais sexo não vai adiantar.

O problema com a pornografia não é apenas que é pecaminosa, mas, quando se infiltra, ela muda como vemos o sexo. A pornografia não é relacional, mútua ou amável — ela é degradante, violenta e puramente carnal. Nossa preocupação é que muitos livros cristãos, nos seus esforços de livrarem os casais de pecados sexuais, reforçam a visão da pornografia sobre o sexo ao encorajarem os homens a usarem os corpos das suas esposas sem considerarem os corações delas. Quando as pessoas rejeitam completamente a pornografia e tudo que ela representa, como fizeram os maridos de Karen e de Anne, elas podem derrotá-la. Mas, quando tentam derrotá-la apenas fazendo mais sexo, estão lutando "a batalha de todo homem" já perdida.

EXPLOREM JUNTOS: EXPULSEM OS INTRUSOS DO SEU LEITO CONJUGAL

Um dos problemas com o uso de pornografia ou de materiais eróticos é que se associa a excitação e a resposta sexuais a um estímulo externo em vez de associá-los ao seu cônjuge. Então, frequentemente as pessoas se dissociam pensando em fantasias ou buscando imagens nas suas mentes para ficarem excitados quando estão com seus cônjuges. Se isso é um problema no seu casamento, aqui vão algumas dicas:

1. Passe tempo tocando e fazendo preliminares nus para reforçarem o sentimento erótico de estarem nus juntos.

2. Conversem durante o sexo. Mantenha o foco no seu cônjuge.

3. Fale o nome do seu cônjuge. Mantenha o processo pessoal.

4. Se você perceber que está buscando imagens na sua mente, pare e se pergunte: "O que me faz sentir bem agora? Onde eu quero que meu cônjuge toque?" Traga a sua mente de volta para o que está acontecendo.

5. Dê permissão ao cônjuge que está passando por dificuldades para parar no meio do sexo se ele(a) não conseguir parar de ter fantasias ou de se dissociar. Volte a beijar e tocar antes de começar de novo, ou simplesmente deixem para outro dia e façam algo que não seja sexual juntos.

RESGATANDO E REESTRUTURANDO

- Em vez de dizer que "A razão por que os homens assistem pornografia é que eles não estão fazendo sexo suficiente em casa", diga que "Não é responsabilidade do seu cônjuge te manter afastado da pornografia".
- Em vez de dizer que "A dura verdade é que os homens são muitas vezes atraídos para um caso porque são privados de sexo em casa"[40], diga que "Você tem a responsabilidade de ser fiel ao seu cônjuge independentemente do que está acontecendo no casamento. Se há grandes problemas no seu casamento, procure ajuda. Continue fiel".
- Em vez de dizer que "Assistir pornografia é pecado", diga que "Assistir pornografia é pecado porque contribui para o abuso de outras pessoas e as reduz a objetos para serem usados".
- Em vez de dizer para rapazes adolescentes que "Você vai ser tentado pela pornografia", diga aos dois gêneros que "Muitas pessoas lutam contra as tentações da pornografia, mas muitos outros, não. Se você está lutando, saiba que é uma luta que você pode vencer".

---

[40]EGGERICHS. *Amor e respeito*, p. 221.

CAPÍTULO 7
EU QUERO QUE VOCÊ ME QUEIRA

*"Sustentai-me com passas,
confortai-me com maçãs,
pois estou doente de amor.
O seu braço esquerdo ampare a minha cabeça,
e o seu braço direito me abrace"*
CÂNTICO DOS CÂNTICOS 2.5-6

No mundo da criação de filhos, os pais franceses são os mestres na criação de desbravadores culinários. As crianças francesas, no geral, simplesmente não são tão seletivas quanto as norte-americanas.[1] Por desespero de se livrarem dos cachorros quentes, pais norte-americanos têm tenta-

---
[1] LE BILLON, Karen. *French kids eat everything* (Nova York: William Morrow, 2012).

do descobrir que elixir mágico os pais franceses usam para convencer as crianças de que vegetais são gostosos.

O segredo parece ser que os pais franceses não consideram algumas comidas como comidas de criança, que elas vão gostar, e outras como sendo comidas de adulto, que elas não vão gostar. Os pais franceses veem comida como comida. Eles não esperam que as crianças não gostem de brócolis; eles esperam que elas gostem de brócolis! E quem diria: as crianças francesas gostam de brócolis muito mais do que as norte-americanas.

Se você quer que seus filhos gostem de brócolis e espera que eles gostem de brócolis, então vai dizer a eles que brócolis é gostoso. Você não dá brócolis para eles dizendo "Você provavelmente não vai gostar disso, mas experimente só três mordidas. Depois, a mamãe vai te dar um cachorro-quente bem gostoso".

Profecias autorrealizáveis existem.

E se o mundo cristão retrata o sexo para as mulheres assim como os pais norte-americanos retratam brócolis para seus filhos? Olhe esse exemplo de *Amor e respeito*, em que o autor está aconselhando uma mulher a fazer sexo pelo bem do marido. Ele pergunta para ela: "Quem deve ser a pessoa madura aqui? Ele é um crente novo e você já é de Cristo há muitos anos", e o livro termina a história dizendo: "Decidiu ministrar a seu marido sexualmente, não porque quisesse fazê-lo, mas porque queria que isso fosse feito para Jesus Cristo. Ela não tinha essa necessidade de sexo".[2] *Every heart restored* resume da seguinte maneira: "As esposas não sentem a sexualidade como os homens".[3]

O que acontece quando as mulheres ouvem continuamente a ideia de que "Sua sexualidade não é como a dele e você simplesmente não tem essa necessidade por sexo"? Talvez não devêssemos ficar surpresos

---

[2]EGGERICHS. *Amor e respeito*, p. 217.
[3]STOEKER. *Every heart restored*, p. 64.

quando algumas mulheres virem o sexo assim como as crianças norte-americanas veem brócolis: muito pouco convidativo.

QUAL É A VERDADE SOBRE A LIBIDO?

Vamos ver o que os dados realmente dizem sobre a libido. Olhando superficialmente, parece mesmo que os homens sentem mais necessidade de sexo do que as mulheres. Na nossa pesquisa, 25,4% relataram que só fazem sexo porque sentem que devem. A maioria das mulheres (58,5%) tem menor libido do que seus maridos,[4] e 40,8% relatam que poderiam fazer sexo ou não. Isso deixa muitos maridos perdidos, solitários e se perguntando: "Será que ela sequer me deseja?"

Por isso que eu (Sheila) sinto que grande parte do meu trabalho é ser uma animadora de torcida: "Vamos, meninas! Vocês conseguem! Se Deus fez o sexo para ser incrível assim, vocês não vão querer perder!" Rebecca e eu até criamos o curso "Potencialize sua libido", porque esse era um problema muito comum. As mulheres querem querer sexo, mas a libido delas não parece acompanhar a programação.

Será que parte do problema seria que não entendemos o que a libido realmente é? Assista a qualquer programa de TV ou filme e a sequência nas cenas de sexo é sempre a mesma: o casal está junto e eles estão ofegantes. Então, eles começam a se beijar, tiram as roupas e acabam na cama. É basicamente isso, certo? Eles ofegam, aí se beijam, aí tiram as roupas, e aí estão na cama.

Ofegar, beijar, roupas, cama.

É assim que acreditamos que a libido seria.

---

[4]22,3% das mulheres no nosso estudo relatam que têm libido aproximadamente igual à dos maridos e 19,2% relatam ter libido maior que a dos maridos. Portanto, gostaríamos de questionar os muitos livros cristãos sobre sexo e casamento que ignoram completamente mais de 40% das mulheres e tratam a libido como algo que é sempre ou quase sempre significantemente maior nos homens.

EM DEFESA DO SEXO INCRÍVEL

Algumas pessoas sentem uma necessidade de sexo que as deixa fisicamente frustradas se não fizerem sexo. Chamamos isso de libido *espontânea*. Mas algumas pessoas têm uma libido mais *reativa*. Quando elas começam a fazer amor, a excitação bate. Em nossa pesquisa de acompanhamento, descobrimos que, entre as mulheres que estão excitadas com confiança quando o sexo acaba, 29,1% estavam excitadas quando começaram, mas 70,9% ainda não estavam excitadas, mas sabiam que chegariam lá. Se a libido é simplesmente a habilidade de desejar e apreciar o sexo, então, só porque você não está excitado(a) no começo não significa que não tem libido; só significa que a sua pode funcionar de maneira diferente que a do seu cônjuge.[5]

Ter uma libido reativa não é a mesma coisa que não ser uma pessoa sexual. Pessoas com libidos reativas ainda têm libidos! Se você chega ao ponto de estar ofegante, seja antes ou depois de começar, então seu corpo gosta de sexo. Na verdade, quando olhamos os números, as mulheres que disseram estar excitadas sexualmente antes do sexo começar e as que disseram não estarem ainda, mas que sabiam que chegariam lá, responderam de maneira similar quando lhes perguntamos como se sentiam *depois do sexo*.[6]

---

[5]Para uma excelente explicação sobre o desejo espontâneo e o reativo, leia o livro de NAGOSKI, Emily. *A revolução do prazer* (Rio de Janeiro: Editora Guarda-Chuva, 2018). Ele foi mencionado na nossa pesquisa como um dos livros mais úteis e muitas das nossas entrevistadas nos grupos focais relataram também que ele as ajudou a descobrir a sexualidade delas.

[6]As diferenças nas emoções das mulheres depois do sexo baseadas nos níveis de excitação antes do sexo foram determinadas usando o teste de uma amostra para a proporção. Os resultados relatados são estatisticamente relevantes a $\alpha = 0,05$ para comparações entre categorias diferentes de excitação. Entre as mulheres que estão excitadas antes do sexo e as que não estão, mas que têm certeza de que ficarão excitadas, somente três das emoções presentes na figura 7.1 mostraram diferenças estatísticas significantes: *feliz* (z=-10,10), *usada* (z=9,75) e *emocionalmente conectada com meu marido* (z=-2,48).

Figura 7.1 - De que maneira o nível de excitação durante o sexo afeta como as mulheres cristãs se sentem depois do sexo?

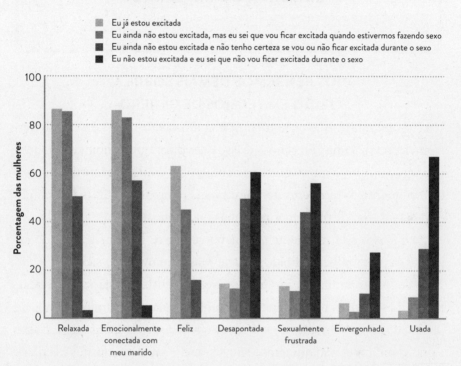

O contraste entre libido espontânea e reativa mostra que há muitos "normais" diferentes quando se trata de desejo sexual. Você não está com defeito se sua libido se manifesta de maneira diferente da libido do seu cônjuge. Mas o que geralmente acontece é que os que têm libidos reativas dizem para si mesmos: "Eu vou começar o sexo quando começar a ofegar". Então, eles esperam para ofegar e nada acontece, então eles pensam "Hoje, não" e vão assistir mais episódios de *Law & Order*. Mas, se eles tivessem pulado de cabeça, provavelmente teriam começado a ofegar. Não precisamos funcionar como no cenário de ofegar-beijar-roupas-cama. Tudo bem se um de vocês é assim e o outro é mais ofegar-beijar-roupas--cama, ou até cama-beijar-roupas-ofegar. Contanto que ambos estejam ofegando em algum ponto e ambos estejam se divertindo, o sexo está perfeitamente saudável.

PERGUNTA DE REFLEXÃO:
Você acha que você tem uma libido espontânea ou reativa? E seu cônjuge?

NÓS PENSAMOS DEMAIS SOBRE A LIBIDO EM TERMOS DE GÊNERO

Você já ouviu falar que os homens são como micro-ondas e as mulheres, como fornos à lenha? Eu acho que isso quer dizer que os homens esquentam rápido (espero muito que isso não signifique que eles terminam rápido), enquanto as mulheres demoram mais para esquentar, mas, quando esquentam, elas ficam bem quentinhas ou algo assim.

O que isso está realmente insinuando é que os homens têm libido espontânea e as mulheres, libido reativa. Mas, de novo, isso são *tendências*. Não são regras imutáveis. Em poucas áreas do ensino cristão sobre sexualidade o essencialismo de gênero é tão óbvio quanto quando falamos da libido. Mas simplesmente não é verdade que todos os homens querem sexo e que as mulheres não querem. Alguns homens são como fornos à lenha e algumas mulheres são como micro-ondas. Nossa pesquisa descobriu que 41,5% dos casamentos não têm esposas com libidos menores do que as dos seus maridos, com 19,2% das mulheres relatando libidos maiores do que dos maridos e 22,3% relatando libidos iguais. Sim, é a minoria, mas não é uma minoria pequena.[7] Talvez fosse melhor acabarmos com os estereótipos de micro-ondas e forno à lenha e entendermos que há uma variação ampla.[8]

---

[7] A libido também depende muito das crenças. Particularmente, a crença de que os rapazes vão querer afastar as barreiras sexuais das moças e a crença de que todos os homens cometem luxúria mudaram a proporção de mulheres que indicavam que seus maridos tinham uma libido maior. Veja as figuras 7.3 e 7.4 para mais detalhes.

[8] Quando homens com libido pequena são mencionados em materiais evangélicos, geralmente é em conjunto com conversas acerca de pornografia. Certamente, percebeu-se que o uso de pornografia diminui a libido dos homens, como discutimos nos capítulos anteriores, mas as mulheres também podem simplesmente ter uma libido maior em um casamento saudável. Não são necessários pecados para que a libido dela seja maior que a dele.

> **PERGUNTA DE REFLEXÃO**
> Neste momento, quem tem mais libido no seu casamento? Houve vezes em que isso se inverteu? Ou ficou igual?

APENAS AS MULHERES DESEJAM CONEXÃO EMOCIONAL?

Essa mentalidade de "homens são de um jeito e as mulheres são de outro" vai além de como falamos sobre a libido e molda como falamos sobre relacionamentos no geral. *Amor e respeito* diz: "ele precisa de abertura sexual assim como você precisa de abertura emocional".[9] *O ato conjugal* diz: "sua necessidade de romantismo [dos homens] ou inexiste ou é mínima. Mas ele é casado com uma criatura que possui extraordinária necessidade disso".[10] Aparentemente, as mulheres querem romance e conexão emocional, enquanto os homens querem sexo. A verdade, no entanto, é bem mais turva.

Duas de nós, Sheila e Rebecca, somos casadas com homens que são bem mais românticos do que nós. Rebecca pode assistir a *Razão e sensibilidade* de novo todo ano no aniversário dela, mas é o marido amante de escaladas e faixa preta que coloca uma música e a convida para uma valsa na cozinha.

Presumir que os homens não são românticos é um desserviço a eles. E presumir que os homens não precisam de conexão emocional é um desserviço a todos. Se uma pessoa prefere beber um copo de água antes de jantar e outra prefere beber a água depois de algumas garfadas, não diríamos que uma precisa de água e a outra precisa de comida. O clássico cristão sobre casamento *Ela precisa, ele deseja* afirma que "a primeira coisa sem a qual ela não pode ficar" é afeto, e "a primeira coisa sem a qual

---

[9]Eggerichs. *Amor e respeito*, p. 225.
[10]LaHaye. *O ato conjugal*, p. 44.

ele não pode ficar" é sexo.[11] Mas o autor fala sobre o sexo como se fosse apenas para os homens e sobre o afeto como se fosse apenas para as mulheres, reforçando a diferença de libido entre os gêneros e convencendo as mulheres com libidos reativas de que elas não são sexuais. Além disso, o livro retrata os homens como se não precisassem de um relacionamento, mas só de sexo. Se os homens não quiserem um relacionamento, precisamos perguntar se eles sequer querem uma esposa.

Não é saudável minimizar a libido das mulheres e a necessidade dos homens por relacionamento se quisermos que os casamentos prosperem. Claro, muitas mulheres podem relatar que têm baixa libido e muitos homens podem relatar que têm alta libido, mas, se a libido das mulheres for majoritariamente determinada por como pensamos sobre o sexo, então como reforçar essa ideia de que "os homens querem sexo, mas as mulheres, não" ajuda os casamentos?

PERGUNTA DE REFLEXÃO
Você deseja romance e conexão emocional? Essa necessidade está sendo atendida? Como você pode aumentar isso no seu casamento?

O QUE ACONTECE QUANDO PRESUMIMOS QUE A MULHER NÃO QUER SEXO?

No seu podcast, *Desiring God*, John Piper respondeu a uma pergunta sobre um casamento no qual a esposa não parecia querer sexo:

> Eu estou casado com uma mulher graciosa que alegremente me atende se eu pedir, mas eu percebi que, embora eu precise de sexo, eu não o desejo quando eu sei que ela me atende sem nenhum desejo sexual por mim.

---

[11] HARLEY. *Ela precisa, ele deseja*. "A primeira coisa sem a qual ela não pode ficar — afeto", capítulo 3 e "A primeira coisa sem a qual ele não pode ficar — realização sexual", capítulo 4.

Se eu percebo que ela não está tendo nenhum prazer no ato, isso o faz ser totalmente repugnante para mim. Que conselho você tem para mim?

Nós lemos essa pergunta e pensamos "É isso aí! O marido quer uma vida sexual recíproca e apaixonada — esperamos que ele ajude sua esposa a querer isso também!" Mas, na sua resposta, Piper sequer apresenta a paixão recíproca como uma opção. Ele cita 1Coríntios 7.3-5, destacando que ambos devem consentir com os desejos do cônjuge. E como ele diz que isso acontece num casamento em que um cônjuge quer sexo e o outro, não?

> Ela irá querer honrá-lo dando a ele o que ele deseja. E ele irá querer honrá-la dando a ela o que ela deseja, que pode ser menos do desejo dele. Para a esposa: não diga sim ao desejo do seu marido hoje à noite ao consentir com ele ao mesmo tempo que diz, por dúzias de maneiras diferentes e não queria estar aqui. Você não precisa ter o mesmo tipo de prazer para fazer com que ele se sinta amado. Se você não está gostando das realidades físicas do toque e da união sexual, fique alegre com o fato de que você pode dar prazer para ele. Ao marido: não presuma o pior sobre ela. Presuma que, mesmo sem desejos sexuais, ela tem outros bons desejos para te agradar, e esse é um tipo de amor que você pode receber e do qual pode desfrutar.[12]

A resposta de Piper é muito habitual no mundo evangélico quando se trata sobre diferenças de libido. Presume-se que ela não vai desfrutar do sexo, portanto, aumentar o prazer dela nem sequer é apresentado como uma opção. A solução dele é que o marido tenha menos do que quer e que a esposa tenha que fazer menos do que ela não quer. Essa solução é, francamente, bem deprimente.

A libido existe em um espectro e o casal vai ocupar dois pontos nesse espectro. Um vai estar mais alto, o outro mais baixo, ou os dois vão

---

[12] REINKE, Tony. "My Spouse Doesn't Enjoy Sex", *Desiring God*, 07.02.2015. Disponível em: https://www.desiringgod.org/articles/my-spouse-doesnt-enjoy-sex.

se sobrepor. Nas pontas extremas desse espectro, nós passamos para as disfunções: em um ponto, a libido é tão alta que temos problemas de vício sexual, ou tão baixa que ela desaparece e temos desordem de desejo sexual hipoativo, geralmente combinada com anorgasmia.

Figura 7.2 - O espectro da libido

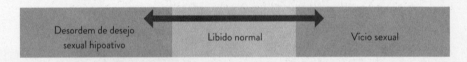

Infelizmente, muitos ensinos cristãos tratam as mulheres que estão mais abaixo no espectro do que seus maridos como se elas já tivessem passado desse ponto de corte, mesmo se não tiverem.

Essa mentalidade a respeito das esposas com menos disposição também pode fazer os homens se sentirem terrivelmente culpados por desejarem sexo. Um homem deixou esse comentário no nosso blog:

> Como marido, eu nunca dei o primeiro passo porque eu sentia que a maneira de ser o mais educado e cuidadoso possível com minha esposa é nunca incomodá-la com sexo. Agora, eu acredito intelectualmente que essa ideia está errada e acredito na minha esposa quando ela me diz que essa ideia está errada. Mas, depois de mais de um ano trabalhando nisso, eu ainda não consigo remover o sentimento enraizado de que, como um marido compreensivo, carinhoso e amoroso, o melhor que eu posso fazer pela minha esposa é nunca querer fazer sexo.

PERGUNTA DE REFLEXÃO

No seu casamento, você já sentiu se seu cônjuge tem uma libido anormal, como se tivesse algo de errado com ele(a)? Você acha que isso é verdade ou é só uma diferença na necessidade sentida por cada um?

E SE SUAS LIBIDOS NÃO FOREM ESTEREOTÍPICAS?

Tratar as diferenças de libido de forma tão estereotípica e acentuada pode matar a libido das mulheres e deixar os homens se sentindo culpados, mas também pode machucar aqueles cuja libido não se enquadra nos estereótipos, como essa esposa com alta disposição explica em um comentário no meu blog:

> Eu me casei recentemente e tenho lidado com muita raiva inesperada. Conforme eu me preparava emocional e mentalmente para o casamento, eu estava preocupada que eu não fosse querer sexo tanto assim (já que eu sou a mulher) e eu teria que me preparar para fazer sexo quando eu não quisesse tanto assim. Foi isso que eu ouvi na maior parte do aconselhamento cristão sobre casamento. Tanto meu marido quanto eu presumimos que ele ia querer sexo mais do que eu. Estávamos errados. Eu poderia muito bem fazer sexo quatro ou cinco vezes por semana. Ele está interessado em sexo talvez uma ou duas vezes por semana. Meu marido não assiste pornografia ou se masturba. Ele gosta do sexo quando fazemos, mas não parece sentir muita falta quando não fazemos. Eu não me sinto satisfeita, de verdade. Eu me sinto solitária, isolada e brava. Eu não sei se é minha imaginação, mas eu sinto como se um abismo estivesse se abrindo entre nós. Ele é o homem, então eu sinto como se ele devesse estar dando o primeiro passo e desejando sexo mais. Eu sei que isso não é necessariamente verdade, mas eu simplesmente não sei como não me sentir brava e presa em um sentimento constante de insatisfação e ânsia por conexão sexual com meu marido.

Isso não é anormal e não há nada de errado. Ele não está direcionando energia sexual para outro lugar e ela não tem um problema com vício sexual. Esse é um simples desafio de comunicação, mas parece muito maior porque expectativas frustradas pairam sobre a conversa. Poderia essa mulher lidar com seus sentimentos de frustração com mais facilidade se ela não esperasse que o desejo do marido a sobrecarregasse? Ela se sentiria tão desapontada e desamparada se tivesse crescido ouvindo, "Vocês podem ter libidos diferentes e tudo bem"? Talvez, se ela tivesse ouvido isso, veria as diferenças de libido como uma oportunidade para crescer em amor e bondade um para com o outro em vez de como algo que foi injustamente roubado dela.[13]

Mas é claro que muitos homens e mulheres com mais disposição estão casados com cônjuges que querem uma quantidade razoável, mas menor, de sexo. Muitos estão casados com cônjuges com quase nenhuma disposição sexual, mas falaremos sobre isso mais a fundo no próximo capítulo.

LIBIDO PARA AS MASSAS

A cultura evangélica definiu o problema das diferenças de libido como: "ele quer sexo e ela, não". Sabemos que isso simplifica demais e reforça o problema, mas qual é a solução prescrita pelo evangelicalismo para as diferenças de libido? *Simplesmente honre o ciclo de 72 horas.* Ao assegurarmos que os casais estão fazendo sexo a cada 72 horas, podemos ficar tranquilos sabendo que todos estão cumprindo seus deveres e recebendo seus direitos.

Quando estávamos revisando os livros cristãos sobre sexo e casamento, encontramos essa regra de 72 horas salpicada ao longo de quase todos eles, algo assim: "Um homem normal e saudável tem aumento do sêmen num período que vai de 42 a 78 horas, o que produz uma certa pressão que precisa ser liberada".[14] E havia também esse conselho em *A batalha de todo homem*:

---

[13]Outra explicação para a frustração desse casal pode ser que ela não está tendo satisfação sexual durante os momentos deles, e por isso a libido dela está mais alta devido a sempre ser "deixada no vácuo". Nós falamos sobre esse cenário possível no podcast *To Love, Honor and Vaccum*, episódio 72.

[14]LaHaye, *O ato conjugal*, p. 27.

Em relação a seu próprio marido, entender o ciclo de 72 horas pode ajudá-la a mantê-lo satisfeito. Ellen disse: "A pureza dele é extremamente importante para mim, então tento corresponder às suas necessidades para que ele saia de casa, todos os dias, completamente saciado. Durante os primeiros anos, com muita energia dispensada às crianças e com meu ciclo mensal, era muito difícil, para mim, cumprir com essa tarefa. Não havia muitas horas ideais quando tudo estava bem. Mas assim é a vida, e, de qualquer forma, eu fazia".[15]

Nós já vimos a regra das 72 horas em conferências de casamento, em blogs, em todo lugar! E muitos casais tentam seguir isso. Quando Janet se casou com Chris, ela foi para a lua-de-mel confiante de que sabia como mantê-lo feliz. A cada três dias, precisamente, ela se despia e botava para quebrar porque era assim que ela deveria satisfazer o homem insaciável dela. Mas, depois de alguns meses, ela percebeu que só ela iniciava o sexo e começou a se sentir irritada: "Que foi? Eu não sou atraente o bastante ou algo assim?" Então, ela confrontou Chris e perguntou: "Por que você nunca começa o sexo?" Perplexo, ele disse: "Bem, eu estava só tentando acompanhar o seu ritmo".

Conforme discutiam isso, cada um deles percebeu que tinham presumido incorretamente que o outro tinha a libido maior. Na verdade, ambos estavam perfeitamente felizes com sexo uma ou duas vezes por semana (e, para eles, o sexo menos frequente levava a uma melhor qualidade porque dava tempo para o desejo crescer). Inicialmente, Chris achou isso engraçado até descobrir que parte da motivação da esposa para iniciar o sexo era por medo de que, se ela não fizesse isso, ele ficaria vulnerável a pecados sexuais. Ele assegurou à esposa que ele estava bem e eles puderam continuar com o que parecia correto para eles.

---

[15] ARTERBURN; STOEKER. *A batalha de todo homem*, p. 97.

EM DEFESA DO SEXO INCRÍVEL

Charlotte contou uma história quase idêntica. Depois de começar o sexo a cada 72 horas por quase vinte anos, o marido dela ficou horrorizado ao descobrir que a razão dessa frequência era para que Charlotte evitasse que ele pecasse.

Qual é a fonte dessa regra das 72 horas? Gastamos algum tempo procurando e finalmente a encontramos em *A batalha de todo homem*, que nos direcionou para um livro que James Dobson escreveu em 1977: *What wives wish their husbands knew about women* [O que as esposas queriam que seus maridos soubessem sobre as mulheres].

> Para a maior parte dos homens, essa armazenagem do desejo sexual intensificado demora somente 72 horas. "Muitas mulheres", menciona o dr. Dobson, "ficam surpresas com a regularidade com que seus maridos desejam ter relações sexuais."[16]

Mas em que Dobson estava baseando essa afirmação? Nós vasculhamos periódicos médicos e científicos e não encontramos nada que provasse que os homens ficam sexualmente frustrados na hora 73. O mais próximo que encontramos foram estudos sobre como o esperma do homem é reabastecido normalmente dentro de 72 horas, mas nenhum deles mencionava desconforto nos homens. Embora os testículos de alguns homens possam ficar um pouco impacientes depois das 72 horas, não temos provas de que isso ocorre com todos os homens, ou mesmo a maioria deles.[17] Na verdade, estudos sobre hábitos de masturbação mostram que o intervalo preferível entre ejaculações pode ser mais uma

---

[16]Ibidem, p. 80. Eles citam DOBSON, James. *What vives wish their husbands knew about women* (Carol Stream: Tyndale, 1977).

[17]Os homens podem ter dores nos testículos, e frequentemente têm, por não ejacularem depois de terem ficado excitados (chamado de *blue balls* em inglês) ou por não ejacularem por um longo período de tempo, mas não parece haver evidência alguma de que simplesmente ficar 72 horas sem sexo causa dores na maioria dos homens.

EU QUERO QUE VOCÊ ME QUEIRA

diferença cultural do que biológica.[18] Então, como essa regra das 72 horas virou evangélica? Parece que Dobson determinou a programação e todo mundo o seguiu.

Obviamente, alguns homens passam por frustrações sexuais, assim como algumas mulheres. Ninguém está argumentando contra isso. Mas o que importa não é o que *alguns homens* ou *algumas mulheres* possam sentir; o que importa é o que *você* e *seu cônjuge* sentem. Casais têm diferentes situações de vida, diferentes libidos, diferentes níveis de conexão emocional e tudo mais. Tudo isso deve ser levado em conta para como a sua vida sexual deve ser, em vez de uma regra arbitrária definida em 1977.

A história de Kay começa como as de Janet e de Charlotte. Ela fazia sexo a cada 72 horas, disse ao marido por quê, ele ficou pasmo e eles decidiram, em vez disso, fazer o que parecia correto. Mas o que Kay e o marido acham engraçado agora é que, conforme Kay passou os últimos dois anos tentando entrar em contato com a própria sexualidade e redescobrir o prazer sexual, eles acabaram entrando naturalmente na rotina das 72 horas. A diferença, no entanto, é que agora não parece ser uma obrigação ou um fardo. Em vez disso, agora é parte do ritmo do casamento deles, de tal forma que deixarem de fazer sexo uma vez aqui ou ali não é motivo para temer. Essa distinção faz toda diferença.

---

[18]A frequência da masturbação também parece ser amplamente influenciada nos homens por normas sociais e depende, ao longo da vida, das atitudes que eram prevalentes quando eles eram adolescentes sobre a frequência com que os homens "precisam" se masturbar (Kontula, O.; HAAVIO-MANNILA, E. *"Masturbation in a generational Perspective", Journal of Psychology & Human Sexuality 14*, n. 2-3, 2002, p. 49-83). Os homens precisam liberar o seu sêmen, por isso que os homens que passaram pela puberdade vivenciam um fenômeno parecido com "sonhos molhados" se eles passaram um bom tempo sem ejacular; o período de tempo para que essa necessidade parece ser de semanas, e não de dias, baseado na literatura disponível. A importância dos constructos sociais na determinação da frequência com a qual os homens se masturbam indica que a regra de 72 horas de Dobson pode ter, na verdade, o efeito oposto do esperado: um aumento da masturbação em adolescentes e um aumento da necessidade sentida por homens adultos de alívio sexual.

PERGUNTA DE REFLEXÃO
No mundo ideal, com que frequência você faria sexo? Com que frequência você acha que seu cônjuge faria sexo? Qual você acha que seria uma frequência ideal para o seu casamento?

A cultura evangélica tem usado a frequência como a medida de satisfação conjugal e sexual mesmo que pesquisas tenham descoberto que a frequência não é um indicador preciso — mesmo para homens.[19] Satisfação sexual e dinâmica interpessoal são medidas muito superiores, conforme nossa pesquisa também revelou. Descobrimos que a frequência com que um casal faz sexo não é diretamente relacionada à qualidade conjugal deles. Contudo, mulheres que estão mais satisfeitas sexualmente (que consistentemente têm orgasmos e se sentem próximas durante o sexo) com confiança têm casamentos melhores.[20] O quanto seu casamento é feliz reflete a *qualidade* do seu relacionamento emocional e sexual muito mais do que a frequência do sexo.

AS DIFERENÇAS DE LIBIDO SÃO O PROBLEMA REAL?

Então, o que caracteriza casais que já entenderam a parte da libido? *Eles ficam mutuamente satisfeitos durante o sexo e tratam um ao outro bem fora do quarto também.* Por isso, não é uma surpresa que casais que têm um mesmo nível de libido estejam sobrerepresentados no grupo dos

---

[19] SCHOENFELD, Elizabeth A. et al. "Does Sex Really Matter? Examining the Connections Between Spouses' Nonsexual Behaviors, Sexual Frequency, Sexual Satisfaction, and Marital Satisfaction", *Archives of Sexual Behavior 46*, n. 2, 2017, p. 489-501. Disponível em: https://www.ncbi.nlm.nih.gov/pubmed/26732606.

[20] A satisfação conjugal foi avaliada usando um instrumento de quatro perguntas previamente validado: Fetzer Institute, *The Couples Satisfaction Index*. Diferenças em satisfação conjugal entre mulheres casadas e sexualmente ativas baseadas na taxa de orgasmo e na satisfação com a proximidade emocional durante o sexo foram avaliadas usando amostras de teste T independentes e foram julgadas sendo estatisticamente significantes, $p < 0,001$.

casamentos mais felizes — não porque ter a mesma libido deixa as pessoas mais felizes, mas porque a maneira que casais felizes negociam a frequência do sexo minimiza os problemas achados nos conflitos por diferença de libido.

Afinal, o que realmente significa vocês terem a mesma libido? Seria que vocês dois precisam de sexo a cada 87 horas e vocês acabaram achando seu companheiro sexual perfeito? Nós achamos que uma explicação melhor é que, para esses casais, o sexo não é uma fonte de conflito, então qualquer diferença de libido nem é percebida. Se o filme na Netflix acaba e o casal começa a se beijar e isso leva ao sexo, quem começou? Em casamentos nos quais o sexo é o resultado natural da proximidade que eles têm, pode ser difícil quantificar quem pede mais quando ambos estão interessados e dispostos.

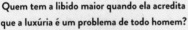

Figuras 7.3 e 7.4 - Estamos diminuindo a libido das mulheres com nossos ensinos sobre sexo?

Nossa pesquisa descobriu que a libido feminina pode ser atenuada pela exposição a certos ensinamentos. Um dos ensinamentos foi a mentalidade de "a batalha de todos" discutida nos capítulos 5 e 6. Precisamos nos certificar de que não estamos piorando os conflitos decorrentes da libido oferecendo soluções ineficazes.

Essa dinâmica também explica casamentos bem-sucedidos com diferenças significantes de libido. Se servir mutuamente é o padrão, as diferenças de libido não representam a mesma ameaça que em casamentos menos sacrificiais. Em casamentos marcados pelo serviço mútuo, cada cônju-

EM DEFESA DO SEXO INCRÍVEL

ge pode deleitar-se em atender às necessidades do outro sabendo que as suas próprias necessidades também serão atendidas porque eles podem confiar na boa vontade um do outro. O cônjuge menos disposto não sente que o sexo é uma inconveniência, porque cuidar do cônjuge não é visto como um aborrecimento. Da mesma forma, o cônjuge mais disposto não fica ressentido quando pratica o domínio próprio porque é uma maneira de servir e honrar o outro.

As diferenças de libido se tornam uma fonte de tensão conjugal quando há mais coisas acontecendo sob a superfície do que somente uma pessoa querendo mais sexo do que a outra. Em outras palavras, as diferenças de libido não são sempre sobre a libido. Por exemplo, como mostra nossa pesquisa, mulheres que não obtêm nada do sexo são mais propensas a quererem fazer menos sexo. Mulheres que têm orgasmos infrequentemente são 57% mais propensas a relatarem que têm a libido menor e mulheres que ficam excitadas infrequentemente são *205%* mais propensas a relatarem que têm a libido menor. Portanto, o problema fundamental para muitas mulheres não é que elas não querem sexo o suficiente; é que elas simplesmente não têm uma razão para quererem fazer sexo.

Mas e quanto às mulheres que conseguem ter orgasmos, mas ainda têm uma libido baixa? A psicologia conceitua as necessidades como meio que estando em uma hierarquia: necessidades fisiológicas, como comida e água, são fundamentais, e necessidades de amor e conexão vêm em seguida. No geral, se suas necessidades básicas não são atendidas, as outras não são tão perceptíveis. É por isso que uma mulher em trabalho de parto não se importa que a vagina dela esteja à mostra. Se, no entanto, essa mesma mulher caísse no mercado e acidentalmente mostrasse a calcinha para a mulher no corredor 9 — mesmo se fosse a enfermeira do parto dela —, ela morreria de vergonha. Se sua libido está em hibernação por causa de uma necessidade não atendida, meramente fazer mais sexo não vai subitamente despertar a paixão e o desejo. Lidar com dificuldades financeiras, ensinar o filho de nove meses a dormir, sair de grupos tóxicos do Facebook, marcar uma consulta com um terapeuta, ou ser mais ativo(a) fisicamente são meios geralmente mais eficientes para despertar a sexualidade do que fazer o cônjuge com libido mais baixa se sentir como se tivesse um problema.

Falhar em reconhecer quando a baixa libido é um sintoma de um problema maior pode exacerbar os conflitos por causa da libido porque o cônjuge com mais disposição precisa não somente de alívio físico, mas também se sentir desejado. Mas, se o sexo não serve de nada para o cônjuge com menos disposição, ou se a vida está exigindo demais, o desejo dele esmorece. O cônjuge com mais disposição fica cada vez mais desesperado para se reassegurar de que é desejado, então, inicia o sexo ainda mais frequentemente, criando um ciclo vicioso em que o cônjuge com mais disposição se sente rejeitado e o com menos disposição se sente perpetuamente explorado. Em vez de ver isso como um problema de libido com a solução na frequência — um pede menos e o outro concede mais —, precisamos ver isso como um problema de satisfação sexual e conjugal.

É por isso que a igreja evangélica tem focado na coisa errada. Talvez a frequência tenha sido usada como a principal medida de satisfação sexual porque é mais fácil dizer aos casais para fazerem mais sexo do que ajudar a resolverem problemas conjugais subjacentes, a lidarem com os estresses da vida ou ajudar a mulher a atingir o orgasmo. Mas o que descobrimos é que, quando você trabalha na satisfação conjugal, reduzindo o estresse e fazendo o sexo ser prazeroso e apaixonado, as diferenças de libido normalmente desaparecem sozinhas.

Mas *normalmente* não significa *sempre*. Vamos ver isso a seguir.

EXPLOREM JUNTOS: COISAS QUE EXCITAM OU DESANIMAM
(para casais que não estejam passando por disfunções sexuais ou abuso)

Descobrindo o que excita

1. Lembre-se das últimas duas vezes em que você quis fazer sexo e gostou do sexo.

- O que aconteceu nas horas anteriores?
- O que aconteceu ao longo do dia?
- Quem iniciou o sexo?
- Quem conduziu o sexo?
- Havia outros fatores envolvidos? Pense em coisas como:
  - Como eu estava me sentindo fisicamente (sono, saúde)?
  - O quanto eu estava ocupado(a) ou quantas responsabilidades eu tinha?
  - O quanto eu estava estressado(a) por causa do trabalho, filhos, amizades, coisas da casa etc.?
  - O que fizemos antes do sexo — passamos tempo juntos? Separados? Eu tive um tempo só para mim ao longo do dia?
  - Fomos para a cama mais cedo que o usual? Nós começamos do nada, ou o sexo começou quando já estávamos na cama?
  - As telas estavam ligadas ou desligadas na noite antes do sexo?
  - Durante o sexo, fizemos algo diferente? Nós apimentamos as coisas? Nós nos concentramos mais no prazer de uma pessoa? Nós fizemos mais preliminares?

2. Antes de contar suas respostas para seu cônjuge, veja se ele(a) consegue responder no seu lugar e então compare. Que elementos estão inclusos em uma excelente relação sexual, em sua opinião? E quanto ao seu cônjuge? Seja o mais específico possível.

Descobrindo o que desanima

1. Repita esse exercício pensando nas últimas duas vezes que você fez sexo sem realmente querer ou gostar, quando foi uma experiência decepcionante.

2. Que elementos estão inclusos em uma relação sexual decepcionante, em sua opinião? Seja o mais específico possível.

EU QUERO QUE VOCÊ ME QUEIRA

Trabalhando com a libido do seu cônjuge

1. O que você pode fazer para tornar relações sexuais excelentes mais comuns e as decepcionantes menos comuns? Quais atividades antes do sexo deixam seu cônjuge mais no clima? O que mata o clima? Quais são cinco ações concretas que você vai tomar para tornar o sexo melhor?

RESGATANDO E REESTRUTURANDO

- Em vez de dizer que "As esposas não vivenciam a sexualidade do mesmo jeito que os homens", diga que "Cada cônjuge tem necessidades sexuais, mesmo se forem diferentes das do outro".
- Em vez de dizer que "Os homens querem sexo", diga que "As pessoas querem sexo".
- Em vez de dizer que "Os homens têm a maior libido", diga que "No casamento, um cônjuge pode ter a libido maior e isso pode mudar ao longo do casamento".
- Em vez de dizer que "As mulheres simplesmente não têm essa necessidade de sexo", diga: "Se a sua esposa não tem libido, vamos descobrir por quê".
- Em vez de dizer: "Faça sexo a cada 72 horas", diga: "Seu cônjuge confiou a sexualidade dele(a) a você. Não seja leviano com isso e seja gentil com ele(a)".

CAPÍTULO 8

TORNANDO-SE MAIS DO QUE COLEGAS DE QUARTO

"Tempo de abraçar e tempo de deixar de abraçar"
ECLESIASTES 3.5

Parafraseando *Anna Kariênina*, de Tolstói, vidas sexuais saudáveis são todas parecidas; toda vida sexual doente é doente à sua própria maneira.[1] O sexo pode dar errado de muitas maneiras diferentes. É por isso que não devemos pensar na vida sexual como um termostato que você pode aumentar se quiser que seu casamento melhore. Em vez disso, o sexo é mais como um termômetro que mede o estado do seu casamento.

E se o sexo simplesmente não está rolando? Ou, se está, é tão raro que poderia nem entrar na discussão? Nossa pesquisa descobriu que 6,9% dos casamentos são completamente sem sexo, sem nenhum contato

---

[1] A citação verdadeira de Tolstói começa o livro: "Famílias felizes são todas parecidas; toda família infeliz é infeliz à sua própria maneira".

EM DEFESA DO SEXO INCRÍVEL

sexual no último ano. Esses casamentos são 1,5 vezes mais propensos do que casamentos sexualmente ativos a terem o marido com a libido maior, então, suspeitamos que esses casamentos normalmente estão sem sexo por escolha da esposa, não do marido.[2] Dos casais sexualmente ativos, 7% fazem sexo raramente ou nunca, e 4,7% fazem sexo uma vez por mês.[3]

Às vezes, casamentos que são saudáveis em grande parte dos outros aspectos ficam sem sexo, ou com muito pouco. Nesse caso, precisamos desafiar as pessoas a darem mais prioridade ao sexo. Outras vezes, porém, casamentos sem sexo ocorrem porque o casamento em si não é saudável — e não se pode solucionar o sexo sem solucionar os problemas do casamento primeiro. E, ainda outras vezes, um cônjuge está sendo privado da satisfação sexual, mesmo que o sexo aconteça regularmente. Vamos ver como esses três cenários diferentes acontecem.

CENÁRIO 1: CASAMENTO SEM SEXO DEVIDO A EGOÍSMO OU FRAGILIDADE

Quando a preguiça ou o egoísmo dominam

Natasha preferiria viver sem sexo. Não é que não seja prazeroso — na verdade, é —, mas é que ela prefere assistir à Netflix no fim do dia em vez de fazer sexo. Ela sabe que as prioridades dela estão fora do lugar, mas ela francamente não tem motivação para mudar.

Depois que ela e o marido chegam em casa do trabalho, preparam o jantar, lavam a louça e colocam o filho pequeno para dormir, ele quer passar tempo junto, e ela, bem, não quer. Ela só quer descansar. Ela ama o marido — o problema não é esse. E ele já tentou de tudo: fazer mais

---

[2]Infelizmente, restrições de mobilidade nos impediram de avaliar essa questão diretamente. Esperamos conduzir mais pesquisas sobre esse tópico importante no futuro. Razão de probabilidade para libido e falta de sexo é 1,55 (1,37 — 1,76).

[3]Esses valores excluem as mulheres com mais de sessenta anos, quando problemas de saúde e o processo de envelhecimento são mais prováveis de ter influência na falta de sexo.

tarefas domésticas, dar a ela um descanso de cuidar do filho em várias noites por semana, e marcar encontros românticos para eles dois numa tentativa de ajudá-la a se reconectar ao casamento. Mas nada parece funcionar porque Natasha, francamente, está lutando para superar a preguiça a respeito do casamento.

Se seu cônjuge tem uma necessidade de sexo mais forte do que você, escolher não fazer sexo com ele(a) por conveniência é extremamente egoísta. Quando nos casamos, a única maneira correta de atender a essa disposição sexual é com nosso cônjuge. Excluir seu cônjuge ou fazer sexo com pouca frequência apesar de saber que isso o machuca, coloca ele(a) em uma situação terrível. É uma rejeição no nível mais profundo. Leia esse comentário enviado para nós por uma mulher desesperada em um casamento sem sexo:

> Ele não demonstrou nenhum interesse sexual por mais de dois anos e, nesse tempo, só fizemos sexo quatro vezes, todas sem nenhuma participação dele; sem beijar, sem tocar, ele nem consegue deixar os olhos abertos a menos que estejam grudados no Facebook no celular. Ele me disse que não sou eu, que ele simplesmente está ficando mais velho e isso é um fato da vida (ele só tem quarenta e poucos). Eu quero incentivá-lo a falar com o médico para descobrir se tem algo errado, mas, toda vez eu falo sobre isso, ele perde as estribeiras e me fala que eu estou sendo egoísta e que são conversas assim que o desanimam sexualmente. Eu perguntei se ele poderia somente checar para ver se poderia trocar a medicação para o colesterol porque eu li que alguns deles podem afetar a libido, mas ele nem quis ouvir. Ele não quer parar de fumar nem mudar os hábitos ruins de alimentação porque disse que é o corpo dele e ele vai fazer o que quiser com ele. Eu não sei mais o que fazer.

O egoísmo desse homem está privando a mulher dele, e isso é inaceitável. Quando alguém não tem uma necessidade forte de conexão sexual, pode ser fácil para a preguiça ou o egoísmo permitirem que hábitos ruins expulsem o sexo das nossas vidas. Mas o sexo é uma parte fundamental do relacionamento no casamento; se você não está priorizando o sexo de forma nenhuma no seu casamento, não está priorizando o seu casamento.

Se você continuamente escolhe video-games, Netflix ou qualquer outra coisa em vez do seu cônjuge, o seu casamento vai sofrer seriamente em longo prazo. Se você não está fazendo do seu cônjuge uma prioridade, você não está cumprindo seus votos matrimoniais. Você se casou com uma pessoa; sua conta na Netflix, seu video-game e até seus filhos não devem vir antes do seu casamento. Na verdade, o que seus filhos precisam mais do que estar em sete atividades extracurriculares é ter uma família que seja estável, amorosa e divertida.

No entanto, muitos cônjuges recusando o sexo não estão simplesmente sucumbindo à preguiça; em vez disso, eles podem estar canalizando a energia sexual deles para a pornografia. Nesses casamentos, o cônjuge não está somente privando o outro do sexo; ele também está escolhendo ter as próprias necessidades atendidas enquanto, simultaneamente, negligencia as necessidades do outro. A pornografia é uma podridão que precisa ser retirada, mesmo apesar dos efeitos que tem na libido, dos impactos que causa na saúde mental e das implicações que tem no mercado de tráfico sexual. Satisfazer-se com a pornografia em vez de com o cônjuge é egoísmo, e seu cônjuge tem todo direito de se posicionar contra isso e dizer "já chega".

PERGUNTA DE REFLEXÃO

Existe algo em particular para o que você dá atenção à noite em vez do seu cônjuge? Por que você escolhe isso em vez do sexo? Como isso está afetando seu casamento?

Por quase duas décadas, os filhos de Raeleen foram o mundo dela. Ela construiu uma linda vida para a família dela, ensinando em casa os seis

TORNANDO-SE MAIS DO QUE COLEGAS DE QUARTO

filhos, sendo voluntária na igreja, organizando a casa. Ela estava cumprindo o chamado que ela sentia que Deus tinha colocado na vida dela e, no geral, ela era uma mulher feliz.

Mas faltava uma coisa. Ela e o marido, Bruce, estavam se afastando cada vez mais. O trabalho atarefado de Bruce o mantinha viajando. Quando ele estava em casa, Raeleen sentia que ele podia ser mais um estorvo do que uma ajuda. Ele era um pouco mais velho do que ela e não se dava tão bem com os filhos quanto ela. Às vezes, ela se via irritada, como se ele estivesse quebrando o ritmo dela. A vida sexual deles diminuiu até quase nada. Raeleen raramente tinha um orgasmo, e ela desistiu de tentar.

Em um fim de semana na primavera, no casamento de um amigo da família, Raeleen teve uma epifania: ela queria um casamento incrível, ela estava casada com um homem ótimo e não havia razão para ela continuar entediada. Então, ela se dedicou absoluta e completamente a reacender a paixão no relacionamento dela com Bruce. Ela o incentivou, o chamando durante o dia e dizendo a ele o quanto ela o valorizava. Ela se aconchegava quando assistia a filmes com ele, mesmo se ainda houvesse algumas louças sujas na pia. E ela deu tudo de si para propiciar uma vida sexual divertida. O sexo, que nunca tinha sido uma parte vital do relacionamento deles, se tornou uma das essenciais. Eles tinham piadas internas. Eles riam mais. Eles seguravam mais as mãos.

E eles conceberam um filho.

Gavin nasceu com um sério problema cardíaco e o mundo deles desmoronava conforme as orações deles ascendiam. Bruce, que nunca tinha cuidado muito das crianças mais velhas no dia a dia, foi o pai perfeito para Gavin, tomando a responsabilidade pela sonda de alimentação e se recusando a estar ausente durante qualquer tratamento médico.

E então, depois da última cirurgia de Gavin, aos seis meses de idade, Raeleen foi ao berço para pegar o filho um dia de manhã e o encontrou frio.

Pelos próximos meses de luto, o conforto de Raeleen foi o casamento dela. "Eu precisava de sexo para conseguir dormir," ela explicou. "Eu me aproximava dele todas as noites, e essa proximidade era a única coisa que aquietava todos os pensamentos na minha cabeça e me permitia pegar no sono tranquila". Eles perderam o filho que amavam, mas não perderam um ao outro. Em vez disso, o casamento deles, e até o sexo, foi um bálsamo para eles nas semanas e nos meses seguintes.

Eles não teriam vivido essa bênção se Raeleen não tivesse tomado a decisão anos antes de parar de colocar o casamento e a vida sexual dela no segundo plano. O sexo é uma bênção — não permita que o egoísmo ou a preguiça roubem de você e do seu cônjuge um casamento maravilhoso.

> **PERGUNTA DE REFLEXÃO**
> Você está travando seu casamento ao não fazer dele — e do sexo — uma prioridade? Como a sua vida poderia ser se você desse mais energia e atenção ao seu cônjuge?

Quando problemas profundos não são tratados

Apesar disso, não vamos nos apressar em presumir que um cônjuge recusando sexo sempre está fazendo isso por razões egoístas ou pecaminosas. Abusos sexuais e traumas subsequentes são comuns e, se essa é a história do seu cônjuge, ele precisa de sua graça e paciência. Você tem a oportunidade de ser as mãos e pés de Jesus na jornada de cura do seu cônjuge. Não subestime esse papel.

Rachael Denhollander se tornou um nome familiar depois das suas declarações brilhantes e acaloradas como uma das vítimas no julgamento de Larry Nassar, que abusou sexualmente de centenas de meninas e mulheres. Rachael foi a primeira a denunciar publicamente e foi o rosto da luta. Em sua autobiografia, *What is a girl worth?* [Qual é o valor de uma garota?], ela conta sobre a noite em que revelou o abuso que tinha sofrido ao namorado da época (hoje marido), Jacob. Essa foi a resposta dele:

> Você precisa saber que isso não diminui o seu valor. Isso não me faz te menosprezar... Tudo que isso faz é me dar uma orientação para como te servir e cuidar de você melhor. Honestamente... ele riu um pouco. Eu estava me perguntando todo esse tempo o que eu poderia trazer para esse relacionamento. Você é inteligente, gentil, bem-sucedida; não há nada que eu pudesse acrescentar a isso. Mas andar ao seu lado é algo que eu posso fazer. Se Deus nos mantiver andando juntos, eu posso andar com você ao longo disso. Ele pausou mais uma vez. E isso seria um privilégio.[4]

Se você é um cônjuge que está lutando contra traumas sexuais, por favor, saiba que muitos encontraram cura. Como Denhollader contou para nós: "Tratar o abuso juntos pode ser uma estrada longa, mas é uma estrada linda e redentiva. Eventualmente, as associações serão reconfiguradas com base nas memórias e experiências positivas e um cônjuge confiável, estável e sensível pode trazer uma profundidade na cura que parece impossível".

Aproveite as oportunidades que Deus nos deu por meio de terapeutas especializados em traumas, fisioterapeutas do assoalho pélvico e uma miríade de outros profissionais de saúde mental e física. Isso é uma jornada, que às vezes é longa, mas tenha fé de que pode ser uma "estrada linda e redentora".

Mas e se a hesitação de um cônjuge diante do sexo não é devido a traumas, mas a problemas de disfunção sexual? Não querer sexo quando se está lidando com disfunção sexual é uma resposta perfeitamente compreensível e normal. Mas, seja qual for essa disfunção, se ela impede

---

[4]DENHOLLANDER, Rachael. *What is a girl worth?* (Carol Stream: Tyndale, 2019), p. 121.

EM DEFESA DO SEXO INCRÍVEL

a libido ou deixa o sexo difícil ou impossível, cabe a esse cônjuge buscar e seguir tratamento médico. Nós, as três autoras deste livro, recebemos tratamento para dores sexuais em algum ponto, então, não estamos dizendo para você fazer algo que nunca fizemos. Dilatadores, massagens internas, alongamento perineal, e tal, e coisa — não são divertidos, mas cumprem a função.

Nossa pesquisa também descobriu que disfunções sexuais masculina, incluindo disfunção erétil e ejaculação precoce, deixam o casamento 4,94 vezes mais propenso a ficar sem sexo.[5] Recusar-se a tratar a disfunção sexual deixa seu cônjuge desamparado, como lemos nesse comentário:

> Meu marido não liga que ele não consegue ter uma ereção. Ele dá de ombros e diz: "Bom, eu tentei, mas não está funcionando", e isso é o suficiente para ele. O médico dele prescreveu uma medicação para a pressão arterial e disse: "Não deve ser um problema agora" e nos empurrou para fora do consultório. Mas ainda é um problema e meu marido não se importa. Eu mal tenho quarenta anos e estamos passando por muito estresse, incluindo a morte de um filho. Precisamos dessa conexão. Apesar de que nossa vida sexual nunca foi fantástica, eu não estou pronta para estar em um casamento sem sexo.

Se seu corpo não está funcionando como deveria, por favor, procure assistência médica. Ignorar isso machuca vocês dois. E, enquanto seu cônjuge está recebendo tratamento para disfunção sexual, use isso como uma oportunidade para demonstrar paciência e amor cristãos para com ele(a). Um período sem sexo enquanto a disfunção sexual está sendo tratada não é o mesmo que seu cônjuge impor um casamento sem sexo sobre você; "na saúde e na doença" inclui disfunções sexuais também.

---

[5] (4,30 — 5,66).

> **PERGUNTA DE REFLEXÃO**
> Há alguma coisa travando sua vida sexual para a qual ajuda profissional está disponível? Há alguma coisa te impedindo de buscar ajuda? Há alguma coisa impedindo seu cônjuge?

CENÁRIO 2: CASAMENTO SEM SEXO DEVIDO À PROTEÇÃO EMOCIONAL

Mas há casos em que a falta de sexo é a consequência natural de um casamento emocionalmente doente. Por exemplo, um homem escreveu isso no nosso blog:

> Como marido, eu errei mais do que acertei. Finanças mal administradas, explosões de raiva, falha em ouvi-la. Discussões feias a rodo, quase sempre causadas por mim. Ela me avisou por anos que isso estava custando a ela. Muitos anos atrás, ela parou de fazer sexo comigo. Olhando para trás, eu vejo esse dia como quando nosso casamento acabou.
>
> Por muitos anos, havia 0% de contato sexual. Esse período foi marcado por discussões terríveis instigadas por mim, querendo sexo. Embora ela tivesse me avisado por algum tempo que ela poderia fazer isso, ainda pareceu para mim como se ela tivesse acordado um dia e dito "chega de sexo". Ela me disse desde então que era afastamento físico e emocional ou divórcio. Meu humor/temperamento desde então tem sido triste. Ela me disse que se sente como se tivesse que pisar em ovos perto de mim.
>
> Dois anos atrás, depois de muitos anos sem sexo, eu comecei a fazer um esforço intencional para melhorar meu temperamento. Ela começou a me permitir que eu a tocasse de novo. Nada de sexo, mas ela me dava um orgasmo.
>
> A pedido dela, nossa vida sexual atualmente consiste de eu pedir sexo para ela, e ela decidir, pelos próximos dias, se ela vai fazer. Crendo

EM DEFESA DO SEXO INCRÍVEL

que nosso casamento precisava de algo drástico, alguns meses atrás eu confessei em detalhes vívidos as minhas falhas como marido dela. Eu entreguei minha vida para ela e prometi servi-la pelo resto dos meus dias. Eu limpo a cozinha depois do jantar, eu faço massagens nela, eu faço as bebidas favoritas dela, do jeito que ela gosta. Servi-la me faz sentir mais próximo dela.

As coisas estavam indo bem até sábado passado, quando eu aleatoriamente pedi sexo para ela. Foi constrangedor e nada aconteceu. No dia seguinte, ela se ofereceu, mas a linguagem corporal dela deixou claro que ela pensava: "Vamos acabar logo com isso para você me deixar em paz", eu disse que não queria daquele jeito. Eu perguntei se ela sentia alguma alegria mental ou emocional por me dar um orgasmo. A resposta dela: "Não". Eu quero me sentir íntimo e próximo da minha esposa de novo, o que, para mim, inclui uma vida sexual ativa, mas quando eu tento falar com ela sobre isso, ela fica defensiva.

Vamos pensar sobre esse cenário. Ele admite que assustou tanto a esposa repetidamente ao longo do casamento que ela sentiu que precisava se defender. Mesmo que ele esteja tentando "servi-la" agora, as maneiras com que ele está servindo são coisas que ele deveria estar fazendo sempre, mas ele ainda está chateado que ela não está pulando de alegria com a chance de lhe dar um "trabalho manual" (mais conhecido como masturbação).

Muitos casamentos sem sexo têm, na sua base, não uma recusa egoísta da parte de um dos cônjuges, mas sim uma tentativa de proteção emocional. Mas a maneira que casamentos sem sexo têm sido retratados geralmente é que a esposa está recusando o sexo porque quer. Então, ao não fazerem sexo, nós presumimos que ela está conseguindo o que quer. Logicamente, era de se esperar que casamentos sem sexo estivessem cheios de maridos infelizes e de esposas mais ou menos satisfeitas.

Não foi isso que descobrimos. Enquanto somente 14,3% das mulheres em casamentos sexualmente ativos avaliaram seus casamentos como neutros ou infelizes, 63,1% das mulheres em casamentos sem sexo de-

TORNANDO-SE MAIS DO QUE COLEGAS DE QUARTO

ram essa mesma avaliação.[6] Quando se divide as entrevistadas da nossa pesquisa em quintis (cinco grupos de aproximadamente mesma quantidade) baseados na felicidade, mulheres em casamentos sem sexo são *sessenta e duas* vezes mais propensas a estarem no grupo mais infeliz do que no grupo mais feliz.[7]

Nossos resultados sugerem que muitos, se não a maioria, dos casamentos sem sexo podem ser o resultado natural de dores emocionais que o casal causou um ao outro ao longo do casamento. Mulheres em casamentos sem sexo são 9,3 vezes menos propensas a terem se sentido próximas dos maridos quando eles faziam sexo. Quando você quebra a confiança e causa dores emocionais, às vezes por décadas, não deveria ser uma surpresa se seu cônjuge não quer fazer sexo com você.

Como demonstramos ao longo deste livro, nossa pesquisa mostrou que as mulheres têm dificuldade para responderem sexualmente quando as coisas não estão bem, seja no relacionamento ou com alguma situação. Quando ela perde a libido, talvez não seja necessariamente por haver algo de errado com *ela*, mas porque ela está reagindo a algo que não está bem no casamento. Talvez devêssemos tratar a falta de sexo mais como o canário que parou de cantar na mina de carvão — é uma evidência de um problema mais profundo.

Você se lembra de Jared e Melissa, que acabaram em um casamento sem sexo dez anos depois de dizerem seus votos porque Jared tinha visto o sexo como uma maneira de atenuar seu vício em pornografia? Quando pecados sexuais são uma parte tão ativa em um casamento e a esposa é usada como uma "injeção de metadona"[8] por anos, as bases desse casamento ficam danificadas por causa das ações de um dos cônjuges.

---

[6]Para informações sobre como classificamos a satisfação conjugal, veja nossos métodos em greatsexrescue.com/survey-methods.

[7]Essa estatística exclui mulheres com mais de sessenta anos (95%, intervalo de confiança: 34,98 — 110,22). A razão de probabilidade para todas as mulheres é 35,64 (28,8 — 53,2).

[8]ARTERBURN; STOEKER. *A batalha de todo homem*, p. 137.

Se você destruiu seu casamento sistematicamente ao longo de muitos anos e seu cônjuge diz que cansou de sexo ou que não sabe quando vai querer fazer sexo de novo, isso pode ser a consequência natural de como você agiu. "Não vos enganeis: Deus não se deixa zombar. Portanto, tudo o que o homem semear, isso também colherá" (Gálatas 6.7). Isso não significa que o casamento não pode ser consertado, mas significa que precisamos perceber que a responsabilidade de consertá-lo pode não estar nas mãos do cônjuge que está recusando o sexo. Ela pode estar, em vez disso, nas mãos do outro, que agiu destrutivamente no casamento, mesmo se fez isso sem intenção. Tratar do porquê o casamento estar infeliz, por meio de comunicação aberta e geralmente terapia, pode ser a chave para desbloquear o sexo novamente.

PERGUNTA DE REFLEXÃO
A qualidade do seu casamento tem atrapalhado sua vida sexual? Há problemas conjugais que você precise tratar com um terapeuta?

CENÁRIO 3: CASAMENTO SEM SEXO DE VERDADE

O marido de Stephanie não acredita em preliminares. O sexo raramente dura mais do que cinco minutos. Apesar disso, Stephanie tem uma grande disposição sexual. Ela já pediu ao marido para ajudá-la a chegar ao orgasmo depois ou tentar ajudá-la a chegar lá antes, mas ele não está interessado em aprender. Ele acha que o coito é tudo que importa e que Stephanie está fazendo exigências egoístas. Stephanie se vê tão frustrada sexualmente depois de cada momento sexual que ela não consegue dormir. Ela acaba no chão do banheiro, chorando, usando um vibrador para tentar aliviar a frustração e se perguntando o que fazer. "Eu só tive dois 'finais felizes' com ele em dez anos de casamento", ela explica. "É tão difícil ser deixada na mão toda santa vez. Eu ficaria tão feliz com só uma vez por mês... uma vez por ano... a essa altura, qualquer coisa".

TORNANDO-SE MAIS DO QUE COLEGAS DE QUARTO

Também temos Heidi. Ela está casada há sete anos, trabalha em tempo integral e tem dois filhos pequenos. Ela assegura que faz sexo regularmente com o marido, normalmente duas ou três vezes por semana, porque ela sabe que deve. Ela nunca se sentiu mais do que só um pouquinho excitada. A cada vez, ela pensa: "Talvez dessa vez vai ser diferente", mas nunca é. O sexo consiste em vários minutos do marido dela grunhindo e a apalpando antes de ejacular, dizer "você é demais, amor", rolar para o lado e dormir. Ela se pergunta como raios isso deveria fazê-la se sentir amada. O sexo é a maior decepção da vida dela.

Nem Heidi nem Stephanie preenchem os critérios diagnósticos para os casamentos sem sexo porque, à primeira vista, parece que as duas têm vidas sexuais ativas. As duas, porém, estão passando por privação sexual que é comparável a casamentos nos quais não há contato sexual algum.

E se expandirmos a definição de casamentos sem sexo para incluir uma nova categoria: casamento sem sexo de verdade? Atualmente, não há termo para descrever casamentos nos quais um cônjuge tem orgasmos e o outro é continuamente deixado se sentindo sexualmente frustrado, ferido e usado. Porém, com comentários, grupos focais, e-mails e respostas das pesquisas, ficou claro para nós que, quando uma pessoa está sendo usada para o prazer de outra enquanto o bem-estar e a satisfação dela são ignorados, então ela também está sofrendo os efeitos de um casamento sem sexo. Privar conscientemente seu cônjuge de prazer sexual enquanto o usa para alcançar seu próprio prazer é tratar seu cônjuge como um objeto para sua masturbação.

Estamos dizendo que todos os casamentos nos quais a esposa não tem um orgasmo 100% das vezes são casamentos sem sexo? Claro que não! Muitos maridos fazem do sexo uma experiência satisfatória, gratificante e íntima, mesmo se suas esposas acham o orgasmo esquivo. Charlotte, por exemplo, levou 25 anos para entender a parte do orgasmo, mas sempre gostou da intimidade emocional e física que o sexo causava. O marido dela era tão carinhoso que o sexo nunca era unilateral, mesmo que ele fosse o único tendo um orgasmo.

EM DEFESA DO SEXO INCRÍVEL

O problema surge quando uma mulher casada quer desesperadamente vivenciar essa intimidade e prazer sexual, mas é continuamente privada disso porque, francamente, seu marido não se importa que o sexo não seja satisfatório para ela ou ele não percebe que o sexo deveria ser diferente. Na nossa pesquisa, 6,9% das mulheres relataram que estão em casamentos completamente sem sexo. No entanto, um número similar, 5,9%, estão em casamentos sexualmente ativos nos quais 1) quase nunca ou nunca têm um orgasmo e 2) não se sentem próximas do marido durante o sexo.[9]

Ao olharmos com mais atenção para os números, não é surpreendente descobrir que essas mulheres têm grandes problemas de comunicação sobre o sexo. Essas mulheres também são:

11 vezes menos propensas que outras mulheres em casamentos sexualmente ativos a ficarem confortáveis falando com seus maridos sobre o que querem na cama;[10]

8 vezes mais propensas a fazerem sexo somente por obrigação;[11]

Quase dezenove vezes menos propensas a estarem satisfeitas com as preliminares;[12]

12 vezes menos propensas a sentirem que o prazer delas é uma prioridade durante o sexo;[13]

4,7 vezes menos propensas a ficarem confortáveis de ter conversas difíceis com seus maridos;[14]

---

[9]Na nossa pesquisa, 12,0% das mulheres relataram que quase nunca ou nunca têm um orgasmo. Dessas mulheres, 48,9% estão insatisfeitas com a quantidade de proximidade sexual que têm com os maridos durante o sexo.

[10]10,75 (9,27 – 12,47).

[11]8,03 (6,94 – 9,29).

[12]18,5 (15,54 – 22,0).

[13]20,07 (17,24 – 23,36).

[14]4,69 (3,99 – 5,52).

6,3 vezes menos propensas a concordarem que seus maridos levam em consideração as vontades, opiniões e necessidades delas tanto quanto as deles.[15]

Se Heidi ou Stephanie dissessem: "Eu amaria uma vida sexual que é sobre nós dois, mas eu não estou mais disposta a fazer parte de uma em que eu não sou levada em consideração", elas não estariam recusando sexo. Elas estariam criando uma fronteira que diz que o único sexo que elas estariam dispostas a fazer é um sexo em que elas são tratadas como seres humanos. Com sorte, ao dizerem: "Não estou mais disposta a ser tratada como um objeto", os casais possam começar essas conversas importantes sobre o que o sexo deveria ser (pessoal, prazeroso, puro, prioridade, sem pressão e apaixonado) e possam trabalhar *em direção a* esse objetivo em vez de *para longe* dele.

> ### PERGUNTA DE REFLEXÃO
> O seu casamento preenche os critérios para um casamento sem sexo de verdade? Como você vai tratar isso daqui para frente?

VOCÊ ESTÁ CRIANDO UM CASAMENTO SEM SEXO?
Não tivemos muitas surpresas com os resultados da nossa pesquisa *Bare marriage*. Nós achávamos que a ideia da "batalha de todo homem" feria o sexo; e fere. Nós sabíamos que havia muitas mulheres que usam pornografia, não apenas os homens. Nós sabíamos que muitas mulheres

---

[15] 6,3 (5,46 — 7,21). Essas mulheres também são 4,69 (3,99 — 5,52) vezes mais propensas a sentirem que seus maridos não as ouvem quando têm um conflito, 5,39 (4,70 — 6,18) vezes menos propensas a sentirem que suas opiniões são tão importantes no casamento quanto as dos maridos, e 2,34 (1,99 — 2,74) vezes mais propensas a ficarem frequentemente preocupadas que seus maridos estejam olhando para outras mulheres.

EM DEFESA DO SEXO INCRÍVEL

têm a libido maior. Nós achávamos que ideia do sexo por obrigação seria danosa; e é (vamos falar sobre ela a seguir). Temos ouvido comentários e histórias de mulheres por mais de uma década e estávamos preparadas para o que encontraríamos — nada nos pegou de surpresa.

Nada, isto é, exceto o seguinte: *não esperávamos descobrir que quase nenhum casamento sem sexo era causado por mulheres desistindo do sexo sem motivo.* Embora em muitos casamentos o sexo certamente seja infrequente devido à preguiça ou ao egoísmo, casamentos completamente sem sexo não tendem a acontecer do nada.

Depois de falarmos em uma conferência sobre casamento, meu marido e eu (Sheila) fomos abordados por um homem de meia-idade perguntando o que fazer sobre a esposa dele. Depois que o último filho deles nasceu, há quinze anos na época, a esposa dele anunciou subitamente que o sexo tinha acabado. Outro homem nos contou sobre como sua esposa, depois da histerectomia dela, não estava mais interessada no sexo e disse para ele que agora ele poderia se masturbar sozinho. Repetidamente, ouvimos isso de participantes de conferências de casamento, por e-mails e por comentários no blog: "Ela simplesmente declarou depois da menopausa que ia parar com o sexo" ou "Ela simplesmente me disse um dia que eu estava proibido".

Mas o que nossa pesquisa descobriu foi que, mesmo que esses maridos tenham achado que foi do nada, muito provavelmente não foi.

Por anos, quando eu falei e postei no blog sobre casamentos sem sexo, fiz o que os livros que lemos também fazem. Eu disse às pessoas que elas precisam priorizar o sexo e que proibir sexo ao seu cônjuge quando não há abuso, dor ou pornografia envolvidos é errado. Eu retratei o problema dos casamentos sem sexo como sendo primariamente causado por mulheres tomando decisões unilaterais injustas porque elas não gostavam do sexo ou porque sentiam uma vergonha profundamente enraizada.

Mas o que descobrimos é que pouquíssimas mulheres realmente proíbem os maridos do sexo quando não há algo sério já acontecendo.

TORNANDO-SE MAIS DO QUE COLEGAS DE QUARTO

Particularmente, descobrimos cinco fatores que contribuem para a insatisfação sexual que se relacionam fortemente com casamentos sem sexo:

- Uso de pornografia.
- Disfunções sexuais masculinas.[16]
- Anorgasmia.
- Vaginismo.
- Não se sentirem próximos durante o sexo.

Dos casamentos sexualmente ativos, 38,0% não passam por nenhum desses problemas. Em contraste, dos casamentos sem sexo, somente 6,6% não passam por nenhum deles. Nós descobrimos que 73,5% dos casamentos sem sexo têm dois ou mais desses problemas, contra somente 27,1% dos casamentos sexualmente ativos.

Então, a vasta maioria dos casamentos sem sexo não simplesmente acontece um dia porque as mulheres decidiram que não gostam de sexo. Em vez disso, casamentos sem sexo são a culminação de outros fatores se acumulando por um longo período, que eventualmente exaurem as mulheres até que elas desistam completamente.

Isso nos mostra duas coisas: muitos homens não percebem o quanto problemas subjacentes no casamento são sérios até os casamentos ficarem sem sexo, e continuar a fazer sexo quando você se sente menosprezada ou usada prolonga e aprofunda os problemas do casamento. Não estamos dizendo que as pessoas deveriam desistir do sexo sempre que houver um problema ou que deveriam recusar o sexo como uma forma de controlar seus cônjuges. É claro que não — isso é ser manipulador e cruel. Mas, quando houver um problema, vocês devem simplesmente tratá-lo, ou podem acabar eventualmente criando um casamento solitário e sem sexo da mesma forma.

---

[16]Somente disfunção erétil e ejaculação precoce foram incluídas.

EM DEFESA DO SEXO INCRÍVEL

Para muitos homens, o sexo é a maneira de checarem a saúde do relacionamento. Se nem tudo está bem e a mulher ainda faz sexo regularmente, ela poderia estar reforçando que está bem com o casamento, mesmo se ela disser continuamente para ele que não está. Não importa o quanto ela diga que está desesperada para que as coisas melhorem, ele não acredita porque ela ainda está fazendo sexo com ele. Mas o que nossas estatísticas mostram é que, em longo prazo, ela pode não ser capaz de manter uma vida sexual regular se as coisas não melhorarem. Então, homens, se vocês não ouvirem quando sua esposa disser que há problemas sérios no seu casamento, vocês podem acabar se vendo, como o homem que escreveu a carta de antes, diante de uma esposa que "simplesmente acordou um dia e disse 'chega de sexo'".

Livros cristãos sobre sexo e casamento são inflexíveis ao dizerem que casamentos sem sexo são pecaminosos. Eu também defendia essa opinião. O que percebemos agora é que estamos tratando o sintoma em vez da causa. Quando há problemas sérios no casamento, dizer às pessoas para simplesmente continuarem a fazer sexo não vai resolvê-los. Na verdade, pode até solidificar esse sentimento de se sentir usada e desprezada.

É difícil falar sobre isso. Em casamentos bons no geral, o sexo pode atenuar pequenas discordâncias ou até as brigas ocasionais, dando ao casal boa vontade e energia para tratarem quaisquer problemas que tiverem. Para esses casais, o conselho "só façam mais sexo" geralmente é precisamente correto.

Mas para casamentos que não são bons no geral, nos quais os problemas são muito mais profundos, o sexo não é a resposta. Tratar os problemas é a resposta. O sexo deveria ser uma fonte de vida no seu casamento, não um destruidor da sua alma. E o sexo por si só não transforma subitamente um relacionamento doente em um saudável.

Nós começamos este capítulo dizendo que uma vida sexual saudável leva a um casamento saudável, e um casamento saudável induz uma vida sexual saudável. Os dois não podem se separar. Para alguns casais, a jornada para um sexo incrível vai acontecer principalmente no quarto. Mas,

192

TORNANDO-SE MAIS DO QUE COLEGAS DE QUARTO

para outros, ela pode acontecer principalmente no consultório de um terapeuta conjugal. Seja qual for a jornada para você, por favor, faça esse esforço porque um casamento em que você se sente realmente conhecido é alegria conjugal verdadeira.

· ·

Você está sob risco de tornar seu casamento sem sexo?

Nossas estatísticas mostraram certos marcadores que tornam muito mais provável que um casamento possa um dia ficar sem sexo. Esses dois cenários se destacaram:

- Casamentos em que a esposa não tem orgasmos e não se sente próxima durante o sexo (sete vezes mais propenso a se tornar um casamento sem sexo um dia);
- Casamentos em que a esposa enfrenta dores sexuais e não se sente próxima do marido durante o sexo (cinco vezes mais propenso a se tornar um casamento sem sexo um dia).

Casamentos com abuso, uso de pornografia, ou em que a esposa se sente usada durante o sexo também estão sob risco de se tornarem sem sexo (imaginamos que o oposto também pode ser verdade, mas não entrevistamos os homens). Quando as pessoas se sentem usadas e descartadas, fazer sexo intensifica esses sentimentos de rejeição. Eventualmente, as pessoas simplesmente desistem.

Se o seu casamento se encaixa em qualquer uma dessas categorias, procure aconselhamento profissional, ajuda médica ou fisioterapia antes que a crise chegue. Se o problema for que o sexo simplesmente nunca foi prazeroso, revisite os capítulos 3 e 4 ou trabalhe com um desafio para casais como *31 days do great sex* [31 dias para o sexo incrível] para descobrirem o que desperta o desejo sexual dela.

· ·

EXPLOREM JUNTOS: VAMOS TENTAR MEDICINA PREVENTIVA

Casamentos sem sexo acontecem por alguma razão. Então, não dê motivo para o seu casamento ficar sem sexo! E a maneira pela qual você previne um casamento sem sexo é simples: para início de conversa, tenha um casamento bom e emocionalmente conectado.

Para a conexão diária, tente o exercício de "partes altas e baixas". Compartilhe as melhores e piores partes do seu dia, a hora em que você se sentiu mais animado e a hora em que você se sentiu mais desencorajado e frustrado. Perguntar ao seu cônjuge "Como foi seu dia?" não é uma forma muito boa de começar uma conversa porque é uma pergunta ampla demais. Focar em compartilhar dois momentos emocionais pode ajuda-los a se conectarem em um nível mais profundo porque vocês pulam o rotineiro e partem direto para o cerne da questão. Isso pode te ajudar a aprender como seu cônjuge funciona, mas também pode te dar um entendimento do seu próprio estado emocional.

Para fazer isso funcionar bem, escolha o mesmo momento do dia: durante o jantar, enquanto estão lavando as louças, quando estão na cama antes de dormir. Se vocês trabalham em turnos opostos, ou um de vocês está viajando, façam isso por telefone todos os dias.

Para criar mais diversão no seu casamento, procure na internet ou visite https://greatsexrescue.com/date-night-ideas/ (em inglês) para encontrar uma variedade de ideias, incluindo:

- Assuntos para começar a conversa.
- Ideias de encontros baratos.
- Passatempos para fazer como casal.
- Questionários de personalidade.
- Planilhas de planejamento para determinar objetivos para seu casamento e para sua família.
- E muito mais!

Escolham um ou dois para tentar e coloquem na agenda de vocês agora.

RESGATANDO E REESTRUTURANDO

- Em vez de dizer que "Você precisa fazer do sexo uma prioridade porque seu cônjuge precisa dele", diga que "O sexo é vital para um casamento saudável. Faça dele uma prioridade para que vocês não percam as bênçãos de Deus para vocês dois".
- Em vez de dizer que "É pecado recusar sexo ao seu cônjuge", diga tudo a seguir:

  - "Quando somente uma pessoa está tendo prazer com o sexo, ela está privando o cônjuge — mesmo se o coito estiver ocorrendo".
  - "Às vezes, a falta completa de sexo é a repercussão natural de muito tempo de tratamento ruim ou de quebra de confiança no casamento".
  - "Se você destruiu seu casamento, mesmo que involuntariamente, precisa reconstrui-lo antes de esperar que o sexo aconteça".

CAPÍTULO 9

SEXO POR OBRIGAÇÃO NÃO É *SEXY*

"De graça recebestes, de graça dai"
Mateus 10.8

No filme *Todo Poderoso*, Deus (interpretado por Morgan Freeman) torna Bruce (interpretado por Jim Carrey) Deus da cidade de Buffalo, com apenas duas regras: ele não pode contar para ninguém que é Deus e não pode mexer com o livre-arbítrio. No meio do filme, quando a namorada de Bruce, Grace, o deixa, Bruce pergunta para Deus: "Como você faz alguém te amar sem mexer com o livre-arbítrio?" Deus responde: "Bem-vindo ao meu mundo, filho. Se você descobrir a resposta, me conte".

O Deus real (o que nós gostamos de pensar que também tem a voz de Morgan Freeman) sabia que não poderíamos ter intimidade real com ele a menos que nós mesmos quiséssemos. Mas, em muitos casamentos, o sexo não está sendo escolhido livremente. Ele se tornou uma moeda de troca, em vez de uma intimidade, ou uma obrigação, em vez de uma alegria. Ele pode até ter se tornado uma arma quando um cônjuge é pressionado a fazer coisas contra a vontade. Mas o amor não é amor se for forçado.

E isso coloca pessoas como Bruce em uma situação difícil. Em qualquer relacionamento, a pessoa com menos apego detém o poder. Em um namoro, quem ama menos determina a frequência que se veem ou trocam mensagens, enquanto o que ama mais fica olhando para o celular, esperando as notificações apitarem. Nos trabalhos em grupo na escola, o aluno com a média 10 acaba fazendo a maior parte do trabalho porque os colegas com médias medíocres não se importam com a nota que vão tirar. Com sexo e casamento, quem quer menos o sexo detém o poder.

Você provavelmente não reconhece o nome da atriz Edie McClurg, mesmo que ela tenha 209 filmes e séries de TV no currículo. Mas eu posso quase garantir que você reconheceria o rosto e a voz dela. Ela interpretou a secretária da escola em *Curtindo a vida adoidado* — "Os motoqueiros, atletas, intelectuais, baderneiros, baloeiros, todos adoram ele e acham que ele é um cara super legal, é isso". Ela era a agente de aluguel de carros em *Antes só do que mal acompanhado* que fez o personagem de Steve Martin ficar louco de raiva. Mas eu (Sheila) sempre vou gostar mais dela como a esposa de Herb Talek, Lucille, na série dos anos setenta *WKRP in Cincinnati*. Uma fala icônica ficou na minha memória, mesmo tendo ouvido há décadas: "É melhor aparar a grama, Herbie, ou nada de nheco-nheco hoje à noite. Hm-hm". Herb, o gerente de publicidade socialmente inapto, estava preso no elevador com a recepcionista que ele idolatrava, enquanto reclamava sobre como era desmoralizante que sua esposa visse o sexo como uma recompensa por bom comportamento.

Colocar um preço no sexo diz: "Eu não quero fazer isso. Eu vejo o sexo como um meio para um fim — um meio para eu conseguir o que eu realmente quero, que é esse comportamento seu. Então, eu vou me privar de você até você me dar o que eu quero". Isso parece uma rejeição — "Eu não quero você. Eu só quero o que você pode me dar". Isso muda a natureza do sexo e arruína a intimidade.

O cônjuge que quer menos sexo pode usar esse poder, como fez Lucille Tarlek, para manipular e conseguir o que quer, ou pode empunhá-lo cuidadosamente, como Gary Thomas explica:

A beleza espiritual da sexualidade é vista no serviço, amorosamente atendendo aos desejos e necessidades físicas do seu parceiro. O significado espiritual da sexualidade de um cristão é encontrado na doação. Quando temos poder sobre outro e usamos esse poder de maneira responsável, apropriada e benevolente, nós crescemos em Cristo, nos tornando mais como Deus e refletimos o fato de que fomos feitos para amar a Deus ao servirmos outros. Mas, quando temos poder sobre outro — particularmente em uma área em que a pessoa se sente tão vulnerável e carente e que ela não pode ir a nenhum outro lugar para ser servida — e usamos esse poder de maneira irresponsável, inapropriada e maliciosa, nos tornamos mais como Satanás, que ama nos manipular nas nossas fraquezas, em vez de como Deus, que nos serve nas nossas fraquezas.[1]

Amor verdadeiro não pode ser forçado, mas isso abre uma porta para a manipulação. Casamentos nunca vão prosperar a menos que fechemos essa porta rápido!

PERGUNTA DE REFLEXÃO
Quem no seu relacionamento tem mais "poder" no quarto? Você sente que o sexo é, em algum momento, usado no seu casamento para manipular?

Lucille via o sexo como uma recompensa para o bom comportamento. Mas e se fosse o marido dela, Herb, que visse o sexo assim? Ver o sexo como uma moeda de troca também é, lamentavelmente, um tema comum em muitos conselhos conjugais: "Homens, se vocês querem fazer sexo, lavem as louças e dobrem algumas roupas!"

Como a maioria das coisas que se repetem, isso tem uma pontinha de verdade. A maioria das mulheres (embora não todas) acham que ter

---

[1] THOMAS. *Casamento sagrado*, p. 179.

prazer com o sexo é muito mais difícil se elas estiverem cansadas. Quando eu perguntei no Facebook como os maridos podiam deixá-las no clima, quase 50% das mulheres disseram uma variação de "Ajudando a cuidar das coisas". Como uma mulher disse, "Quando ele chega em casa do trabalho e logo vai ajudar com as crianças", ela definitivamente tem vontade de pular em cima dele!

Mas o sexo não é uma moeda para pagar os homens por fazerem tarefas domésticas. Se sua esposa está cronicamente exausta e ocupada, e você pega o pano de prato da mão dela uma noite e diz "Aqui, meu bem, deixa comigo", isso não significa que ela ficará no clima na hora. O que as esposas sobrecarregadas precisam, mais do que uma simples folga, é que seus maridos compartilhem das responsabilidades dos trabalhos de casa. Isso comunica que "Somos um time". E *essa* é a porta para o sexo — não lavar uma pia de louças para ter uma sessão de amor, mas dizer: "Estamos nisso juntos".

O sexo é uma parte natural de relacionamentos amorosos, carinhosos e altruístas. Essa é a razão real por que o sexo começa na cozinha — não porque, se ele lavar a louça, ela fica devendo para ele, mas porque, se ele é um marido maduro, responsável e atencioso, ele cultiva um relacionamento marcado pelo carinho e pelo altruísmo.

PERGUNTA DE REFLEXÃO

Vocês, como casal, já trataram o sexo como uma recompensa por bom comportamento? Como isso faz vocês se sentirem sobre o sexo? E sobre o outro?

O sexo não pode ser sem pressão se ele for uma moeda de troca porque um dos cônjuges sempre estará devendo. Mas vamos aumentar a pressão um pouco: o que acontece quando o sexo não é somente uma moeda de troca, mas é ,na verdade, uma obrigação na qual um tem o direito de usar o outro?

SEXO POR OBRIGAÇÃO NÃO É SEXY

Isso nos traz a uma das mais importantes descobertas que coletamos da nossa pesquisa. Quando as mulheres entram no casamento acreditando que são obrigadas a fazer sexo com seus maridos sempre que eles quiserem, elas são 37% mais propensas a sentirem dores sexuais e 29% menos propensas a terem orgasmos com frequência.[2] Então, antes de continuarmos para a parte sobre construir uma vida sexual saudável, temos que expulsar esse último tabu dos livros cristãos sobre casamento: que as mulheres não têm direito de dizer "não" para seus maridos — porque, sem a possibilidade de dizer "não", ela nunca poderá realmente dizer "sim".

Figura 9.1 - Troca, obrigação e coerção
Por que as mulheres acreditam que não têm o direito de dizer "não"?

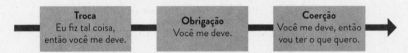

Conduzimos grupos focais como parte da nossa pesquisa para nos ajudar a ir mais fundo e entender por que essas crenças estavam tendo o efeito que descobrimos. Para muitas das mulheres com quem falamos, a ideia do sexo por obrigação destruiu as vidas sexuais delas por muitos anos — para algumas delas, por décadas. Foi isso que achamos tão fascinante sobre as histórias delas:

Quase todas elas disseram que *os próprios maridos delas nunca passaram a ideia do sexo por obrigação*. Os maridos delas não viam o sexo como algo elas deviam a eles ou que eles tivessem o direito de tomar, mas, em vez disso, viam como um presente para eles usufruírem juntos. Os maridos delas viam a importância de honrar os "nãos" das esposas — eles só não sabiam que elas não se sentiam livres para dizer não! Cada um desses maridos incentivava sua mulher dizendo o que eles sempre pensaram: "Você pode dizer 'não' e, na verdade, eu *quero* que você diga

---

[2]Razão de probabilidade do vaginismo é 1,37 (1,26 — 1,48) e do orgasmo é 1,29 (1,20 — 1,39).

'não' se você estiver desconfortável porque eu não quero que o sexo seja uma coisa que você não quer fazer".

Essas mulheres têm excelentes maridos, mas algumas estão casadas com homens que não são tão gentis como esses, e nós vamos falar sobre isso mais adiante neste capítulo e no próximo. Mas como é que as mulheres podem estar casadas com caras tão legais, que querem realmente que o sexo seja uma experiência completamente mútua, e ainda acreditarem em seus corações que elas não têm o direito de dizer "não" para o sexo?

Quando você olha para os ensinos cristãos, faz sentido, porque é isso que as mulheres têm ouvido há anos:

- "Ambos são proibidos de se recusarem a satisfazer as necessidades sexuais do cônjuge". — *O ato conjugal*[3]
- "Embora você saiba que deve orar por ele e satisfazê-lo sexualmente, às vezes você não vai querer fazer isso. Conversem aberta e honestamente, *depois façam a coisa certa*". — *A batalha de todo homem*[4]
- "Mantenha o olho no calendário e recuse-se a deixar que passe muito tempo sem que se unam fisicamente". — *O poder da esposa que ora*[5]

É claro que temos uma obrigação um com o outro no casamento quando falamos sobre sexo, mas ter essa obrigação de fazer do sexo uma parte vital do casamento não significa que precisamos dizer "sim" para toda tentativa. O sexo não é a única necessidade no relacionamento conjugal e, às vezes, outras necessidades devem ter prioridade.

Porém, boa parte do ensinamento atual eleva a necessidade de sexo do marido acima de qualquer uma das necessidades dela. Olhe só para o subtítulo do *best-seller Amor e respeito: o que ela mais deseja, do que*

---

[3]LaHaye. *O ato conjugal*, p. 23.
[4]Arterburn; Stoeker. *A batalha de todo homem*, p. 49 (ênfase nossa).
[5]Omartian. *O poder da esposa que ora*, p. 61.

ele mais precisa. Nesse livro, o sexo é incluído como um componente do respeito, mas não como um componente do amor. Então, o que ele quer (sexo) é uma necessidade, mas o que ela quer é meramente um desejo.

A ideia de que "o que você estiver sentindo não importa; você precisa fazer sexo com seu cônjuge" te apaga como pessoa. Ela diz que quem você é, incluindo suas vontades, seus desejos e seus sentimentos, não importa. Então, o sexo, que deveria ser esse conhecimento profundo, se torna algo muito diferente. É dizer: "Eu não quero te conhecer porque suas necessidades e seus desejos não são importantes para mim. Eu só quero te usar".

Quando perguntadas sobre como se sentiam depois do sexo, "usada" foi a palavra que 16% das mulheres na nossa pesquisa continuada escolheram. Não é surpreendente, considerando quantos livros, artigos e *sites* cristãos interpretam 1Coríntios 7.3-5 como dizendo que a esposa não tem o direito de dizer "não":

- "O ponto de vista de Deus é apresentado vigorosamente em 1Coríntios 7.3-5, onde é dito ao marido e à mulher que eles estão, em verdade, *privando* um ao outro quando se recusam a proporcionar prazer e satisfação físicos ao companheiro. A única atividade que deve interromper as relações sexuais regulares é oração e jejum por alguma causa específica, e isso deve ser feito somente com consentimento mútuo, por tempo limitado". — *Sexo e intimidade*[6]
- Depois de citar a mesma passagem, Kevin Leman escreve: "Se você se diz cristã e se está comprometida em obedecer ao que a Bíblia ensina, então precisa aprender a cumprir as obrigações sexuais dentro do casamento". — *Entre lençóis*[7]
- Em uma conferência nacional do ministério *Desiring God*, a palestrante Carolyn Mahaney disse: "A única exceção a essa regra é para a atividade da oração e somente com consentimento

---

[6]WHEAT. *Sexo e intimidade*, p. 19.
[7]LEMAN. *Entre lençóis*, p. 49.

mútuo e por um tempo limitado. Precisamos dar ouvidos a essa advertência e não dar desculpas".[8]

Quando você ouve repetidamente que você não tem permissão para dizer "não" para o sexo e que a sua necessidade é menos importante que as do seu cônjuge, isso é uma rejeição profunda de você como pessoa. Quando os livros, revistas, blogs, programas de rádio e conferências no seu círculo cristão estão todos te dizendo que toda vez que você diz "não" para o sexo está sendo egoísta por causa da profundidade da necessidade do marido, você pode acabar começando a se sentir culpada por ter quaisquer necessidades.

Figura 9.2 - Como se sentir usada depois do sexo muda a razão para você fazer sexo?

Vamos ver como a ideia do sexo por obrigação afeta mulheres como Jodie, uma ocupada mãe de três filhos, uma mulher do tipo das que entrevistamos e das que escrevem no blog.[9] O bebê de Jodie, de cinco

---

[8] MAHANEY, Carolyn. "Sex, Romance, and the Glory of God: What Every Christian Wife Needs to Know", Desiring God 2004 National Conference, 25.09.2004. Disponível em: https://www.desiringgod.org/messages/sex-romance-and-the-glory-of-god-what-every-christian-wife-needs-to-know.

[9] Jodie é uma personagem composta pela combinação de temas expressados em e-mails recebidos e agregados pela equipe do nosso blog, To Love, Honor, and Vaccum. Nada foi incluso neles que não tivesse sido mandado repetidamente para nós.

SEXO POR OBRIGAÇÃO NÃO É SEXY

meses, tem faringite estreptocócica e infecção no ouvido. Na terça-feira à noite, ela levantou da cama quatro vezes tentando acalmá-lo, incluindo andar com ele das 2 às 3 da manhã, orando para que ele não chorasse tão alto que acordasse Tina, a filha de dois anos. Graças a Deus, Tina continuou dormindo, mas se levantou às 6 da manhã e Jodie continuou na correria desde então. Ela leva a filha mais velha, Chelsea, para o ônibus da escola, leva o bebê ao médico com a Tina junto para cuidar, e tudo isso enquanto tentava lavar roupa o bastante para que o marido dela, Tyler, tenha roupa de baixo para amanhã. Quando Tyler chega em casa aquela noite, depois de um dia extenuante como paramédico, ele se senta para ajudar Chelsea com o dever de casa enquanto Jodie coloca o bebê em um canguru e tenta preparar o jantar. Tina choraminga aos pés de Jodie e Tyler eventualmente desiste do dever de casa, já que está barulhento demais. Ele diz: "Eu vou tomar um banho e descansar. Me chame quando o jantar estiver pronto".

Mais tarde naquela noite, ele lê uma história para Chelsea enquanto Jodie dá banho nos outros dois, cuida do bebê e tenta colocar os dois na cama. Mas o bebê ainda está com frio e agora Tina começa a fazer birra, já que ela se sentiu ignorada o dia todo. Quando todos finalmente estão quietos às dez e meia da noite, tudo que Jodie quer é desmaiar de sono. Mas Tyler quer outra coisa. Jodie vai para o banheiro para tentar entrar no clima para o sexo, mas os olhos dela começam a se encher de lágrimas. Ela está quase no ponto de ruptura. Ela sabe que Tyler precisa: já se passaram quatro dias. Mas, a essa altura, ela preferiria se encolher naquela porcelana fria da banheira a fazer sexo. "Tá tudo bem, não vai demorar", ela pensa enquanto enxuga o rosto, vai para o quarto e desliga as luzes.

Depois do sexo, Tyler parece mal-humorado. "Você não estava gostando", ele a acusa. Incapaz de segurar, ela desmorona. "Eu estou tão exausta. Eu preciso de mais ajuda. De noite, você pode, por favor, cuidar das crianças enquanto eu faço o jantar, ou pelo menos me deixar só com o bebê? Eu não consigo fazer tudo". Ele responde: "Eu também estou cansado, amor. Eu tive três chamados hoje e foram feios. Você só precisa se

EM DEFESA DO SEXO INCRÍVEL

organizar mais durante o dia para ter mais descanso". E ele vira para o outro lado e dorme.

Na semana seguinte, as coisas pioram. Como Jodie está passando tanto tempo com o bebê e a infecção de ouvido dele, Tina começa a regredir, ficando ainda mais grudenta e querendo a mamadeira de novo. Algumas noites depois, quando Tyler chega em casa, Jodie não tem ideia do que vai fazer para o jantar. Frustrado, ele pede pizza e diz para ela que as coisas precisam mudar. O trabalho dele é extremamente estressante; ele precisa saber que ela tem a casa sob controle. Ela se sente culpada por ser egoísta; ela sabe que a casa e os filhos são responsabilidade dela. Então, ela inicia o sexo naquela noite para mostrar para Tyler que ela se importa. Mas, quando começa a pegar no sono mais tarde, ela se sente muito vazia. Ela ora: "Jesus, eu estou tentando te obedecer. Eu estou tentando satisfazer o meu marido e cuidar das necessidades dele. Eu estou tentando cuidar desses três tesouros que o Senhor me deu. Mas eu não consigo mais. Por favor, mude minha atitude. Faça de mim a esposa que Tyler precisa".

Jodie e Tyler acreditam no que está sendo ensinado nesses livros: o sexo é a maior necessidade de que eles precisam cuidar. Então, porque ele é quem sente mais necessidade de sexo, as necessidades dela são desvalorizadas. Na verdade, as necessidades dela não são apenas desvalorizadas; elas são um incômodo, atrapalhando a necessidade mais importante.

Conforme escrevíamos este livro, estávamos tentando descobrir por que a ideia da obrigação se tornou tão abrangente. Um "Compromisso de Recusa Sexual", entregue em uma conferência "Salomão, Sexo e Casamento" em 2000, viralizou no Twitter quando fazíamos nossas edições finais. O compromisso pedia aos casais que concordassem com estes sete princípios:

1. Porque a Palavra de Deus proíbe a recusa sexual exceto para períodos de oração mutuamente acordados... (1Coríntios 7.5a).
2. Porque Satanás vai nos tentar por causa nossa [sic] falta de domínio próprio... (1Coríntios 7.5b).

SEXO POR OBRIGAÇÃO NÃO É SEXY

3. Porque eu não tenho mais autoridade sobre meu próprio corpo, mas meu cônjuge tem... (1Coríntios 7.4).

4. Porque eu sou ordenado(a) a cumprir meu dever (o que eu devo) ao meu cônjuge... (1Coríntios 7.2).

5. Porque agora somos uma só carne... (Gênesis 2.24).

6. Porque devemos considerar as necessidades um do outro como mais importantes do que a minha própria... (Filipenses 2.3-4).

7. Porque devemos agradar um ao outro para o para o prazer e edificação do outro... (Romanos 15.2).

"Nós, portanto, juramos ficar 100% dispostos e disponíveis para fazermos amor segundo a Bíblia e não negar, direta ou indiretamente, as necessidades e desejos sexuais do meu cônjuge".[10]

E aí o formulário termina com um espaço para os casais assinarem na linha pontilhada.

Isso é muito pesado — *"não negar, direta ou indiretamente, as necessidades e desejos sexuais do meu cônjuge"*. Parece brotar de um medo genuíno de que as mulheres não gostam de sexo, não querem sexo e somente ficarão motivadas a fazer sexo por ameaças.

PERGUNTA DE REFLEXÃO

Você já ouviu a ideia do sexo por obrigação? Que sensação sobre o sexo ela te transmite?

Isso precisa ser perguntado: o que aconteceria se, em vez de os líderes da igreja focarem em dizer para as mulheres por que elas têm que "fazer

---

[10]WelkinWings (@WelkinWings). *Aqui está o "Compromisso de Recusa Sexual" que nos pediram para assinar na conferência "Salomão, Sexo e Casamento", de Shane e Phyllis Womack*, vários anos atrás. Twitter, fotocópia, 09.06.2019, 4:55 da tarde. Disponível em: https://twitter.com/WelkinWings/status/1137825687715405825. Isso foi repostado várias vezes e muitos fizeram críticas criteriosas disso.

sexo *ou então...*", ensinassem aos homens que eles devem ser amantes generosos e abnegados? Leitor, nós temos os dados e eles estão na figura 9.3.

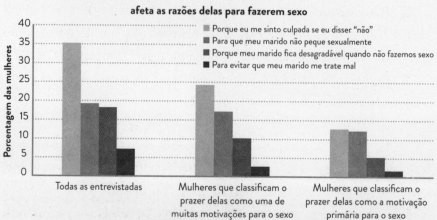

Figura 9.3 - Como o prazer sexual das mulheres, ou a falta dele, afeta as razões delas para fazerem sexo

Muitas mulheres relatam motivações para fazer sexo relacionadas à ideia de obrigação, seja para evitar que seus maridos pequem sexualmente (18,8%), seja por elas se sentirem culpadas por recusarem seus maridos (34,8%), ou seja porque seus maridos ficam desagradáveis quando elas não querem fazer sexo (17,6%) ou até as tratam mal (6,7%).[11] Mas o que acontece quando olhamos para as mulheres que fazem sexo porque gostam? Não vai te surpreender que a porcentagem de mulheres que fazem sexo por culpa ou para aliviar o marido diminui. E entre as mulheres cuja motivação *primária* para o sexo é porque elas gostam? As porcentagens diminuem ainda mais! Motivações negativas se tornam menos relevantes quanto mais ela se diverte.

Quando o sexo é bom para ela, por que sentiríamos a necessidade da ideia de sexo por obrigação? É claro que ela vai fazer sexo — ela gosta! Se ela disser "não" ocasionalmente, não é grande coisa, porque o homem pode ter certeza de que ela vai querer de novo em breve. Mas talvez o fato de que conselhos cristãos sobre sexo e casamento tão frequentemente ignorarem o

---

[11] As mulheres podiam escolher todas as opções que se aplicassem a elas.

SEXO POR OBRIGAÇÃO NÃO É SEXY

prazer dela levou a esse fenômeno de que a única razão para ela fazer sexo é porque ela tem que fazer. Dê a ela a permissão de dizer "não" e pode ser que os homens nunca tenham sexo! E, assim, damos uma atenção muito desproporcional a um versículo da Bíblia, ignorando todo o resto.

Sim, existe um versículo específico que fala sobre a importância de atender às necessidades sexuais um do outro, mas isso não significa que essa é a necessidade mais importante. A Bíblia pode não falar especificamente sobre a necessidade dela de dormir, sobre a necessidade dela de segurança emocional, ou sobre a necessidade dela de proteger a saúde física. Mas a Bíblia nos dá princípios que deveríamos sempre seguir: "o que quereis que os homens vos façam, fazei também a eles" (Mateus 7.12); foque em servir, não em ser servido (Mateus 20.28); olhe para os interesses dos outros, não os seus próprios (Filipenses 2.4). A Bíblia até pede aos homens que cuidem das suas mulheres assim como cuidam do próprio corpo (Efésios 5.28), o que significa que Deus quer que a condição física das mulheres importe para os maridos delas tanto quanto as necessidades corporais deles importam para eles. A Bíblia pode ter mencionado uma necessidade específica, mas não significa que essa necessidade em particular deva superar todas as outras.

Quando eu (Rebecca) estava me recuperando da minha horrível experiência de parto, o sexo era aterrorizador para mim, do tipo de dar ataque de pânico, de me encolher em uma bolinha e chorar quando pensava sobre isso.

Seis semanas depois do parto vieram e passaram, e não nos sentíamos mais próximos de um ponto em que eu estaria preparada física ou emocionalmente para fazer sexo. Antes da minha gravidez, eu era uma esposa com alta disposição e, conforme as semanas passavam, eu me sentia mais e mais culpada por não ser capaz de me doar nessa área do nosso casamento. Os hormônios pós-parto são intensos e eles aumentaram meu pânico acerca do pensamento de que eu não estava me saindo tão bem quanto outras esposas — outras mulheres são capazes de fazer isso depois de seis semanas; por que eu ainda estava falhando meses depois de ter um bebê?

EM DEFESA DO SEXO INCRÍVEL

Então, eu comecei a iniciar o sexo por causa da culpa. Culpa por como eu estava privando Connor, culpa por não ser uma esposa boa o suficiente, culpa por ter "parido errado" e sofrido uma laceração perineal de terceiro grau como resultado. Eu menti e falei para ele que eu estava pronta, enquanto meu coração batia forte e meu corpo gritava: "Não, não, não, não faça isso ainda!"

Mas meu marido me acolheu em um grande abraço e disse: "Eu sei que você não está pronta. Eu estou bem. Isso precisa ser algo que fazemos quando é bom para você também. Eu não estou interessado em nada que te cause dor. Eu preferiria esperar um pouco mais se for tudo bem para você".

Eu comecei a chorar de alívio, muito grata que ele pôde ver além dos meus esforços de convencê-lo que eu estava pronta. Eu adoraria ser capaz de te dizer que entrar no mundo do sexo pós-parto foi facílimo depois disso, mas não foi. Eu passei por dores sexuais por um longo tempo depois que meu filho nasceu. Mas o amor sacrificial cristão de Connor fez com que meus medos de que o sexo nunca mais seria bom de novo começassem a dissipar. Ele nunca insistiu por nada se eu não estivesse me sentindo disposta, mas sempre seguiu meu ritmo. Na verdade, como ele diz, ele nunca sequer viu isso como se a necessidade sexual "dele" tivesse sido posta em espera, mas as "nossas" necessidades sexuais. Fazer da minha recuperação física nossa prioridade me provou repetidamente que ele não estava interessado em uma vida sexual unilateral. Como resultado, eu tive o espaço de que eu precisava para me recuperar não apenas fisicamente, mas emocionalmente também. Por causa de como meu marido lidou com isso, o sexo deixou de ser algo que eu temia. Ele levou embora toda a culpa, todo o medo e todo o desconhecido e substituiu com um *ágape* verdadeiro, o tipo de amor de 1Coríntios 13.

Mas o que poderia ter sido se Connor e eu tivéssemos sentido que a necessidade dele de sexo era mais importante do que minha necessidade de estar curada emocional e fisicamente antes? Essa é a história de um casamento que agora está desmoronando:

SEXO POR OBRIGAÇÃO NÃO É SEXY

Meu marido e eu gostávamos da intimidade sexual e nunca tivemos problemas — até depois do nascimento do nosso primeiro filho. Quando tentávamos fazer sexo, era extremamente doloroso. Nós tentamos sem sucesso várias vezes desde então. A disfunção sexual expôs problemas subjacentes no nosso relacionamento que não fomos capazes de reparar, e estamos partindo para a separação. Meu marido tem uma visão muito fundamentalista da Bíblia e eu acho que ele gostaria que eu sofresse e suportasse a dor e cumprisse minha obrigação pelo bem dele. Essa mentalidade de obrigação mata completamente qualquer excitação e não ajuda a consertar meu problema com a dor. Eu simplesmente não consigo. Isso não é dizer que eu não estou aberta a outras formas de ser sexualmente ativa, é só que essa hostilidade entre nós faz parecer ser impossível fazer isso com um coração sincero.

Eu acho interessante que, quando é o meu corpo que foi ferido durante o parto (prolapso de órgãos pélvicos) e é meu corpo que agora sofre dores durante o sexo, ele age como se ele fosse o único com dor. Eu sei que ele me ama, mas eu me sinto tão objetificada. O fato de que meu marido quer que eu faça sexo com ele apesar da dor intensa me enoja e eu realmente me questiono sobre com quem escolhi me casar.

Como chegamos ao ponto em que o marido pensa que tem razão biblicamente ao esperar que a mulher "sofra e suporte a dor" para "cumprir minha obrigação pelo bem dele"? Talvez porque os livros insinuaram exatamente isso quando eles passam a ideia do sexo por obrigação sem nenhuma ressalva. Isso não apenas causa que os casais menosprezem a dor dela, mas também pode levá-la a não priorizar necessidades de saúde — mesmo quando estas dizem respeito a ela e aos filhos dela ainda no útero:

Eu estou grávida do meu quarto filho e é uma gravidez de alto risco. Eu deveria estar em repouso na cama, e minha pressão sanguínea está alta e eu não estou me sentindo bem, mas eu ainda tenho que cuidar dos outros três e gerenciar a casa. Meu marido tem sofrido por não fazer sexo (nos disseram que não devemos), e eu estou me perguntando o que eu posso fazer para ajudá-lo, pobrezinho, porque ele está expressando muita frustração e está com dor de verdade.

Há algo de errado com uma mulher grávida querer fazer sexo oral ou manual com o marido? Não, claro que não. Mas o que dispara o alarme para nós com esse e-mail é que ela está em uma gravidez de alto risco e está ignorando as orientações médicas para ficar na cama e, em vez disso, continua cuidando dos filhos e da casa. Mesmo assim, com o que eles estão preocupados? Com a frustração sexual do marido. O foco desse e-mail é a dor dele e como é triste que ele não consiga ter prazer, mas, enquanto isso, ele não está ajudando o bastante para permitir que a esposa siga as ordens do médico para manter o filho e a esposa dele a salvo. Ambos internalizaram tão profundamente essa ideia do sexo por obrigação que questões de vida ou morte não são tão importantes quanto o prazer sexual dele. Misericórdia, como chegamos a esse ponto?

Porque nós, mulheres, ouvimos que nunca, jamais entenderíamos a disposição e a necessidade sexuais dos homens; quando estamos passando por algo horrível, nós presumimos que os homens estão ainda pior.

PERGUNTA DE REFLEXÃO

No seu casamento, as necessidades sexuais têm mais peso emocional do que outras necessidades? Se sim, quem você acha que está tratando o sexo como a necessidade mais importante? Como isso faz você se sentir? Como você acha que isso faz seu cônjuge se sentir?

UM OLHAR MAIS PROFUNDO SOBRE "NÃO PRIVAR"

Vamos dar um passo para trás e nos perguntar: o que Deus está realmente pedindo de nós em 1Coríntios 7.3-5? Uma mulher escreveu:

SEXO POR OBRIGAÇÃO NÃO É SEXY

Meu marido está sempre lendo artigos cristãos para ajudar a salvar nosso casamento. Um em particular me atingiu com força. Ele dizia que o cônjuge com a menor disposição sexual precisa ser quem cede ao cônjuge com a maior disposição sexual! Eu tenho três filhos entre sete e dezessete anos. Dois deles passaram por cirurgias grandes neste ano e estão fazendo fisioterapia duas vezes por semana. Eu sou dona do meu próprio negócio. Eu cuido da casa. Sou eu quem leva as crianças para todo lugar. Eu estou exausta! Aquele artigo me fez sentir como uma esposa insuficiente e me afasta do sexo ainda mais. Se dependesse do meu marido, faríamos sexo duas vezes por dia! Ele gosta de ressaltar que essa é a coisa cristã a se fazer!

É mesmo a coisa cristã a se fazer? Fazer sexo com seu cônjuge duas vezes por dia se ele ou ela quiser, não importando pelo que você está passando? Para responder isso, precisamos responder duas perguntas definidoras sobre 1Coríntios 7.5: o que significa "não privar" e o que é que a passagem nos pede para não privarmos dos nossos cônjuges?[12]

Dizer "não prive" não é equivalente a dizer "não recuse". Quando dizemos "não prive", estamos dizendo: "Alguém tem uma necessidade que precisa ser saciada". Mas isso não é a mesma coisa que dizer: "A pessoa pode ter o que quiser". Deus nos fez com uma necessidade de comida. Se sua filha pergunta: "Posso comer salgadinho?" e você recusa porque o almoço sai em uma hora, você não a está privando de comida. A necessidade da criança é de uma dieta saudável e balanceada, não comer o que ela quiser, quando quiser.

Da mesma forma, a necessidade sexual com que Deus nos criou não é para fazer sexo quando e como quisermos. É para uma vida sexual saudável, recíproca e gratificante e, às vezes, isso significa dizer "não" por uma

---

[12]Veja BAILEY, Kenneth. *Paul through mediterranean eyes* (Downers Grove: IVP Academic, 2011), p. 201-2.

EM DEFESA DO SEXO INCRÍVEL

série de razões. Deus não disse "não prive" para permitir que o egoísmo florescesse. Você consegue imaginar outra área da vida em que Deus disse para alguém: "Você tem o direito de usar outra pessoa para sua própria gratificação, mesmo se isso causar dor física ou emocional"? Ou outra área em que Deus disse a uma mulher: "Me agrada quando seu marido age de forma egoísta com você"?

Figura 9.4 - Mulheres relatam um sexo pior se elas fazem sexo por obrigação

O que acontece com a vida sexual das mulheres quando elas concordam que "eu faço sexo com meu marido apenas porque sinto que devo"? (Quantas vezes é mais provável que eles concordem com as seguintes afirmações?)

Quanto ao sexo, eu poderia pegar ou largar	18,6
Eu já tive episódios de vaginismo	1,8
Eu frequentemente tenho orgasmos durante a atividade sexual com meu marido	-3,75
Meu marido faz do meu prazer sexual uma prioridade quando fazemos amor	-3,91
Meu marido dá atenção o suficiente às preliminares, de forma que eu me sinto animada e excitada quando começamos o ato sexual	-4,07
Eu me sinto a vontade para falar com meu marido sobre o que é sexualmente agradável e sobre minhas necessidades sexuais	-4,76
Eu estou muito satisfeita com quanta proximidade tenho com meu marido durante o sexo	-6,7
Eu estou certa da minha habilidade de ficar sexualmente excitada	-8,14
Eu geralmente estou excitada durante a atividade sexual	-10,28

A mulher que deveria estar de repouso na cama pode acreditar que está sendo muito piedosa ao continuar com o trabalho de casa, cuidando das crianças e atendendo os desejos sexuais do marido quando ela deveria estar descansando — mas ela está estimulando o marido a se parecer mais com Jesus (Romanos 8.29, Hebreus 10.24)? Ou ambos se beneficiariam se ele aprendesse a pegar um pouco dessa carga das costas da esposa e praticasse o domínio próprio pelo bem dela e do filho ainda no ventre?

SEXO POR OBRIGAÇÃO NÃO É SEXY

Figura 9.5 - Mulheres são menos felizes no casamento

se fazem sexo por obrigação

O que acontece com a satisfação conjugal das mulheres quando elas concordam que "eu faço sexo com meu marido apenas porque sinto que devo"? (Quantas vezes é mais provável que eles concordem com as seguintes afirmações?)

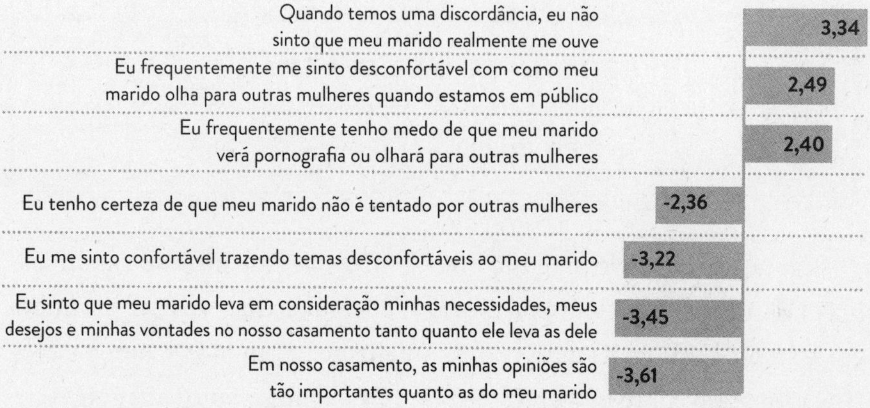

Afirmação	Valor
Quando temos uma discordância, eu não sinto que meu marido realmente me ouve	3,34
Eu frequentemente me sinto desconfortável com como meu marido olha para outras mulheres quando estamos em público	2,49
Eu frequentemente tenho medo de que meu marido verá pornografia ou olhará para outras mulheres	2,40
Eu tenho certeza de que meu marido não é tentado por outras mulheres	-2,36
Eu me sinto confortável trazendo temas desconfortáveis ao meu marido	-3,22
Eu sinto que meu marido leva em consideração minhas necessidades, meus desejos e minhas vontades no nosso casamento tanto quanto ele leva as dele	-3,45
Em nosso casamento, as minhas opiniões são tão importantes quanto as do meu marido	-3,61

Cônjuges não podem começar a desafiar um ao outro no crescimento cristão quando as mulheres estão constantemente ouvindo essa ideia de sexo por obrigação. E o que torna essa ideia especialmente traiçoeira é que, mesmo quando as mulheres a rejeitam, ela ainda as machuca se elas acreditaram nela no passado. Na verdade, a mulher acreditar nessa ideia antes do casamento faz com que a satisfação sexual e conjugal despenque ainda mais do que ela acreditar nisso depois do casamento. Essa ideia muda a natureza do sexo para ela, e isso é muito difícil de se desgarrar. Os casais vão continuar a ser roubados da liberdade e da alegria que Deus projetou para o sexo enquanto continuarem ouvindo ideias como esta, de *Entre lençóis*:

> Isso quer dizer que talvez haja momentos em que vocês farão sexo por compaixão, obrigação ou compromisso, sem ter um desejo real. Sim, pode parecer forçado. Pode parecer planejado, e você pode ter de lutar consigo mesmo para não empurrar seu parceiro e dizer: "Já chega!" Mas a questão principal é esta: o que você faz é resultado do amor. Você está honrando seu compromisso. E isso é algo maravilhoso a se fazer.[13]

---

[13]LEMAN. *Entre lençóis*, p. 176-7.

EM DEFESA DO SEXO INCRÍVEL

Nossa pesquisa mostrou definitivamente que fazer sexo por obrigação, quando você se sente forçada a isso, nunca é algo maravilhoso a se fazer. Isso rouba dela a alegria que ela deveria vivenciar e rouba do marido o casamento em que ele é desejado, não apenas aliviado.

> ### PERGUNTA DE REFLEXÃO
> Alguma das descobertas nas figuras 9.4 e 9.5 ressoam particularmente com sua experiência? Quais?

Agora, se o marido acredita que ela não somente deve sexo para ele, mas também que ele tem permissão bíblica de exigir sexo, aí entramos em terreno ainda mais perigoso. E, infelizmente, muitos materiais cristãos já falaram sobre isso antes de nós. É isso que veremos a seguir.

EXPLOREM JUNTOS: CHEGA DE SEXO POR OBRIGAÇÃO!

Nossa pesquisa descobriu que, quando as mulheres gostam do sexo, a ideia do sexo por obrigação prejudica menos. Como casal, compartilhem, um de cada vez, suas três maiores motivações para fazer sexo. Depois, se coloque em uma dessas três categorias com base em a) se você acha o sexo prazeroso ou não e b) se você faz sexo por obrigação ou não.

1. O sexo é prazeroso; eu não faço sexo por obrigação.
   - Se vocês dois estão aqui, comemorem. Falem um com o outro sobre como vocês podem prevenir cair na ideia do sexo por obrigação se a vida sexual de vocês ficar mais difícil no futuro (distância, gravidez, doença etc.).

2. O sexo é prazeroso; eu faço sexo porque acho que devo.
   - Se seu cônjuge está aqui, onde o sexo é bom, mas ele(a) está motivado(a) pela obrigação, não avance sexualmente por três semanas

e permita que a libido do seu cônjuge tome as rédeas, mesmo se isso significar que vocês não farão sexo nessas três semanas. Nesse intervalo, mostre afeição, fale com ele(a) e deixe claro que você é capaz de amá-lo(la) mesmo sem sexo.

- Se você está aqui, fale com seu cônjuge sobre o que te faz sentir culpado(a) e obrigado(a) a fazer sexo. É algo que seu cônjuge está fazendo ou é algo que você pode superar sozinho(a)? Fale com seu cônjuge sobre como você pode reequilibrar as coisas de forma que o seu prazer supere as ideias negativas na sua cabeça.

3. O sexo não é prazeroso; eu faço sexo porque acho que devo.
- Se você ou seu cônjuge está aqui, veja os capítulos 3 e 4.

RESGATANDO E REESTRUTURANDO

- Em vez de dizer: "Não prive o seu marido", diga que "O sexo é uma parte vital de um relacionamento conjugal saudável, que ambos devem desfrutar".
- Em vez de dizer: "Faça algumas tarefas de casa para ela entrar no clima", diga que "Quando os dois cônjuges fazem suas tarefas em casa, o sexo pode florescer".
- Em vez de dizer que "Você não tem autoridade sobre seu corpo; seu cônjuge tem", diga que "Deus quer que o sexo seja uma experiência recíproca e amorosa".
- Em vez de dizer que "A única atividade que pode quebrar as relações sexuais regulares é a oração e o jejum por alguma causa específica, e isso somente com consentimento mútuo por um tempo muito limitado", diga que "Nossas necessidades sexuais são muito importantes, mas elas não são as únicas. Mostre seu amor por seu cônjuge cuidando de todas as necessidades dele(a)".

CAPÍTULO 10
QUANDO A OBRIGAÇÃO SE TORNA COERÇÃO

"O meu mandamento é este: Amai-vos uns aos outros, assim como eu vos amei. Ninguém tem maior amor do que aquele que dá a própria vida pelos seus amigos"
João 15.12-13

Erika nos contou: "Eu fiquei muito boa em lutar. Me encolher como uma bola bem forte ou correr e trancar a porta atrás de mim".

Nada poderia ter nos preparado para quantas histórias horríveis de estupro conjugal nós ouvimos nas entrevistas particulares para este livro. Graças a Deus, essas histórias não terminaram naquele momento, e muitas dessas mulheres estão vivendo hoje seguras e felizes em seus segundos casamentos. Mas a cultura evangélica precisa confrontar o que essas mulheres suportaram nos seus primeiros casamentos porque a ideia do sexo por obrigação era uma parte fundamental de como os maridos delas as viam como esposas.

EM DEFESA DO SEXO INCRÍVEL

Esperamos que possamos todos concordar que forçar alguém a fazer sexo é errado. Mas, para nosso espanto e grande decepção, livros cristãos demais incluem incidentes de estupro conjugal ou outras formas de agressão sexual e depois os ignoram como não sendo importantes. Muitos livros, por exemplo, mencionam cônjuges que sentem como se um estupro tivesse ocorrido — mas aí não fazem nenhum comentário de que o estupro é inaceitável:

- *Every heart restored* conta que uma mulher disse: "Sem preliminares, ele me estuprou — se é que isso pode acontecer quando você está casada"[1], depois simplesmente segue em frente, sem dizer que "sim, estupros podem acontecer no casamento".
- Mais adiante em *Every heart restored*, os autores alertam: "Ouvimos histórias sobre alguns maridos que coagiram suas esposas a fazerem sexo uma, duas, três vezes por dia! (...) Se o seu marido está exigindo sexo mais de uma vez por dia, ele provavelmente tem um problema com luxúria que precisa ser tratado".[2] Coagir alguém a fazer sexo aparentemente não é errado; o único problema parece ser se ele exceder o limite diário dele.
- *A batalha de todo homem* tem várias descrições de agressões sexuais (uma das quais é o estupro de uma menor)[3] e simplesmente as considera como a consequência natural da luta de um homem contra a luxúria, sem explicar o dano causado às mulheres (ou a natureza criminal de muitos dos atos).
- *Ela precisa, ele deseja* inclui isto: "Muitos homens me confessam que gostariam de não ter um impulso sexual tão forte. Um deles, um executivo de 32 anos de idade, me disse: 'Eu me sinto como um idiota, suplicando ou até a tomando à força, porque

---

[1] STOEKER. *Every heart restored*, p. 15.
[2] Ibidem, p. 70.
[3] ARTERBURN; STOEKER. *A batalha de todo homem*, p. 173.

QUANDO A OBRIGAÇÃO SE TORNA COERÇÃO

não consigo evitar. Eu preciso fazer amor!'"[4] O autor quer que sintamos simpatia pelo homem que deseja estuprar sua esposa, mas não pela mulher suportando isso.

Queremos dizer (e estamos atônitas por aparentemente precisarmos) que, se você se sente como se estive estuprando alguém, você provavelmente está. Um sexo consensual, recíproco e vivificante e um *estupro* são muito diferentes um do outro. Se você acha que há algo de errado, confie nesse sentimento e pare.

Mas um dos piores exemplos que encontramos em livros cristãos vem de *O ato conjugal*, o qual inclui uma anedota sobre quando a Tia Matilde alerta uma jovem noiva virgem sobre o sexo (aviso: ilustrações gráficas a seguir):

> Ao que parece, a tia, cujo casamento havia sido arranjado pelos pais, tinha ficado com pavor do sexo na noite de núpcias. É que o marido, um desajeitado fazendeiro, vinte anos mais velho que ela, levou-a para o leito conjugal, e "tirou toda a minha roupa, e violentou-me em minha própria cama. Lutei e gritei, mas nada adiantou." E concluiu do seguinte modo: "Na minha opinião, o casamento é apenas a legalização do estupro". Embora possamos sentir muita pena da pobre Tia Matilda e de seu marido, igualmente infeliz, não podemos encontrar piores e mais nocivos conceitos para se inculcar na mente de uma noiva do que estes.[5]

Em *O ato conjugal*, dizer a alguém que o sexo é ruim é pior do que estuprar alguém. Matilde é a antagonista; o estuprador dela é retratado como "desajeitado" e, espantosamente, *"igualmente infeliz"* à mulher que ele despiu e estuprou enquanto ela lutava e gritava. Há uma insensibili-

---

[4] HARLEY. *Ela precisa, ele deseja*, p. 54.
[5] LAHAYE, *O ato conjugal*, p. 97.

EM DEFESA DO SEXO INCRÍVEL

dade chocante mostrada à Tia Matilde, enquanto as ramificações morais e criminais do estupro conjugal nunca são mencionadas.[6]

Quando os materiais cristãos falham em discutir sobre o estupro conjugal apropriadamente, eles deixam as mulheres sem as palavras para descrever o que está acontecendo com elas. Enquanto Erika estava tomando banho na sua noite de núpcias, o marido dela entrou no banheiro sem avisar e a atacou. "Nós ainda não tínhamos feito sexo antes de casarmos e eu ainda não estava pronta. Eu me lembro de me desesperar na minha cabeça, gritando e implorando 'O que está acontecendo?' e 'O que é isso? Eu não consigo viver com isso pelo resto da minha vida.'" Esse "isso" que ela não conseguia nomear se repetiu muitas vezes pelos anos seguintes. E foi somente quando o advogado de divórcio demonstrou preocupação que Erika percebeu que "isso" era estupro.

Ao longo do primeiro casamento dela, o sexo era uma luta constante. Era doloroso, constrangedor e sempre terminava com ela chorando. Eles brigavam, com ele nervoso porque ela não fazia com ele de bom grado quando ele queria. Ela tentava argumentar, pedindo por uma folga do sexo, para desacelerar ou para pensar por um minuto antes. Mas ela rapidamente aprendeu: "Não havia forma de dizer 'não' pacífica e agradavelmente. Não importava o que eu dissesse — ia acontecer de qualquer jeito".

A realidade de Erika no primeiro casamento é a conclusão horrível e angustiante a que muitas mulheres têm que chegar depois de ler esses livros: se ela não fizer sexo com o marido, ele vai ter que estuprá-la para ter sexo. E não são apenas mulheres casadas com homens maus que acreditam nisso. Leia esse comentário de uma participante da pesquisa:

> Decidir eliminar mentalmente o sexo por obrigação foi extremamente libertador e fez a qualidade aumentar! Eu percebo agora que o estupro

---

[6]Nós sabemos que, quando *O ato conjugal* foi escrito (1976), o estupro conjugal podia ainda não ser ilegal em muitos estados. No entanto, lemos a quarta edição, publicada em 1998, quando o estupro conjugal era bem conhecido e já era ilegal na maioria das jurisdições. A família LaHaye escolheu não atualizar essa anedota apesar disso.

QUANDO A OBRIGAÇÃO SE TORNA COERÇÃO

conjugal era a coisa da qual eu tinha tanto medo inconscientemente. Eu achava completamente, 200%, que homens bons viravam animais sexuais com suas esposas. E eu estava disposta a fazer um sacrifício pela minha segurança, para ser vítima de apenas um homem. Agora, eu espero que eu possa poupar minha filha e minha irmã mais nova de acreditarem nisso.

A maneira que muitos livros cristãos sobre casamento e sexo lidam com o tópico do estupro conjugal pode fazer com que as mulheres não confiem nos homens, mesmo os que merecem a confiança delas. Os homens são retratados como incapazes de controlar seus impulsos sexuais: um pequeno vacilo e eles podem estuprar meninas de quinze anos ou se masturbar em público.[7] Vários livros dizem às mulheres que, se ela não fizer sexo e ele tiver um caso de adultério, a culpa é dela.[8] Dizem para elas que ele não consegue se controlar sem a ajuda dela.[9] Até dizem para elas que "a fidelidade é uma via de mão dupla".[10]

A maioria dos homens não está a um vacilo de estuprar uma menina menor de idade. A maioria dos homens não acha difícil se conter de se

---

[7] ARTERBURN; STOEKER. *A batalha de todo homem*, p. 173.

[8] EGGERICHS. *Amor e respeito*, p. 221: "a dura verdade é que eles são muitas vezes atraídos para um caso porque são privados de sexo em casa". LAHAYE. *O ato conjugal*, p. 32: "Perguntaram a um marido realizado se já se sentira tentado a experiências extraconjugais, ao que ele respondeu resumidamente, mas de maneira muito clara: 'Quando se tem um Cadillac na garagem, quem iria tentar roubar um 'fusca' na rua?'"

[9] HARLEY. *Ela precisa, ele deseja*, p. 32: "E o meu cônjuge deve temer que eu tenha um relacionamento extraconjugal, caso minhas necessidades não sejam satisfeitas? A resposta é 'sim.'" LEMAN. *Entre lençóis*, p. 154: ao falar sobre um casal em que a esposa tem uma visão vitoriana e medo do sexo, Kevin Leman fala ao marido para ser paciente, mas alerta à esposa: "Ou você tem um caso amoroso com seu marido ou outra pessoa terá". EGGERICHS. *Amor e respeito*, p. 221: "Um homem que se desvia normalmente recebe a culpa completa, mas em muitos casos ele é vítima da tentação que sua esposa ajudou a trazer sobre ele".

[10] LEMAN. *Entre lençóis*, p. 50. Leman diz isso quando está explicando que a esposa deveria fazer mais sexo manual com o marido para que ele pare de assistir pornografia. Ele não fala para o marido parar de assistir pornografia mesmo se ela não fizer mais sexo com ele.

EM DEFESA DO SEXO INCRÍVEL

masturbar em público. A maioria dos homens não tem casos extraconjugais. Mas, quando as mulheres ouvem essa mentira de que a esposa precisa fazer sexo com seu marido senão ele vai perder o controle, os homens — até o que ela ama — podem se tornar amedrontadores. E o sexo pode parecer uma ameaça.

Os homens não são maus simplesmente por serem homens.[II] A maioria dos homens são pessoas respeitáveis que não machucam mulheres. Mas, quanto mais nós retratamos *todos* os homens injustamente como predadores sexuais em potencial ou como estupradores em potencial, menos somos capazes de notar quando um homem realmente se torna uma dessas coisas.

Aqui está uma história desoladora de uma pessoa que comentou em meu blog que sofre com isso:

> Meu marido e eu fazemos sexo todos os dias. Dia sim, dia não, fazemos duas vezes no dia, e muitas vezes fazemos três vezes! Quando estou menstruada ou cansada, ainda fazemos. Quando tive nossos filhos, ele procurou no Google e me disse que depois de quatro semanas tá tudo bem; não precisamos esperar por seis. Quando eu acho que é demais o texto de 1Coríntios 7.3-5 é jogado na minha cara. Ele também me explica por que ele precisa disso e como ele se sente quando eu o nego (como quando eu estou exausta e durmo antes de acontecer). Na verdade, eu me sinto abusada. Eu me encolho como uma bola, deito de lado e deixo ele fazer o que quer. Eu fico afastada emocionalmente (nem sempre, mas quase sempre quando estou menstruada) e isso o machuca.
>
> Eu amo meu marido. Ele é meu melhor amigo, mas às vezes eu quero desistir! Eu sinto que ou eu vou perder meu melhor amigo ou vou continuar me sentindo abusada. Eu digo a ele que me machuca

---

[II]ARTERBURN; STOEKER. *A batalha de todo homem*, p. 77: "Mesmo não considerando o fato de estarmos em falta com os padrões de Deus, encontramos uma outra razão para o predomínio do pecado sexual entre os homens. Nós chegamos a esta situação naturalmente – simplesmente por sermos homens".

QUANDO A OBRIGAÇÃO SE TORNA COERÇÃO

quando fazemos sexo com frequência demais ou quando estou menstruada, mas ele diz: "Então por que Deus diria para NUNCA negar um ao outro?"

Como pode um homem forçar coito com a esposa quando ela está encolhida, tensa e em um tumulto emocional, e não achar que isso é errado? Ou, para ser mais direta, como pode esse homem estuprar a esposa e achar que está moralmente correto ao fazer isso? Nós acreditamos que isso acontece por causa desse ensinamento "cristão" defeituoso de que esse comportamento é realmente bíblico.

Quando ele honestamente acredita que Deus ordenou que o corpo dela pertence inteiramente a ele, ele pode achar que está sendo amoroso com ela, *mesmo quando ele a está usando sem o consentimento dela.* Afinal, amar seu cônjuge é agir como Deus quer que você aja, e Deus não disse que o marido tem o direito do sexo sempre que quiser, já que ele é dono do corpo da esposa?

Tais princípios não deveriam ter lugar em uma vida sexual caracterizada pelos princípios do reino de servidão mútua. Eles representam princípios do reino das trevas, não os princípios do reino de Deus. Mas essa ideia de que as mulheres não são donas do próprio corpo é profunda. Até tivemos vários homens comentando no blog que reclamaram do fato de que as mulheres podem dizer "não" para o sexo pelas seis semanas do pós-parto ou durante a menstruação.

Referenciando-se à passagem de 1Coríntios 7, Tony comentou: "Consensual é a palavra-chave. Se o homem não consentiu com as seis semanas [depois de um bebê] ou até com uma semana por mês [durante a menstruação], então, impor isso unilateralmente sobre ele certamente não é consensual". Outro homem concordou com ele: "O período de abstinência depois da gravidez e durante a menstruação da esposa não são um acordo mútuo para que o casal se dedique à oração. Esse período é forçado sobre nós homens porque estão nos dizendo para darmos uma folga às nossas esposas". Esses comentadores sentem que você precisa de consenso mútuo para dizer "não", mas aparentemente não precisa de consenso mútuo para dizer "sim".

A ampla maioria dos casamentos representados na nossa pesquisa não se alinha a esse tipo de pensamento. Nós três escrevendo este livro somos casadas com homens incríveis e ficamos muitíssimo ofendidas por eles quando lemos como materiais cristãos *best-sellers* os retratam. A maioria dos homens são boas pessoas e não agem como os homens nos exemplos apresentados anteriormente. Então, ficamos com a situação estranha em que as pessoas que mais fortemente se identificam com os exemplos dados em livros cristãos sobre casamento geralmente são as pessoas que menos agem como Cristo.

PERGUNTA DE REFLEXÃO

Você já teve contato com a ideia de sexo por obrigação na igreja, por livros cristãos ou por outros materiais cristãos? Como você a recebeu? Como ela te fez sentir?

Acreditamos honestamente que os autores que perpetuaram essa mentalidade simplesmente não escreveram seus livros tendo em mente as mulheres que foram abusadas. O objetivo deles provavelmente era aumentar a frequência do sexo conjugal e eles não consideraram o efeito que isso teria sobre mulheres em situações de abuso. Mas suspeitamos que o ensinamento de que o sexo é algo que os homens podem cobrar das suas esposas está sendo usado como uma arma por maridos abusivos.

Ao olharmos para a nossa pesquisa, nós percebemos geralmente que o efeito de acreditar em uma ideia é maior do que o efeito de simplesmente ouvi-la. É exatamente isso que esperávamos encontrar. A única exceção foi essa ideia de sexo por obrigação. Se uma mulher acredita na ideia de sexo por obrigação, ela é 27% mais propensa a fazer sexo somente porque acha que deve. Contudo, se ela própria não acredita nisso, mas estão ensinando

QUANDO A OBRIGAÇÃO SE TORNA COERÇÃO

essa ideia para ela, ela é 85% mais propensa a fazer sexo só por obrigação. Por que ensinar essa ideia leva a piores resultados se ela não acredita nisso?

Começamos a investigar diferentes explicações e as respostas foram bem tristes. Essas mulheres são mais propensas a estarem em casamentos sem sexo, a terem vaginismo, a terem um marido com disfunção sexual[12] e são mais propensas a terem um histórico de abuso do que mulheres que discordam da ideia e que não estão sendo ensinadas acerca dela.[13] Elas também são 2,5 vezes mais propensas a estarem no quintil mais insatisfeito com o casamento do que no quintil mais satisfeito.[14]

Então, o que está acontecendo? Muitas dessas mulheres relatam que estão recebendo essa ideia de livros e mídias cristãos, não necessariamente do púlpito.[15] Mulheres em situações ruins de casamento estão buscando ajuda desesperadamente dos nossos materiais evangélicos. Aparentemente, o melhor que temos para oferecer para elas é: "Vocês devem fazer mais sexo". Até em situações de aconselhamento, as mulheres nos nossos grupos focais nos disseram que foram recomendados para elas livros evangélicos que não fizeram nada além de piorar as coisas.

Mas a outra fonte trazendo essa ideia são os próprios maridos das mulheres. Combine isso com o fato de que essas mulheres são mais

---

[12]Nós sugerimos que a ideia de sexo por obrigação é prejudicial de maneira específica para mulheres cujos maridos sofrem com ejaculação precoce ou disfunção erétil. Se as mulheres ouvem que elas são obrigadas a fazer sexo com os maridos, mas esses maridos não conseguem ter um desempenho sexual que dê algum prazer para elas, essa ideia de sexo por obrigação é como esfregar sal em uma ferida, por culpar as mulheres de uma situação que não está sob o controle delas. Acreditamos que a dinâmica para outras descobertas seja diferente, incluindo a propensão a casamentos sem sexo, abuso, vaginismo e baixa satisfação conjugal.

[13]Razões de probabilidade: casamento sem sexo é 2,00 (1,70 — 2,36), vaginismo é 1,54 (1,38 — 1,71), marido com disfunção sexual é 1,57 (1,39 — 1,77) e abuso é 1,91 (1,73 — 2,10).

[14]2,46 (2,16 — 2,79).

[15]Entre as que concordam com a ideia de que a esposa é obrigada a fazer sexo com o marido quando ele quiser, 13,5% relatam ter aprendido isso de materiais cristãos; em contraste, somente 7,8% das que discordam relatam terem ouvido isso de materiais cristãos.

propensas a terem sofrido ou estarem sofrendo abuso[16] e ficamos com a conclusão aterrorizante de que os maridos abusivos parecem estar trazendo para suas esposas materiais que dizem às mulheres que, se elas não quiserem fazer sexo, elas estão em pecado. Quando eu (Joanna) estava processando os números, me senti como se conseguisse ver uma sala de estar. Eu conseguia ver uma mulher em um casamento horrível e, na imperfeição e egoísmo do marido dela, ele está arremessando a ideia do sexo por obrigação nela, destruindo-a pouco a pouco.

Homens abusivos estão usando nossos materiais cristãos como armas. É por isso que os materiais cristãos simplesmente precisam ser melhores. Nem sequer um dos livros que analisamos, exceto nosso livro secular de controle, *Sete princípios para o casamento dar certo*, de John Gottman, sequer *menciona* a ideia de consenso. Isso é inaceitável. Portanto, vamos ser claras: estupro conjugal e agressão sexual, seja por força física ou ameaças coercitivas, são reais e erradas. Todas as coisas a seguir contam como formas de agressão sexual:

- Se um cônjuge está com raiva e é potencialmente violento ou verbalmente abusivo, e você sente que precisa fazer sexo para proteger a si mesmo(a) ou seus filhos.
- Se um cônjuge rotineiramente abusa de você fisicamente e você percebe que isso acontece menos quando você faz mais sexo.
- Se um cônjuge rotineiramente abusa de você verbalmente e te diz que você não vale nada ou que você estará desobedecendo a Deus se você recusar sexo.
- Se um cônjuge não te dá acesso a dinheiro, a compras de comida ou a artigos de higiene a menos que vocês façam sexo regularmente.

---

[16]Devido à natureza da nossa pesquisa, não pudemos perguntar eticamente se as mulheres estavam sofrendo abuso, mas somente se elas já sofreram abuso na vida. Portanto, nossa amostra de mulheres que já sofreram abuso inclui mulheres em casamentos abusivos quando da resposta à pesquisa.

QUANDO A OBRIGAÇÃO SE TORNA COERÇÃO

- Se um cônjuge regularmente faz sexo com você quando você está dormindo (se ele te acordou no processo ou não), *a menos que você diga explicitamente antes que você quer isso.*

- Se um cônjuge forçar um ato sexual que você não quer, isso também é abuso sexual, mesmo se o restante do ato tiver sido consensual. Nós recebemos uma carta de uma mulher dizendo: "Eu disse para o meu marido que eu não fico confortável com brinquedos sexuais, mas, no meio do sexo, ele usa um em mim de repente, sem aviso, depois de puxá-lo de debaixo de um travesseiro".

- Se um cônjuge ameaçar que, se você não fizer sexo, ele(a) vai ver pornografia, entrar em sites de *chat* sexuais, ir a clubes de *striptease* ou visitar prostitutos(as).

Tudo isso é perverso, mesmo se nem todos forem crimes diante de um tribunal. E ser complacente também não é o mesmo que consentir. Mesmo se você não lutou fisicamente nem disse "não" verbalmente, isso não significa que você aceitou voluntariamente. Se qualquer uma dessas coisas está acontecendo com você, por favor, ligue para um disque-denúncia de violência doméstica ou procure um terapeuta especializado em violência doméstica.

A cultura evangélica fez um grande desserviço a homens e a mulheres pela forma como falamos sobre o consenso no casamento. E uma das maneiras pelas quais essas ideias mais afetam os casais é uma que mencionamos antes, mas que vamos nos aprofundar agora: dores sexuais.

COMO O SEXO SOB PRESSÃO E AS
DORES SEXUAIS SE RELACIONAM

Esse ensino de que o sexo é algo que as mulheres devem para seus maridos é ainda mais doloroso, literalmente, quando dores sexuais realmente estão envolvidas. E nós descobrimos que as dores sexuais são muito comuns na comunidade cristã. Como discutimos anteriormente no capítulo 3, 32,3% das mulheres já tiveram dores sexuais. Quando as dividimos:

EM DEFESA DO SEXO INCRÍVEL

- 26,7% das mulheres sentiram dores sexuais pós-parto;
- 22,6% das mulheres tiveram vaginismo ou outra forma de disfunção sexual primária que deixa a penetração dolorosa;
- No geral, 6,8% das mulheres já tiveram dores sexuais tão intensas que a penetração era impossível.

Como dissemos antes, mas precisamos reiterar, já é sabido há muito tempo que as taxas de dores sexuais (não relacionadas ao nascimento de filhos) são maiores na comunidade cristã.[17] Essas são nossas mulheres; esse é nosso problema. E nossas mensagens estão piorando a situação. Veja essas mulheres:

- Jennifer, que disse que a noite de núpcias dela foi "constrangedora e traumática", mas que continuou aguentando porque ela tinha muito medo de ser uma esposa ruim;
- Piper, que era afligida pela culpa por não ser capaz de consumar o casamento por anos devido a suas dores excruciantes (mesmo que ela e o marido fossem capazes de fazer sexo de outras formas);
- E eu (Sheila), que rangia os dentes e me forçava a fazer sexo apesar da dor porque eu tinha medo de que meu marido não se sentisse amado de nenhuma outra forma.

A causa para dores sexuais pós-parto é óbvia, e faz sentido a pressão para fazer sexo cedo demais depois do parto poder piorar a dor e fazer com que ela associe a dor ao sexo, prolongando o problema. Por outro lado, dores primárias, como o vaginismo relacionado a espasmos musculares no assoalho pélvico, são multifacetadas. Como dores primárias são muito mais frequentes na comunidade cristã, sabemos que algo do que

---

[17]O'SULLIVAN, Karl. "Observations on Vaginismus in Irish Women", *Archives of General Psychiatry 36*, n. 7, 1979, p. 824-6. Disponível em: https://jamanetwork.com/journals/jamapsychiatry/article-abstract/492147. Vale ressaltar que esse artigo foi publicado em 1979.

QUANDO A OBRIGAÇÃO SE TORNA COERÇÃO

estamos ensinando está contribuindo para o problema. Então, vamos ver como isso pode acontecer.

Geralmente, mulheres cristãs suportam as dores sexuais porque elas acham que precisam — e isso deixa as dores sexuais ainda piores. Conforme falamos no capítulo 4, quando uma mulher faz sexo pela primeira vez na noite de núpcias não estando nada excitada só porque se espera que o casal faça sexo, não deveríamos nos surpreender se os corpos de muitas mulheres não cooperarem, especialmente levando em conta a ansiedade e a exaustão normais do restante do dia. Sexo sem estar excitada pode causar bastante dor. A partir daí, o sexo fica associado à dor e fica ainda mais difícil relaxar. O corpo dela começa a enrijecer em antecipação à dor, criando um ciclo vicioso.

Mas os problemas também podem começar muito antes da noite de núpcias (ou muito antes da primeira vez em que ela faz sexo consensual). Quando as mulheres acreditam, antes de casarem, na ideia de que a esposa é obrigada a fazer sexo com o marido quando ele quiser, as taxas de vaginismo e dispareunia aumentam 37%.[18] Para entendermos a gravidade disso, 37% é quase igual estatisticamente ao efeito de violência doméstica sobre o vaginismo e a dispareunia.[19] Nossos corpos interpretam o sexo por obrigação de maneiras similares aos traumas, provavelmente porque o sexo por obrigação e os traumas têm muito em comum. Ambos dizem: "Suas necessidades não importam". Ambos dizem: "Outros podem te usar sem seu consentimento". Ambos dizem: "Você não é importante".

---

[18]Razão de probabilidade para o vaginismo é 1,36 (1,26 — 1,48). Acreditar nesse ensino antes de casar tem um efeito nas taxas de vaginismo; acreditar ainda hoje não é tão relacionado às dores sexuais. Isso faz sentido porque o início de vaginismo primário normalmente acontece quando a mulher é ativa sexualmente pela primeira vez. A outra ocasião mais comum quando as dores sexuais começam é depois do parto, mas isso não é vaginismo primário.

[19]Razões de probabilidade: abuso é 1,60 (1,49 — 1,72) e sexo por obrigação é 1,37 (1,26 — 1,48). O abuso é um dos indicadores mais bem estudados do vaginismo. O intervalo de confiança para o abuso (1,49 — 1,72) e a concordância com a ideia de sexo por obrigação (1,26 — 1,48) coincidem, significando que os valores são quase semelhantes estatisticamente.

EM DEFESA DO SEXO INCRÍVEL

O que geralmente deixa isso ainda pior para mulheres cristãs é que sentimos como se Deus permitisse nossa dor porque ouvimos que a Bíblia diz que não podemos dizer "não". Quando sentimos que não somos vistas, que não importamos e que somos usadas não somente por nossos maridos, mas também por Deus, isso causa traumas. Isso parece ameaçador em um nível subconsciente, então o corpo congela para se proteger — de forma a dizer "Fique longe!"

Pense nas implicações disso por um momento: acreditar na ideia do sexo por obrigação deixa as mulheres mais vulneráveis a dores sexuais, mas, se elas acreditam nessa ideia, também são mais propensas a se forçarem a suportar as dores. E forçar-se a fazer sexo doloroso deixa o tratamento muito mais difícil porque fortalece a associação entre sexo e dor. Na verdade, o grupo mais propenso a sofrer com o vaginismo são as mulheres que estão se forçando a fazerem sexo apesar de nunca terem orgasmos e não se sentirem próximas dos maridos. Essas mulheres são duas vezes (2,02) mais propensas a terem vaginismo do que outras mulheres que estão casadas e fazem sexo ativamente.[20]

Deborah Feldman, na sua autobiografia, *Nada ortodoxa*, conta a história de saída das suas raízes judias hassídicas e ortodoxas depois de um casamento arranjado. Na noite de núpcias, ela descobriu que o sexo doía e que a penetração era impossível. Pelos meses seguintes, ela foi bombardeada com pressão pela tia, pela sogra e por muitos outros enxeridos para ela consertar o "defeito" dela e fazer sexo mesmo assim. Apesar da terapia para o vaginismo, a dor continuou. O marido dela, que simplesmente queria terminar o serviço sem nenhuma preocupação pelo bem-estar dela, não estava ajudando. A série da *Netflix* baseada no livro mostra a cena triste em que eles finalmente conseguem fazer uma penetração.

---

[20]2,02 (1,76 — 2,33). Esse aumento foi significativamente maior do que o aumento da taxa de vaginismo observada em mulheres cristãs casadas devido a abusos a $\alpha = 0,05$, já que a razão de probabilidade para o abuso era 1,60 (1,49 — 1,72).

QUANDO A OBRIGAÇÃO SE TORNA COERÇÃO

Cobrindo a boca com a mão, ela range os dentes e chora durante o suplício. Depois, ele rola para o lado e fala como foi incrível.[21]

Ninguém deveria ter prazer com o que causa dor a outro. Isso traumatiza e reforça traumas já presentes.

Não é surpreendente que muitas mulheres cristãs se forçam como Feldman, já que quase todos os livros cristãos sobre casamento e sexo que analisamos falam da obrigação da mulher de fazer sexo, mas muito poucos fizeram quaisquer ressalvas sobre dores.[22] Apesar do fato de que 32,3% das mulheres na nossa pesquisa já sofreram sores sexuais significantes, a maioria dos livros nem menciona isso. *Amor e respeito* vendeu dois milhões de exemplares, presumidamente para dois milhões de casais. Isso significa que, em 650.000 desses casais, a esposa sentia dores sexuais de forma que a penetração era dolorosa ou difícil, incluindo as 135.000 para as quais era impossível. Mesmo assim, o livro diz aos casais, sem qualquer ressalva, que as esposas devem fazer sexo incondicionalmente com seus maridos.[23] Some o fato de que muitos desses livros também ensinam que os homens vão ser tentados à luxúria, a verem pornografia ou a terem um caso extraconjugal se as mulheres não fizerem sexo, e elas podem se sentir como se estivessem fazendo sexo enquanto uma arma metafórica está apontada para o casamento. Tudo isso vai explodir se você não apagar o pavio. Muito frequentemente, o custo do prazer dele se torna a dor dela, seja física, seja emocionalmente.[24]

---

[21]Feldman fez este comentário: "Se é a melhor sensação do mundo para ele, por que não é para mim? Por que precisa ser tão maravilhoso para o homem e tanto esforço para a mulher?" *Nada Ortodoxa*, 1ª ed, Rio de Janeiro: Editora Intrínseca, 2020, p. 211.

[22]*O sexo é um presente de Deus* delineia situação onde o sexo não é uma opção. O único livro que analisamos que lida com o consenso no casamento explicitamente foi nosso livro secular de controle, *Sete princípios para o casamento dar certo*, de John Gottman.

[23]EGGERICHS. *Amor e respeito*, p. 221.

[24]Para um artigo secular excelente sobre isso, veja Loofbourow, Lili. "The Female Price of Male Pleasure", *The Week*, 25.01.2018. Disponível em: https://theweek.com/articles/749978/female-price-male-pleasure.

EM DEFESA DO SEXO INCRÍVEL

Parte do tumulto emocional causado pelo vaginismo é que é fácil para o casal presumir que ela está fazendo isso deliberadamente ou, se não é conscientemente deliberado, que ela ainda está causando isso de alguma forma. Em *O ato conjugal*, LaHaye insinuou que isso é devido a um medo de que o homem não vai caber.[25] Então, não somente as mulheres têm que suportar a dor; elas também têm que suportar a culpa e, com frequência demais, a raiva e a decepção dos maridos.

Mas o vaginismo é um espasmo involuntário dos músculos na vagina que torna a penetração muito dolorosa, se não impossível — sendo "involuntário" a palavra em destaque. Um projeto de estudo recente sobre o uso de um novo método de tratamento para vaginismo severo permitiu que os maridos observassem o procedimento (com o consenso das esposas, claro) e sentissem o espasmo vaginal com o dedo, usando uma luva. "A descoberta para muitos desses homens (...) foi frequentemente profunda e os permitiu entenderem, frequentemente pela primeira vez, que o vaginismo é uma condição médica sobre a qual a mulher não tinha nenhum controle".[26]

O que deixa essa situação ainda mais triste é que ela pode surgir em casamentos nos quais a ideia do sexo por obrigação é a última coisa que os maridos gostariam de transmitir às suas esposas. Maridos que querem se entregar sacrificialmente para suas esposas, maridos que nunca iriam querer causar dor às suas esposas, maridos que querem somente desfrutar de intimidade real, e não de um substituto, podem ainda ter esposas que internalizaram essa ideia porque ela não veio necessariamente, ou mesmo primariamente, dos maridos; ela veio de livros, sermões e ensinamentos sobre o sexo que invalidaram as experiências das mulheres e disseram a elas: "Você não importa".

---

[25] LaHaye. *O ato conjugal*, p. 269-70.

[26] PACIK, Peter T.; GELETTA, Simon. "Vaginismus Treatment: Clinical Trials Follow Up 241 Patients", *Sexual Medicine 5*, 2017, p. 114-23. Disponível em: https://www.ncbi.nlm.nih.gov/pmc/articles/PMC5440634/pdf/main.pdf.

QUANDO A OBRIGAÇÃO SE TORNA COERÇÃO

Embora o tratamento mais direto para dores sexuais seja a fisioterapia do assoalho pélvico — a qual recomendamos muito —, o que os resultados da nossa pesquisa nos dizem é que não precisamos *somente* da fisioterapia do assoalho pélvico. Se as taxas de dores sexuais são maiores quando pessoas acreditam em certas coisas, então parte do tratamento deve ser questionar essas crenças.

· ·

Quando consultar um fisioterapeuta do assoalho pélvico

Fisioterapeutas do assoalho pélvico são profissionais treinados que cuidam dos músculos no fundo do pênis e da vagina. Eles usam massagem, dilatação, exercícios e outros métodos para tratar condições, indo de dores sexuais até incontinência. Fisioterapeutas do assoalho pélvico podem ajudar com:

- A preparação para o parto e com a recuperação no período pós-parto, incluindo ajudar a fortalecer os músculos que estão muito fracos ou lidando com tecido de cicatrização da laceração.
- Dores durante o sexo que não são moderadas e que não são aliviadas mudando de posição.
- Incontinência, incluindo esguichar urina ou se preocupar se haverá vazamentos.

· ·

A boa notícia sobre tudo isso para os maridos é que, se a sua esposa internalizou essa ideia, você tem a oportunidade de provar o quanto a ama. Ao mostrar para sua esposa por palavras e ações que ela *pode* dizer "não", "não agora" ou "eu não quero tentar isso" sem medo, você pode ajudar a desfazer os anos de danos que esses ensinamentos causaram nela. Ao agir de maneira completamente contrária à ideia do sexo por obrigação, você a ajuda a redescobrir a importância dela no casamento ao dar a ela a permissão para se sentir segura.

EM DEFESA DO SEXO INCRÍVEL

Vamos falar sobre Sandra, uma das participantes dos nossos grupos focais. Quando Sandra estava crescendo, a mãe dela lhe disse que "os homens só querem uma coisa" e que essa "coisa" era o que os fazia ficarem por perto. O pai de Sandra abandonou o casamento tumultuoso e a filha quando ela ainda estava no Fundamental I. Determinada a não repetir o destino da mãe, Sandra se casou acreditando que ela teria que fazer sexo com o marido para o manter. Mas, vejam só, ela foi acometida, logo no início do casamento, de um caso severo de vaginismo. Ela teve até problemas de incontinência porque o assoalho pélvico dela foi muito afetado.

Depois de sete anos casada com Paul, Sandra conheceu Cristo. Como muitas esposas que se convertem, ela se debruçou sobre materiais cristãos sobre casamento para ver o que eles tinham a oferecer. "Quando eu me tornei cristã, tudo que eu via sobre o sexo em materiais cristãos era que o sexo era o dever da mulher. Então, quando você junta essas duas ideias, de que ele só queria uma coisa de mim e de que eu era obrigada a dar essa coisa para ele, eu comecei a me sentir como se fosse somente um objeto, não uma pessoa".

Consultar materiais evangélicos não melhorou o vaginismo dela nem melhorou o sexo. Sandra disse que, na maior parte do tempo, ela só fazia sexo porque ela sentia que não tinha escolha. Ela suportou isso apesar da dor.

Foi somente depois de mais de vinte anos de casamento que Sandra e Paul finalmente falaram sobre esse problema. Paul, abismado por descobrir depois de todos esses anos em que a esposa estava fazendo sexo meramente por obrigação e medo, assegurou-lhe que o que ela ouviu estava errado — ele não estava nem um pouco interessado no sexo por obrigação e ele definitivamente não estava no casamento somente pelo que ela poderia dar para ele sexualmente.

Depois de meses conversando sobre isso e Paul provando para Sandra que ela podia realmente dizer "não" e que ele ficaria bem, as coisas finalmente começaram a se encaixar na mente dela. Sandra descreveu: "Meu corpo mudou fisicamente. Eu estava fazendo fisioterapia do assoalho pélvico por um tempo, mas quando comecei a entender que eu podia dizer 'não', isso fez uma enorme diferença em como o sexo me fazia sentir. Ele ficou menos doloroso, eu comecei a relaxar e, pela primeira vez na minha vida, eu comecei a desfrutar de um senso de liberdade no quarto".

Sandra continua: "A parte engraçada nisso tudo é que ainda estamos fazendo as mesmas coisas, mas eu consigo ver e confiar no coração dele se importando comigo agora, e eu também consigo trazer meu coração para o quarto. Então, é uma experiência completamente diferente, mesmo que a mecânica seja a mesma".

FICANDO CARA-A-CARA COM O DEUS QUE NOS VÊ

Quando nós três pensamos sobre o quanto as mulheres foram feridas por essa ideia do sexo por obrigação, seja por manipulação, obrigação, coerção ou dor, nos lembramos da história bíblica de Agar, Abraão e Sara. Como você deve lembrar, Deus tinha prometido a Abraão que ele teria um filho e que desse filho Deus faria uma grande nação. O problema? Abraão e Sara eram ambos velhos e Sara era estéril. Por desespero, Sara sugeriu que Abraão tivesse um filho com a escrava dela, Agar.

Nada na Bíblia nos fala que Agar era uma participante voluntária. Como uma serva, ela não seria capaz de consentir de verdade. Os sentimentos e as necessidades dela não importariam. Mesmo assim, Abraão deu ouvidos ao conselho de Sara e usou Agar para ter um filho. Alguns anos depois, Abraão milagrosamente tem um filho com Sara. Agora, Agar e o filho dela, Ismael, eram ameaças para Isaque, o filho da promessa. Abraão, então, expulsou Agar e Ismael.

Quando estava no deserto, Deus proveu à ela. E é aqui que as coisas ficam interessantes. Agar é a primeira pessoa na Bíblia que tem a honra de dar um nome para Deus. Qual o nome que ela escolhe? *"O Deus que me vê"*. Depois de ser sexualmente abusada, forçada a carregar um bebê e depois abandonada, jamais tendo suas necessidades ou desejos levados em consideração, sendo invisível e usada para atender às necessidades de outras pessoas, Deus a vê.

EM DEFESA DO SEXO INCRÍVEL

E ser vista faz toda a diferença.

Deus vê as mulheres. Deus não diz para as mulheres: "Sua experiência não importa comparada à tremenda necessidade do seu marido". Deus não diz para as mulheres: "Deixe seu marido ejacular dentro de você, não importa como você se sinta, porque, senão, você está em desobediência". Não, Deus diz: "Eu projetei o sexo para ser um conhecimento profundo entre duas pessoas. E isso, minha filha, significa que *vocês dois importam*".

Se falássemos sobre o sexo assim, acreditamos que haveria menos casos de vaginismo. Acreditamos que menos mulheres desistiriam do sexo por ser tão danoso emocionalmente. Acreditamos que mais mulheres ficariam animadas com o sexo, apreciaram o sexo e sentiriam liberdade no quarto.

Hoje, Erika, que teve que aperfeiçoar a arte da luta para escapar do marido, está segura no segundo casamento e sabe o que significa ser vista. O novo casamento dela é recíproco — as necessidades dos dois são valorizadas e expressadas. "Nós dois devemos praticar o domínio próprio e foi isso que me permitiu confiar no meu marido", Erika explicou.

No fim da nossa entrevista, Erika disse que está tentando reaprender quem ela é como uma filha de Deus e é grata por estar em um casamento no qual o marido espelha essa imagem para ela.

Sabemos que alguns leitores deste capítulo sobre ser "sem pressão" estarão desconfortáveis agora. Se abandonarmos a ideia do sexo por obrigação, então o que vai impedir que as mulheres recusem o sexo completamente?

Até certo ponto, essa preocupação pode ser válida. Nossos dados mostram que, de fato, quando as mulheres acreditam na ideia do sexo por obrigação, elas são mais propensas a fazerem sexo pelo menos duas vezes por semana.[27] Mulheres que rejeitam essa ideia, no entanto, são 29% mais propensas a alcançarem um orgasmo frequentemente e 36%

---

[27]Resíduos padronizados de Pearson para a tabela de contingência entre frequência sexual e concordância com o ensinamento são ambos > 2,5 e, portanto, estatisticamente significantes para o sexo diário e algumas vezes na semana. O teste estatístico qui-quadrado global foi estatisticamente significante a $\alpha = 0,05$, $p < 0,001$.

QUANDO A OBRIGAÇÃO SE TORNA COERÇÃO

menos propensas a terem vaginismo ou outras formas de dispareunia.[28] O medo de que os homens podem não fazer tanto sexo quanto querem não pode exceder a necessidade das mulheres de se sentirem seguras.

Então, temos uma escolha. Queremos que as mulheres façam sexo com os maridos, mesmo se o sexo for terrível, potencialmente traumático e coercitivo? Ou queremos mudar a maneira que falamos sobre o sexo para que as mulheres sejam capazes de escolher livremente acolher e desfrutar do sexo, mesmo que isso signifique que o número de relações sexuais diminua? Vamos decidir ver o sexo como um ato de serviço vivificante e de conhecimento mútuo ou vamos continuar a vê-lo como um direito do homem e uma obrigação da mulher, que mata o espírito?

Esperamos que, a essa altura no livro, já tenhamos desmascarado a ideia de que as mulheres precisam aceitar os pecados sexuais dos homens ou as responsabilidades por eles e a ideia de que o sexo é uma obrigação ou um direito. Agora, vamos mudar a marcha e ver como podemos construir um alicerce saudável para o sexo, focando na gentileza e paixão de forma que honre *os dois* no casamento — e que leve a uma vida sexual divertida e vivificante!

EXPLOREM JUNTOS: ENTRANDO LIVREMENTE NO SEXO E HONRANDO O "NÃO" DO SEU CÔNJUGE

Revisem as diferentes áreas de consentimento no seu casamento e certifiquem-se de que estão concordando.

Decidindo se vão ou não fazer sexo

Se seu cônjuge não quer fazer sexo, você faz alguma das coisas a seguir?

---

[28]Razões de probabilidade: orgasmo frequente é 1,26 (1,16 — 1,37) e vaginismo é 1,37 (1,26 — 1,48).

EM DEFESA DO SEXO INCRÍVEL

- Sai do quarto ou se recusa a dormir na mesma cama que ele(a)?
- Fica irritado ou trata seu cônjuge mal no dia seguinte ou até depois disso?
- Pune seu cônjuge de alguma das maneiras listadas neste capítulo?

Compare suas respostas com as do seu cônjuge.

Decidindo o que fazer no quarto
Se há algo que você gostaria de tentar e que seu cônjuge não quer fazer, você faz alguma das coisas a seguir?

- Pede repetidamente, mesmo se ele(a) tiver negado?
- Tenta fazer isso mesmo assim durante o sexo sem perguntar antes?
- Encontra materiais para seu cônjuge ler para convencê-lo(la) a ceder?
- Recusa afeição ou gentileza ou pune seu cônjuge de alguma das maneiras listadas neste capítulo?

Compare suas respostas com as do seu cônjuge.

Se seu cônjuge está violando as suas barreiras, ou se até ter essas conversas está fazendo você sentir que não é visto(a), ouvido(a) ou que não está seguro(a), por favor, procure um terapeuta. Se você está em perigo agora, por favor, ligue para um disque-denúncia ou avise às autoridades.

Permitindo dizer "não"
Se você não tem honrado o "não" do seu cônjuge:

1. Peça desculpas e busque o perdão.

2. Diga como você vai agir diferente no futuro. Se seu cônjuge disser "não", como você vai reagir?

QUANDO A OBRIGAÇÃO SE TORNA COERÇÃO

Tendo responsabilidade com seu "não"

Embora tenhamos a liberdade de dizer "não", temos que ter a consciência de que também somos o único escape sexual correto que nosso cônjuge tem. Eis aqui algumas maneiras para você ter responsabilidade com seu "não":

1. Cultive o hábito de prestar atenção a boas oportunidades para fazer sexo e aproveitá-las para que, quando seu cônjuge pedir sexo em momentos inapropriados, ele(a) saiba que seu "não" não significa "nunca mais".

2. Se seu "não" é relacionado a algo que a vasta maioria das pessoas considera uma parte saudável da vida sexual, como a penetração ou tocar várias partes do corpo, procure ajuda profissional para que, se você estiver saudável e for possível, seu "não" se transforme em um "ainda não, mas logo".

3. Se o seu "não" tem origem em um problema conjugal, procure ajuda profissional para o seu casamento. Embora seja sábio tirar o sexo da relação até lidar com os problemas maiores, prorrogar o sexo sem procurar ajuda é desonrar seus votos de casamento.

4. Se o seu "não" for devido a problemas de segurança ou por estar sendo mal-tratado(a) no seu casamento, procure as autoridades competentes ou centros de combate ao abuso para que você fique seguro(a). Você não precisa tentar fazer sexo com um cônjuge abusivo.

Entrando livremente no sexo

Usar um código pode ajudar vocês dois a saberem que estão se mantendo nos limites um do outro e também é uma forma fácil de se manifestar se você estiver desconfortável. Escolha uma palavra que vai significar

EM DEFESA DO SEXO INCRÍVEL

"Eu quero parar agora", seja "tio" ou algo inofensivo, como "abacaxi" ou "Tupinambá". Então, quando você ouvir essa palavra, pare o que estiver fazendo. Reafirmem o amor um ao outro e decidam juntos o que farão em seguida. Embora códigos sejam ótimas ferramentas em casamentos saudáveis, eles não vão impedir que um cônjuge abusivo te machuque. Novamente, se você está em um casamento abusivo, por favor, solicite ajuda profissional externa.

RESGATANDO E REESTRUTURANDO

- Em vez de ignorar a realidade comum do estupro e coerção conjugais, diga repetidamente e com frequência que "O estupro conjugal é real, errado e um crime".
- Em vez de falar sobre os direitos que o homem tem ao sexo, fale sobre o direito de consentir que cada cônjuge tem.
- Em vez de tratar o sexo como um direito dentro do casamento, diga que "o sexo é um presente, não uma arma. Ele sempre deve ser mútuo e servir para aproximar o casal". E diga também que "O domínio próprio é um fruto do Espírito".
- Em vez de dizer aos casais que "não há razão bíblica para dizer 'não' para o sexo exceto para orar e jejuar", diga que "'não privar' não significa 'não recusar'".
- Em vez de dizer que "Satisfazer as necessidades e desejos sexuais do seu cônjuge é um requisito no casamento", diga que "você não deve ter prazer em algo que cause desconforto, vergonha, humilhação, dor ou qualquer mal ao seu cônjuge".

CAPÍTULO 11

BASTA SER BONDOSO

"Não façais nada por rivalidade nem por orgulho, mas com humildade, e assim cada um considere os outros superiores a si mesmo. Cada um não se preocupe somente com o que é seu, mas também com o que é dos outros"
FILIPENSES 2.3-4

Muitos pastores, autores e terapeutas bem-intencionados se dedicaram ao trabalho admirável de dissipar o mito de que o sexo é vergonhoso. Quando classificamos os livros cristãos *best-sellers* sobre sexo em uma escala baseada na mutualidade, fidelidade e prazer, os livros tendiam a ter as suas melhores notas em áreas relacionadas ao prazer sexual da mulher. A teologia deles acerca do sexo é resumida apropriadamente por Gênesis 2.25: "E os dois estavam nus, o homem e sua mulher, e não se envergonhavam". Estarem nus e não terem vergonha certamente é um ótimo lugar para começar.

Porém, com frequência demais, nossa teologia sobre sexo no casamento começa e termina no jardim do Éden — mas nós não moramos mais no jardim. As mulheres ouvem uma descrição linda de sexo sem

EM DEFESA DO SEXO INCRÍVEL

vergonha e apaixonado, mas depois são bombardeadas pelos ensinos perigosos e exagerados presentes nesses mesmos livros: é o dever dela dar sexo para o marido quando ele pedir, independentemente de como ela se sente; ele vai fazer sexo com ela porque ele precisa demais disso; todos os homens cometem luxúria, então ela precisa fazer a parte dela se quiser que o marido continue fiel.

Nossa teologia do sexo tem que ir além do relato da criação em Gênesis 2.25 — estarem nus e não terem vergonha — e englobar muito mais. Uma perspectiva realmente cristã deve ver o sexo através da cruz.

UMA VIDA SEXUAL CENTRADA NA CRUZ

Embora seja o Criador do universo, Cristo decidiu viver entre nós e se tornou um servo, colocando os outros antes de si mesmo a fim de restaurar nossa intimidade com o Pai. E ele assim pagou o preço mais caro, humilhando a si mesmo em uma morte na cruz. Esse altruísmo, esse amor apaixonado focado no outro, é como o reino de Deus se manifesta. O que aconteceria se nós víssemos o sexo como uma oportunidade de espelhar para nosso cônjuge a servidão de Cristo? Ver o sexo através das lentes da cruz engloba muito mais do que estarmos nus e não sentirmos vergonha; é um canal para relacionamentos íntimos e reconciliação.

O sexo visto pelas lentes da cruz não tem espaço para alguém tomar algo para si mesmo ou para a arrogância. É por isso que o sexo à luz dos princípios do reino precisa ser focado não apenas no prazer e em ficar livre da vergonha, mas também em servir em vez de tomar. Em Mateus 20.25-28, Jesus diz:

> Então Jesus chamou-os para junto de si e lhes disse: Sabeis que os governantes dos gentios os dominam, e os seus poderosos exercem autoridade sobre eles. Não será assim entre vós; pelo contrário, quem quiser tornar-se poderoso entre vós, seja esse o que vos sirva; e quem entre vós quiser ser o primeiro, será vosso servo, a exemplo do Filho do homem, que não veio para ser servido, mas para servir e para dar a vida em resgate de muitos.

Nós devemos servir ou, nas palavras de Paulo, colocar o outro em primeiro lugar: "Cada um não se preocupe somente com o que é seu, mas também com o que é dos outros" (Filipenses 2.4). As suas necessidades importam — mas a bondade requer que superemos nossa inclinação egoísta natural ao considerarmos os outros primeiro para que nossas próprias necessidades sejam colocadas em perspectiva. Às vezes, ao fazermos isso, nós percebemos que as nossas necessidades são realmente as mais urgentes, mas, ao manter o foco no outro, começamos a servir como Cristo.

Conforme analisávamos os livros *best-sellers* sobre sexo e casamento, nós encontramos facilmente os ensinamentos gerais que já discutimos: todos os homens lutam contra a luxúria, os corpos das mulheres são perigosos, o sexo é para o prazer físico do marido, e assim por diante.

No entanto, depois de abordarmos esses problemas, ainda ficamos com um punhado de cenários desses livros que não se enquadravam exatamente em nenhum ensinamento prejudicial. Ao tentarmos descobrir onde colocá-los neste livro, nós percebemos que eles têm um denominador comum: seguir esses conselhos significa se parecer menos com Jesus.

Começando a finalizar este livro, queremos apontar de novo para o exemplo de Jesus de servir, não ser servido. E a resposta é impressionantemente simples: por favor, do fundo do coração, pessoal, *basta ser bondoso*.

COLOCANDO O "OUTRO EM PRIMEIRO LUGAR" EM PRÁTICA NO SEXO

Meu (Rebecca) parto agonizante de 22 horas terminou quando eu empurrei meu filho em apenas cinco contrações. Para a surpresa de absolutamente ninguém, esse parto rápido resultou em uma laceração de terceiro grau muito feia — do tipo que as enfermeiras deram uma olhadinha lá embaixo e pediram para trazerem morfina.

Eu não fui autorizada a andar por quatro semanas depois do parto, então meu marido, Connor, tinha que fazer tudo, exceto alimentar o bebê. Ele cozinhou, dobrou roupas, andou com o cachorro, deu banho no bebê. E não se esqueça das partes menos glamorosas da recuperação

EM DEFESA DO SEXO INCRÍVEL

pós-parto: me ajudar a caminhar até o banheiro, ir até o mercado comprar absorventes de capacidade extra e se levantar a cada duas horas toda noite para pegar mais gelo para colocar você sabe onde.

Na minha consulta da sexta semana, quando as enfermeiras disseram que o sexo ainda não era uma opção, Connor estava bem ali ao meu lado. No dia seguinte, eu tive minha primeira consulta com a fisioterapeuta do assoalho pélvico. Ela disse que eu não seria autorizada a fazer sexo de verdade até que eu recondicionasse meus músculos para relaxarem o suficiente para permitirem a penetração.

A palavra que melhor descreve meu marido ao longo da minha recuperação pós-parto é *herói*. Verdadeira e completamente, ele deu tudo de si para cuidar de mim e do nosso filho, jamais reclamando que eu estava demorando demais para me recuperar. Ao ser altruísta, mas sem o complexo de mártir, ele me deu o espaço de que eu precisava para me recuperar — ele me deu a bondade incondicional e o amor sacrificial.

A bondade não é negociável. O amor, como o apóstolo Paulo disse, é benigno (1Coríntios 13.4). Independentemente de como seu cônjuge age com você, você deve ser bondoso(a). Mas a bondade nem sempre tem que parecer uma tarefa que você não quer fazer. Quando seu casamento é caracterizado por simplesmente serem pessoas decentes um com o outro, a bondade flui naturalmente. Antes de eu engravidar, Connor e eu sempre estivemos de acordo com relação ao sexo. Nós dois queríamos, nós dois gostávamos, nós dois tínhamos prazer. E nós dois estávamos em um padrão de termos certeza de dedicarmos tempo para o outro, mesmo se estivéssemos tendo uma semana ou um mês com uma libido menor. Connor podia esperar pacientemente, com confiança total de que não era uma prorrogação infinita para o sexo — ele podia se debruçar em nossa pequena família enquanto me dava espaço para eu me recuperar, sabendo que eu priorizava a intimidade tanto quanto ele. Connor me amou sacrificialmente ao me mostrar afeição e ao esperar pacientemente. Eu o amei ao ir às consultas em que uma fisioterapeuta matronal com um sotaque tranquilizante da ilha da Terra Nova fazia alongamentos vaginais internos em mim enquanto eu ficava deitada amamentando nosso recém-nascido.

Bondade com nossos cônjuges significa considerar as necessidades deles assim como você considera as suas próprias. É isso que Efésios 5.21-23 prescreve para os casamentos! Quer seja sobre diferenças de libido, exaustão ou o esforço para tratar uma disfunção sexual, você pode ser Cristo para seu cônjuge ao fazer o que é desconfortável a fim de abençoar seu casamento, mesmo em tempos difíceis da vida, como luto, infertilidade e abortos espontâneos. Como Tim Keller resume em *O significado do casamento*: "O ensinamento cristão não nos oferece uma escolha entre satisfação e sacrifício, mas sim a satisfação mútua por meio do sacrifício mútuo".[1] Quando levamos outro em consideração, nós construímos algo lindo.

PERGUNTA DE REFLEXÃO

O sexo através das lentes da cruz se parece com o quê para você? É isso que você está vivendo no seu casamento? Se não, pense em um exemplo em que sua vida sexual precisa de mais bondade.

VAMOS FALAR SOBRE O SEXO E A MENSTRUAÇÃO

É da natureza humana ser cego para nossas próprias áreas de egoísmo. E quando nossos conselhos sobre o sexo são desequilibrados sobre quem deve ser altruísta, nós criamos casamentos desequilibrados. Isso é complicado para nós falarmos porque, analisando os livros cristãos *best-sellers* sobre casamento, encontramos muitos conselhos que, se seguidos, seriam ótimos para os maridos e terríveis para as esposas. Mas não queremos falar mal dos homens aqui porque a maioria dos homens que conhecemos são muito altruístas. Contudo, precisamos tratar alguns

---

[1] KELLER. *O significado do casamento*, p. 59.

EM DEFESA DO SEXO INCRÍVEL

desses problemas porque materiais cristãos repetidamente lidaram muito mal com eles. Quando você ouve conselhos que, se os seguisse, permitiriam que você tivesse tudo que você quer enquanto seu cônjuge só se doa, é uma boa se perguntar: "Isso é realmente ser como Cristo?"

Um desses assuntos é se as mulheres "devem" o alívio sexual aos maridos durante tempos inconvenientes, como quando ela está menstruada ou no período pós-parto. *Entre lençóis*, por exemplo, diz: "O período mais difícil para aquele homem [que era tentado pela pornografia] acontecia durante a menstruação da esposa, porque ela ficava indisponível sexualmente para ele. Depois de cerca de dez anos, ela finalmente percebeu que agradar seu marido com sexo oral ou com um simples 'trabalho manual' fazia maravilhas para ajudá-lo durante aquele período difícil".[2]

Mais adiante, Leman desenvolve o conselho:

> Há momentos em que, por alguma razão qualquer, a esposa pode optar por aquilo que homens mais novos chamam de forma carinhosa de *trabalhos manuais*. Uma mulher que tenha períodos menstruais longos, de seis ou sete dias de duração, ou que acabou de passar por uma gravidez, ou que talvez simplesmente não esteja se sentindo no seu melhor dia, pode de fato achar que o sexo é algo além do que o que ela pode dar conta. Mas com um mínimo de esforço, ela pode ajudar o marido que se sente como que *subindo pelas paredes* porque está sem sexo já faz bastante tempo.[3]

Vamos pensar sobre isso. É bondoso o homem pedir por um "trabalho manual" quando sua esposa não está bem? O quanto ela precisa estar mal para que não seja mais bondoso? O quanto ela precisa estar desconfortável para que o bem-estar físico dela tenha prioridade sobre

---

[2] LEMAN. *Entre lençóis*, p. 50.
[3] LEMAN. *Entre lençóis*, p. 179.

BASTA SER BONDOSO

as expectativas sexuais? Realmente acreditamos que a bondade que flui do Espírito Santo trabalhando em nossas vidas pediria um "trabalho manual" para uma mulher no pós-parto exausta e dilacerada?

Não há nada de errado se ela quiser dar um "presente" para ele. Essa pode ser uma forma de demonstrar bondade! Ou até sexo durante a menstruação — muitas mulheres percebem que os hormônios durante a menstruação acabam causando um impulso na libido e elas gostam do sexo durante esse período.[4] Mas ter isso como uma expectativa — que ela vai prover alívio para ele senão ele vai pecar, mesmo se ela estiver doente ou não se sentindo bem — simplesmente não é *bondoso*. E o fato de ser bondade se ela der esse presente não significa que não é bondade se ela não der. Além disso, na lei do Antigo Testamento, Deus ordenou que uma nação inteira de homens não fizesse sexo por pelo menos uma semana durante a menstruação das esposas.[5] Levítico tem uma visão melhor da capacidade dos homens de manterem a integridade sexual durante a menstruação da esposa do que muitos dos livros cristãos sobre casamento publicados no século 21.

Algumas mulheres têm menstruações que causam câimbras, desmaios, dores, náuseas e mais. A representação que Leman faz disso como um período difícil para o marido, ignorando os sintomas físicos muito mais difíceis com que muitas esposas lidam, é muito problemática. Homens, se sua esposa não está se sentindo bem ou até simplesmente desconfortável, sua ênfase não deveria ser que ela precisa "ajudá-lo durante aquele período difícil".[6] *Basta ser bondoso*. Dizer a uma mulher com câimbras e cujos órgãos genitais estão inchados, de forma que tocá-los é muito desagradável, que ela deveria fazer um "trabalho manual" com o

---

[4]BAKKILA, Blake. "This Is How Many Women Actually Have Period Sex", *Health. com*, 13.04.2018. Disponível em: https://www.health.com/condition/sexual-health/how-many-woman-have-period-sex.

[5]Levítico 15.24.

[6]LEMAN. *Entre lençóis*, p. 50.

marido não mostra nenhuma consideração pela experiência dela e é muito *maldoso*. Em vez disso, seja Cristo para sua esposa e reconheça que é um período difícil para *ela*.

Uma mulher, comentando sobre essa pressão para fazer sexo durante a menstruação, disse isto:

> Honestamente, eu acho que muitos homens querem só os aspectos positivos dos nossos corpos (isto é, as partes que os fazem ter um clímax), sem nenhuma das desvantagens. Essas desvantagens são tudo entre o envelhecimento normal e a menstruação até as dificuldades do parto e os efeitos que tudo isso tem nos nossos corpos e nas nossas mentes. Ser gostosa, jovem e não estar menstruada ou grávida é um intervalo extremamente curto na vida de uma mulher, e eu não faço ideia de por que não dizem, nos termos mais bruscos, para os homens jovens que estão pensando no casamento que estar pronto para o casamento e para o sexo significa aceitar todas essas mudanças.

Os corpos mudam. As cinturas aumentam. Nós perdemos as barrigas de tanquinho. As ereções podem não ser tão rígidas ou garantidas. A lubrificação pode diminuir. A menopausa faz os hormônios despencarem. Nós ficamos cansados. Nós ficamos estressados. As mulheres podem ficar ensanguentadas, diláceradas e apertadas. Mas, mesmo com tudo isso, nós ainda somos *nós*. Ainda somos um casal. Vamos priorizar o sexo e a intimidade enquanto se é bondoso com o cônjuge.

PERGUNTA DE REFLEXÃO

Como você se sente sobre o sexo durante a menstruação? Como o seu cônjuge se sente? Como você se sente sobre se abster de qualquer coisa sexual durante a menstruação ou o período pós-parto? Vocês já conversaram sobre isso?

BASTA SER BONDOSO

COLOCAR OS OUTROS EM PRIMEIRO LUGAR
SIGNIFICA CUIDAR DE SI MESMO

Não há forma fácil de abordar o que queremos enfrentar a seguir, então, por favor, tenha calma e não arremesse tomates.

Vamos falar sobre saúde e sexo.

Mas, antes de entrarmos nisso, vamos colocar o assunto na perspectiva correta. Em *Ela precisa, ele deseja*, Willard Harley se refere a estar casado com uma esposa que ganhou cinquenta quilos como uma "sentença de prisão".[7] Você consegue imaginar Cristo dizendo isso sobre um dos seus filhos amados? Harley continua: "Ela deve tentar mostrar-se do modo que seu marido quer que ela se mostre. Ela deve assemelhar-se à mulher com quem ele se casou. Isso significa que a mulher deve permanecer eternamente jovem? É claro que não, mas ficar com mais idade não é uma desculpa para descuidar do corpo e se vestir como uma velha".[8] Isso é profundamente prepotente e maldoso. É injusto pedir para uma mulher impedir que o corpo mude com o processo natural do envelhecimento, especialmente depois de dar à luz.

Embora ganhar peso seja uma parte natural do processo de envelhecer e de gerar filhos, ter um sobrepeso nocivo à saúde em longo prazo não é. Mas a ênfase sobre como ela deveria "assemelhar-se à mulher com quem ele se casou" e "tentar mostrar-se do modo que seu marido quer que ela se mostre" remove a pessoalidade dela e a substitui por um pôster de academia.

Quando Bev se casou com Roger quase trinta anos atrás, ela se sentia linda, animada e *sexy*. Mas, depois de dez anos e três filhos, a autoconfiança dela levou uma pancada séria.

Bev nos disse em nossas entrevistas com grupos focais: "Eu odiava meu corpo e isso me travava sexualmente. Meu corpo depois dos bebês me fez lamentar a perda da minha juventude e eu perdi completamente a minha autoconfiança". Bev parou de gostar do sexo, incapaz de se sentir

---

[7]HARLEY. *Ela precisa, ele deseja*, p. 136.
[8]Ibidem, p. 139-40.

confortável o bastante com o próprio corpo para deixar o marido dar prazer para ela. Não demorou muito para ela começar a sofrer com a depressão e com sentimentos de desesperança acerca do casamento — ela se sentia inadequada, feia e incapaz de ser amada quando ela se olhava no espelho.

Entretanto, o marido dela via algo diferente. "Roger nos salvou. Ele sabia como eu estava falando sobre mim mesma na minha cabeça e decidiu que as palavras dele tinham simplesmente que soar mais alto que as minhas. Sobre o sexo, sobre meu corpo, sobre o amor dele por mim — ele combateu cada crença negativa que eu tinha com dez coisas positivas", Bev contou.

Por quinze anos, Roger persistiu. "Ele me dizia todos os dias: 'Eu te acho linda, eu te acho atraente, você não está faltando com nada e a aparência do seu corpo é o que eu quero e o que eu preciso.'" Ele sabia o que o casamento deles poderia ser e ele se dedicou a mostrar à esposa o puro amor como o de Cristo. E, finalmente, eles tiveram uma superação.

"Roger me reconstruiu com as palavras dele de forma que agora eu gosto do meu corpo e sei não somente como fazer um sexo ótimo, mas como realmente fazer amor. Eu me sentia tão inadequada antes, mas ele me mostrou que eu tinha muito mais a oferecer do que eu sequer sabia". Quando Bev terminou a história, todas no grupo de foco estavam chorando. O marido dela não precisava que ela tivesse a aparência do dia do casamento. Ele precisava dela exatamente como ela era.

Quando esses livros dizem às mulheres que elas precisam manter a aparência vigorosa e jovial para que seus maridos ainda as achem atraentes, eles estão trabalhando contra os esforços cristãos de tantos maridos tentando provar para suas esposas como elas são completamente adoradas por eles. Contudo, as inseguranças de Bev eram todas uma parte do processo natural de envelhecimento. Mas e quando há um problema de saúde que precisa ser tratado?

Quase todos os materiais cristãos que analisamos falam sobre a importância de a esposa manter a aparência para que o marido dela ainda a ache atraente, mas pouquíssimos deles falam sobre como o marido ganhar peso não é apenas desagradável para a esposa; isso também diminui

BASTA SER BONDOSO

a possibilidade de ela ter prazer físico com o sexo. Tememos que muitos livros elevam o desejo do marido de ter uma esposa com aparência jovial acima da capacidade da mulher de gostar do sexo. Isso pode ser duro, mas já ouvimos de muitas mulheres: o ganho de peso excessivo dos homens deixa o sexo difícil ou impossível. A "barriga de *chopp*" do marido pode restringir o prazer sexual da esposa; não é apenas um problema de atratividade. É muito mais difícil para o clitóris receber qualquer atenção durante a penetração se ele tem uma barriga pendurada na frente, já que o osso pélvico dele não pode estimular a mulher corretamente. E quando seu cônjuge está muito pesado, respirar fica difícil se ele estiver por cima. Além disso, quando um ou os dois cônjuges têm mais barriga, o comprimento utilizável do pênis diminui. Uma mulher explicou a experiência dela assim:

> Meu marido costumava me culpar pela falta de sexo quando o fato é que eu me cansei da dor no quadril por tentar montar em alguém com três vezes o meu tamanho. Eu ficar por cima se tornou a única posição viável (o que por si só é entediante), mas, quando ele engordou, essa posição se tornou dolorosa. Agora, não temos vida sexual. Eu já expliquei que ele está grande demais, mas ele me diz para eu ficar mais flexível! Mas não sou eu quem está comendo demais todos os dias. A obesidade afeta tudo: o sexo, a afeição, os abraços, as viagens, as atividades juntos, até sentar perto um do outro no cinema (se é que cabe), os móveis que vocês podem comprar, os carros que vocês podem usar, o tamanho das despesas de alimentação todo mês.

Natalie, de alguns capítulos atrás, que sofre com anorgasmia, também está casada com um homem obeso. Quando ele saiu da obesidade mórbida foi para a categoria da obesidade depois de perder 23 quilos, o sexo melhorou drasticamente para os dois. Ele ganhou uns 2,5 centímetros de comprimento utilizável, as ereções dele eram mais firmes e a resistência dele era melhor, permitindo que fizessem amor por mais tempo. Natalie se perguntou na nossa entrevista: "Quanto da anorgasmia das mulheres é, na verdade, causada pela obesidade severa?"

Todas queremos ser extremamente entusiasmadas sobre fazer amor com nossos cônjuges e esperamos que, a essa altura, tenhamos convencido todos vocês de que o sexo é muito mais do que apenas físico. Mas, mesmo que seja mais do que físico, *ainda é físico*. Quando cuidamos dos nossos corpos físicos, cuidamos dos nossos cônjuges. Comer comidas saudáveis, se exercitar, dormir o suficiente e lidar com o estresse te ajuda a moderar seu humor. Tudo isso te ajuda a viver uma vida mais longa e com mais qualidade. E isso é um presente!

Nós reconhecemos que problemas de peso relacionados a comida não são apenas sobre comida. Frequentemente, problemas emocionais profundos, como um trauma passado, problemas de saúde mental ou habilidades ruins para lidar com os problemas, são os principais causadores para que a comida seja um problema. Se você já lutou contra o seu peso, muitas pessoas se beneficiam não somente de nutricionistas ou *personal trainers,* mas também de terapeutas licenciados que podem trabalhar com você colocando metas realistas para te ajudar a ficar mais saudável no geral.

A jornada da perda de peso não é fácil, mas vale a pena, como Keisha explicou no nosso blog:

> Quando estávamos deitados na cama, abraçadinhos uma noite, depois de um momento de intimidade realmente incrível, nós dois suspiramos deliciosamente e falamos juntos: "Isso foi diferente!"
>
> Pela primeira vez em muito, muito tempo, foi tão emocionante quanto quando éramos jovens! Nós éramos as mesmas duas pessoas que tinham dormido juntos na mesma cama pelas últimas duas décadas e meia, mas algo estava diferente: nós dois tínhamos superado um vício por comida e tínhamos perdido mais de 34 quilos como resultado. Calados, nós saboreamos o momento juntos. Então, meu marido sorriu e disse: "Eu não sabia que você ainda conseguia fazer isso."

A bondade cristã inclui lidar com nossos próprios problemas de saúde e sermos um encorajador quando nossos cônjuges lidam com os deles. Conforme passamos por essa jornada juntos, precisamos nos perguntar: "Como eu posso ser bondoso com meu cônjuge nessa área?" Qualquer que seja a resposta, sabemos que não vai incluir falar sobre estar casado com seu cônjuge como se fosse uma sentença de prisão.

PERGUNTA DE REFLEXÃO
O peso ou a saúde estão diminuindo o prazer sexual no seu casamento? Como vocês podem tratar isso juntos de forma bondosa?

COLOCAR OS OUTROS EM PRIMEIRO LUGAR SIGNIFICA VALORIZAR A DIGNIDADE DO SEU CÔNJUGE

Ser um cônjuge bondoso também envolve tratar seu cônjuge como precioso e feito à imagem de Deus. Sim, isso envolve valorizar o que ele(a) precisa, mas também envolve valorizar quem eles são. Isso tem repercussões no quarto que vão muito além de apenas perguntar com que frequência os casais fazem sexo ou se sequer fazem sexo. Isso também impacta como nós tratamos um ao outro *durante* o sexo.

Muitos casais não têm apenas diferenças de libido. Eles também têm que respeitar os limites sexuais — o que fazemos na cama e o que evitamos? Obviamente, há alguns mandamentos bíblicos que devem ser seguidos, como evitar envolver uma terceira pessoa (seja com pornografia ou uma pessoa de verdade), mas achamos que vai além disso. Colocar o outro em primeiro lugar também significa que as preferências, os medos e a autoimagem dessa pessoa precisam ser protegidos.

Isso significa que, se um de vocês sente que certo ato sexual é degradante ou faz lembrar de abusos, você deve evitar. Não faça nada que cause dor ao seu cônjuge, mesmo se essa dor for emocional. Se o coito em si é um gatilho para você ou se os únicos atos que levam seu cônjuge ao orgasmo são

EM DEFESA DO SEXO INCRÍVEL

gatilhos para você, então, a coisa bondosa a se fazer (para você e para seu cônjuge) é procurar um terapeuta para trabalhar o seu trauma. Mas não force os limites do seu cônjuge no quarto e nunca quebre a confiança dele(a).

Muitos cresceram na cultura da pornografia e treinaram o ciclo de resposta sexual a coisas gráficas que podem ser degradantes, perigosas ou desagradáveis para o outro. Um cônjuge pressiona o outro para fazer o que ele viu ou percebe que o sexo "comum" simplesmente não é o suficiente. Mas pessoas bondosas não forçam ou pressionam seus cônjuges para satisfazerem seus fetiches. Em vez disso, elas se dedicam a recondicionarem seus cérebros para que a intimidade seja o que desperta o desejo e a excitação, não apenas o sexo erótico (e possivelmente violento e degradante).

Honrar a dignidade do seu cônjuge também significa que você vê o sexo como uma experiência mútua, não algo que seu cônjuge faz para "prestar um serviço" para você. O ex-pastor de uma megaigreja, Mark Driscoll, agora desprestigiado, falou em um sermão em 2007 em Edimburgo sobre como uma esposa deveria "se arrepender" do "terrível pecado" de não fazer sexo oral:

> Ela [a esposa] diz: "Eu nunca fiz sexo oral com meu marido. Eu me recusava." Eu disse: "Você precisa ir para casa e dizer para seu marido que conheceu Jesus, que está estudando a Bíblia e que foi convencida de um terrível pecado na sua vida. E então você precisa abaixar as calças dele e precisa servi-lo como seu marido. E quando ele perguntar por quê, diga: 'Porque eu sou uma mulher arrependida. Deus mudou meu coração e eu devo ser uma esposa bíblica.'" Ela disse: "Sério?" E eu disse: "Sim. 1Pedro 3 diz que, se o seu marido é descrente, sirva-o com atos de bondade."[9]

Nós acreditamos que o sexo oral pode ser uma parte saudável das vidas sexuais dos casais, contanto que ambos estejam confortáveis com isso. Mas

---

[9]PIATT, Christian. "Mark Driscoll's Oral Fixation", *Patheos*, 30.04.2013. Disponível em: https://www.patheos.com/blogs/christianpiatt/2013/04/mark-driscolls-oral--fixation/.

um sexo centrado na cruz significa que fazer amor precisa ser sobre servir e amar. Retratar o sexo como Driscoll faz aqui e usar versículos bíblicos para manipulá-la a fazer sexo oral com o marido rouba a dignidade da mulher. Driscoll perdeu muito da sua credibilidade na igreja, em parte por causa de afirmações como essa. Porém, nós nos perguntamos quantos autores de livros conseguem dizer coisas parecidas sem perderem a credibilidade. É só porque não gostamos de ouvir essas coisas em voz alta?

Mas "prestar um serviço" para ele se torna ainda mais sinistro quando o pedido dele requer a humilhação, a dor ou a vitimização dela. Se você só fica excitado quando outra pessoa está com algum sofrimento ou desconforto, isso é um problema. Uma mulher escreveu para nós sobre dinâmicas sexuais preocupantes no casamento dela:

> Há vezes em que eu avanço e meu marido diz "não", o que não é um problema para mim. Mas aí ele quer alguns minutos depois. Hoje, eu tinha que ir para o trabalho e sabia que eu sairia em meia hora. Eu me ofereci para fazermos uma rapidinha antes de eu ter que sair. Ele disse que não queria. Aí, logo antes de eu sair, ele perguntou se nós poderíamos ir para o quarto. Eu fiquei frustrada, mas não queria negá-lo, o que, é claro, matou o clima e ele ficou frustrado. À noite, quando eu avanço, ele geralmente diz "não". Aí, assim que eu pego no sono, ele me acorda e diz que está excitado, ou eu acordo e o encontro fazendo sexo comigo.

Como explicamos no capítulo 10, acordar uma mulher para fazer sexo sem o consentimento dela é agressão sexual. Mas, ao olharmos para as outras coisas que ela descreveu, nós vemos ainda mais sinais de alerta. Ela começa quando é um momento bom para ela, mas, se é um momento bom para ela, ele desanima. Ele só quer sexo quando é inconveniente para ela. Parece que, para esse homem, o poder se tornou um afrodisíaco. Quando você opera com base em um reino do poder, em vez de no reino de Deus (conforme Jesus contrasta em Mateus 20.25-28), então o poder sobre o outro se torna a entrada para a excitação e a reação sexual. Em vez disso, quando você funciona em um reino onde o amor e o sacrifício reinam, então o amor se torna a entrada para o sexo.

> **PERGUNTA DE REFLEXÃO**
>
> O seu cônjuge está tendo prazer ao machucar, degradar ou humilhar você? Por favor, saiba que colocar limites e dizer "eu não concordo com ser tratado(a) assim na cama" não é apenas aceitável, como também é bom. Se você está violando os limites do seu cônjuge, arrependa-se e busque aconselhamento. Repita os exercícios do capítulo 2, onde você aprendeu a sentir proximidade emocional durante o sexo.

Ao longo deste livro, esperamos que tenhamos apontado você na direção de uma vida sexual que é realmente sobre fazer amor em todos os sentidos da palavra. O sexo, como parte de um casamento centrado na cruz, não é presunçoso, egoísta ou rude. O sexo é dado livremente, mutuamente prazeroso e profundamente pessoal. Jesus é nosso grande Defensor e, se você quiser recuperar o sexo ótimo para o seu casamento, tudo começa agindo de forma cristã a respeito do seu cônjuge. E isso se resume à bondade. Nós esperamos que você tenha entendido a visão de como o sexo assim pode transformar o seu casamento. Mas agora nós queremos apresentar a culminação de todos esses princípios: a paixão.

EXPLOREM JUNTOS

Faça sexo durante o qual você está completa e integralmente servindo seu cônjuge — não "prestando um serviço", mas servindo. Então, inverta os papéis da próxima vez que fizerem sexo.

- Prepare um banho de espuma, comece com uma massagem ou toque o corpo do seu cônjuge de forma que o(a) ajude a relaxar.
- Diga ao seu cônjuge não apenas que você o(a) ama, mas por que

você o(a) ama. O que você aprecia que ele(a) faz por você. Como ele(a) faz a sua vida melhor. Que qualidades você vê nele(a) e como ele(a) cresceu no seu casamento.

- Passe algum tempo beijando da maneira que seu cônjuge quer. Se seu cônjuge estiver pronto e ávido para mandar ver, tudo bem também! Mas se seu cônjuge quiser uma sessão de amassos longa, divirta-se!
- Quando você passar para o sexo, concentre-se inteiramente em dar prazer para o seu cônjuge. Você pode escolher por sexo sem penetração para ser mais fácil de focar no seu cônjuge, mas, mesmo se seu cônjuge escolher ter a penetração, faça tudo por ele(a), não sobre você.
- Depois, não simplesmente role para o lado e caia no sono. Abrace seu cônjuge, fale com ele(a), orem juntos, qualquer coisa que seu cônjuge precisar no momento.

RESGATANDO E REESTRUTURANDO

- Em vez de dizer somente às mulheres: "Sejam bondosas deixando suas necessidades de lado para atender às do seu marido", diga a ambos os cônjuges: "Sejam bondosos e atenciosos com as necessidades do seu cônjuge, considerando que as experiências dele(a) são tão importantes quanto a sua própria".
- Em vez de dizer às mulheres: "Seu marido precisa que você continue atraente", diga aos casais: "Buscar um estilo de vida saudável é uma maneira de mostrar bondade para seu cônjuge".
- Em vez de apresentar a vida sexual ideal como uma em que a mulher não está menstruando, não está grávida, não é lactante, não está passando pela menopausa e está com a mesma aparência de quando casaram, diga aos casais que "os corpos das mulheres foram feitos para mais do que apenas o prazer dos maridos. Honre o corpo da sua esposa e honre a sua esposa".

CAPÍTULO 12

PASSANDO DE "FAZER SEXO" PARA "FAZER AMOR"

"O ladrão vem somente para roubar, matar e destruir; eu vim para que tenham vida, e a tenham com plenitude"
João 10.10

Você já notou que, logo antes e durante o orgasmo, você não consegue falar frases completas? Você não está mais sendo guiado por pensamentos; você permite que suas emoções tomem o controle. Você é só experiência, não pensamento.

E foi assim que Deus fez.

Pense nisso por um momento: no ápice da experiência emocional humana, é mais sobre *ser* do que sobre *pensar*. Esse "ser" é o cerne da paixão.

Então, por que sexo fácil, incontido e apaixonado é tão esquivo? Vamos voltar a Sandra, que conhecemos que estávamos falando sobre dores sexuais. A crença de Sandra de que o sexo foi criado para os homens a

EM DEFESA DO SEXO INCRÍVEL

levou a se sentir envergonhada por ser uma pessoa sexual. Sandra explicou: "Eu ficava presa em pensamentos negativos sobre mim mesma enquanto Paul estava se divertindo e tentando tanto me agradar — o pobrezinho nunca conseguia dizer se eu estava gostando ou não!"

Frequentemente, havia vezes durante o sexo em que Sandra começava a gostar, mas a vergonha não a permitia admitir isso no momento para ela mesma ou para o marido. Então, por vinte anos, o casal simplesmente continuava fazendo sexo ruim.

Finalmente, depois de passar meses conversando para desenterrar a raiz dos problemas deles, e de meses com Paul tentando provar para a esposa que ele não via o sexo como direito dele, Sandra percebeu: Deus não criou o sexo apenas para Paul; ele criou o sexo para ela também. Ela explicou:

> Eu percebi que Deus fez o sexo por duas razões diferentes: razões físicas e razões de união. Às vezes, o sexo é principalmente sobre se divertir ao atender às necessidades físicas um do outro e tudo bem, mas, na maior parte do tempo, o propósito principal é deixar vocês mais próximos e mais unidos. O sexo é o ápice da intimidade conjugal. Quando eu percebi isso, finalmente fui capaz de me permitir ter a experiência do prazer sem me sentir egoísta ou pecaminosa. Eu ainda estou progredindo, mas estou finalmente começando a aceitar que Deus me deu liberdade no meu leito conjugal e que isso é uma coisa boa e santa.

Julie era uma controladora que se certificava de fazer tudo de acordo com as regras. Quando estava crescendo, ela sempre ouviu que o sexo era a obrigação da mulher. A mãe dela lhe disse: "É uma bênção", mas Julie só pensava: "Bem, sim, da mesma forma que é uma bênção cozinhar para o seu marido ou cuidar das crianças, eu acho".

Então, não foi uma surpresa que, quando Julie, focada na obrigação, casou com Greg há quinze anos, o sexo nunca foi muito atraente. "Eu via o sexo como algo que eu precisava fazer. Era a minha 'bênção como espo-

PASSANDO DE "FAZER SEXO" PARA "FAZER AMOR"

sa' ser capaz de dar tanto prazer para o meu marido, mas eu nunca pensei que deveria ser prazeroso para mim também", Julie explicou.

Julie sentia muita vergonha pela sexualidade dela, o que causou uma estranha dissonância cognitiva nela. Ela sabia que era "bom" que o marido dela a achasse atraente, mas ela se sentia suja sempre que o excitava. "Eu ficava desconfortável demais para tentar qualquer coisa além do sexo 'café com leite', e eu sentia tanta vergonha e timidez pelos primeiros doze anos que eu sempre ficava de camisa durante o sexo. Eu não conseguia nem ficar completamente nua com meu marido", Julie explicou.

Três anos atrás, em um pequeno grupo de mulheres, a perspectiva de Julie mudou. "Uma mulher liderou um estudo bíblico em que, pela primeira vez, eu ouvi que Deus quer que eu tenha um sexo maravilhoso e fora de série — e que não havia nada vergonhoso sobre isso!" Nos meses seguintes, Julie esmiuçou as Escrituras e teve uma epifania: "Eu finalmente entendi que o sexo é uma maneira aprovada por Deus para sentirmos uma perda de controle completa e extasiante, misturada com prazer intenso e fulminante. E isso me arrebatou". Ela passou algum tempo processando tudo que aprendeu, mas, quando tudo se encaixou, ela declarou para Greg: "Olha, eu nunca te dei meu corpo todo. Mas vamos fazer isso — vamos ficar pelados e vamos nos divertir".

Para a surpresa de ninguém, Greg ficou eufórico quando sua esposa decidiu deixar a vergonha de lado para buscar a paixão. Julie disse: "Greg já sabia de tudo isso sobre o sexo muito antes de mim e ficou muito feliz porque eu finalmente estava me permitindo desfrutar do sexo e permitindo que ele desfrutasse de mim!"

Hoje, Julie não se sente envergonhada ou indecente quando o marido dela acha que ela é gostosa. Agora, ela tem orgulho de se sentir sensual! Desbloquear a paixão permitiu que Julie gostasse de tentar coisas novas porque ela podia finalmente perder o controle enquanto fazia amor com o marido. Ela não precisava mais estar no controle. E Greg está muito grato porque agora eles têm a vida sexual que ele sempre soube que seria possível — mesmo que tenha levado doze anos.

PERGUNTA DE REFLEXÃO
Como você se sente sobre ficar nu(a) diante do seu cônjuge?

Tanto Sandra quanto Julie viam o sexo como parte da lista de afazeres do casamento, um dever que elas deviam aos seus maridos. Agora, já te dissemos o quanto a ideia do sexo por obrigação é perigosa e, ao longo do livro, te demos vários ingredientes para uma vida sexual incrível. Mas, nessa última parte, a parte da paixão, queremos nos certificar de que não estamos substituindo uma lista por outra:

- Estamos emocionalmente conectados? (confere!)
- Nós dois tivemos um orgasmo? (confere, confere!)
- Nós servimos um ao outro? (confere!)

Trate o sexo como uma lista e ele perde a graça. E sabe de uma coisa? Tudo bem só se divertir — e a paixão é o que desbloqueia a diversão! Este conceito final não é sobre te resgatar de ensinamentos defeituosos. Não temos citações terríveis para compartilhar com você ou ideias recheadas de vergonha que queiramos desconstruir. Já fizemos tudo isso, e foi pesado, mas esperamos que tenha levado à cura.

Mas agora, para completar tudo, queremos te dar uma imagem dessa parte final que amarra todo o restante. Vamos descobrir como desbloquear a paixão.

Deixando tudo à mostra

A nudez pode ser intimidadora para muitos de nós, seja devido a problemas com a aparência do corpo, à vergonha, a mudanças no corpo depois do parto, a mastectomias, ao processo de envelhecimento ou a feridas e cicatrizes. Você se identifica com alguma das frases a seguir?

- Eu não faço sexo com as luzes ligadas.
- Nós trocamos de roupa em cômodos diferentes.
- Eu tranco a porta quando tomo banho.
- Nós nunca estamos completamente nus durante o sexo.
- Durante o sexo, eu posiciono os lençóis de forma que parte do meu corpo fique escondida.

Se você é assim, aqui estão algumas maneiras para ficar mais confortável quanto a mostrar seu corpo:

- Deitem na cama juntos e nus sob lençóis (assistam a uma série, escutem um *podcast*, o que quiserem).
- Tomem banho juntos de forma que os dois olhem para o mesmo lado, com a mulher se recostando contra o homem.
- Se a mulher é insegura, compre *lingerie* bonita para usar na cama (mas não somente *lingerie* sensual — tente ir adicionando camisolas e pijamas mais femininos para noites normais também!)
- Use velas se as luzes normais forem fortes demais.

Se o seu cônjuge tem dificuldade com a nudez, aqui estão algumas maneiras para demonstrar que você ama o corpo dele(a):

- Tire as roupas do seu cônjuge devagar e com carinho, beijando depois de cada peça de roupa. Vá somente até onde ele(a) estiver confortável.
- Use suas palavras para construir confiança, não insegurança.
- Reafirme seu cônjuge todos os dias de que ele(a) é o que você quer e o que você precisa.

. . . .

A PAIXÃO NÃO É DOMESTICADA

Descrever a paixão é difícil. Nós nos sentimos como se estivéssemos em *A noviça rebelde*, tentando descobrir como consertar Maria: "Como sentar a nuvem no divã?" Mas vamos tentar o melhor que pudermos.

A paixão é o que coloca a "vida" na vida sexual, mas é difícil defini-la porque, se a reduzirmos a uma lista, nós perdemos o porquê da paixão!

EM DEFESA DO SEXO INCRÍVEL

A paixão acontece quando nos doamos inteiramente ao nosso cônjuge e não retemos nada. Mas isso pode ser difícil quando, como Julie ou Sandra, nós nos afastamos tanto da nossa própria sexualidade que não conseguimos nos desapegar e, em vez disso, nos preocupamos: "Eu ainda sou uma boa pessoa? Eu estou fazendo certo?" ou até: "Será que passei do ponto? Isso é errado?" Quando julgamos nosso desempenho, procurando por erros, aí nosso objetivo durante o sexo é fazê-lo *corretamente*.

Mas Deus projetou o sexo para que a intimidade não seja exatamente certinha. Não é algo que você pode colocar num pote e manter limpo e organizado. Ela transborda. Ela se deleita. Ela até grita.

E sabe de uma coisa? Deus nos fez — tanto os bons moços quanto as boas moças — para sermos orgásmicos. Ele não tem medo de extremos. Ele não criou os relacionamentos, mesmo o nosso relacionamento com ele, para serem limpinhos e arrumados. Como C. S. Lewis descreve Aslam, a figura de Cristo em *O leão, a feiticeira e o guarda-roupa*, "Não se trata de um leão domesticado".[1]

Mas vamos tomar cuidado para não chegarmos a outro beco sem saída. Todo esse papo sobre fazer amor profundo, íntimo e apaixonado faz o sexo parecer muito solene. Francamente, podemos acabar levando o sexo a sério demais. O sexo apaixonado frequentemente é retratado como se devesse estar em um filme europeu de quatro horas, com iluminação fraca, música lírica e metáforas que você não entende. Um veado branco olha pela janela do quarto. Você sabe que ele tem algum significado, mas você não tem certeza do que é.

Mas o sexo apaixonado também pode acontecer no banheiro de um hotel nada chique, com lâmpadas fluorescentes e espelhos em todos os ângulos errados, enquanto seus filhos dormem no cômodo ao lado. O presente do sexo em um relacionamento saudável é que você não tem

---

[1]LEWIS. C. S. *O leão, a feiticeira e o guarda-roupa*, 3. ed. (São Paulo: WMF Martins Fontes, 2009), p. 86.

mais nada para provar. Você pode só relaxar e ser você mesmo, sabendo que é amado incondicionalmente.

Em contraste, ser correto é uma armadura emocional. Ela reprime as nossas ansiedades de que não seremos bons o bastante ou que podemos parecer bobos, nos reafirmando de que estamos de acordo com o que outros pensam que "deveríamos" ser.

A paixão requer que tiremos essa armadura e aceitemos que nem tudo vai ser perfeito. É quando não precisa encolher sua barriga quando estiverem nus juntos, não precisa passar maquiagem antes de ele olhar para você, não precisa se mexer para que as estrias fiquem escondidas debaixo dos lençóis. A paixão não somente ignora essas coisas — ela abraça a imperfeição porque ela é parte da figura de quem nós somos.

A paixão diz: "Eu quero você como você é — não quem você poderia ser, não quem você deveria ser, não quem você era quando nos conhecemos — eu quero você agora, e eu quero você no sentido mais profundo".

A PAIXÃO REQUER CONFIANÇA

Isso significa que, no cerne, a paixão não é sobre quantas posições sexuais vocês sabem, mas sobre o quanto vocês confiam um no outro. A confiança permite que você abra mão do controle porque ela te liberta da necessidade de se proteger. Você pode se permitir sentir e pode desligar a mente só um pouquinho. Você pode parar de se preocupar com o que o outro pensa sobre você e, em vez disso, aproveitar o momento.

O sexo apaixonado é como um trem viajando sobre os dois trilhos. De um lado, temos a renúncia do que é correto e o acolhimento da sexualidade em toda sua bagunça. Do outro, temos a firmeza de um relacionamento forte e saudável que nos permite confiar no outro. Sem os dois juntos, o trem descarrila. Paixão desenfreada é simplesmente luxúria. Mas, quando a paixão flui de um amor pelo outro como o de Cristo, é aí que encontramos o sexo incrível.

Infelizmente, é comum pensarmos sobre o sexo apaixonado como o sexo que cada vez mais supera limites. Nós focamos em tentar encontrar

EM DEFESA DO SEXO INCRÍVEL

o novo barato sexual. E olha, tentar coisas novas é ótimo! Os exercícios ao final deste capítulo são todos sobre tentar coisas novas! Mas e se a chave para o sexo apaixonado estiver menos em se forçar além da sua zona de conforto e mais em abraçar a liberdade a fim de que a sua zona de conforto se expanda? Sim, cada um de nós precisa trabalhar em si mesmo para acolher a nossa sexualidade dada por Deus. Mas a paixão verdadeira não é algo que você pode cultivar na sua vida sexual sozinho. Acolher a liberdade só pode acontecer quando seu relacionamento está emocionalmente saudável. É por isso que o sexo apaixonado começa nas partes menos apimentadas do casamento, como:

- Roger dizendo para Bev por quinze anos: "Eu te acho linda, eu te acho atraente, você não está faltando com nada e a aparência do seu corpo é o que eu quero e o que eu preciso".
- Raeleen decidindo parar de ver o marido como quem ele não era e, em vez disso, decidindo parabenizá-lo por quem ele é.
- Connor, esperando pacientemente por meses a fio enquanto o corpo de Rebecca se recuperava de um parto traumático.

Sandra e Paul tentaram apimentar as coisas e, pelos primeiros vinte anos de casamento, Sandra não conseguia se olhar no espelho depois de eles fazerem sexo. Todas as ideias negativas que ela ouviu fizeram com que tentar coisas novas fosse um fardo, não uma bênção. Frequentemente, as orações matinais dela começavam com ela confessando o que eles fizeram no quarto, por precaução de aquilo não ser aprovado. Foi somente quando Paul consolidou a confiança de Sandra ao libertá-la do sexo por obrigação que ocorreu o momento de epifania ela. Sandra explica: "Eu ainda tenho que lutar contra essas ideias negativas, mas o sexo não parece mais vergonhoso. Minhas devoções matinais não são pedidos de desculpa a Deus pelo que fiz na noite anterior. E agora, depois do sexo, eu me olho no espelho e me lembro de que Deus ama o que acabamos de fazer, de que Deus fez o que acabamos de fazer e de que Deus ama que eu ame isso também!"

PASSANDO DE "FAZER SEXO" PARA "FAZER AMOR"

> **PERGUNTA DE REFLEXÃO**
> Você já se sentiu culpado(a) por causa do que você fez na cama com seu cônjuge? Essa culpa foi devido a algum pecado ou a uma vergonha desnecessária?

Este livro inteiro nos trouxe a este ponto. A vulnerabilidade, a chave para a paixão, requer todas as coisas sobre as quais falamos. Você não pode abraçar a vulnerabilidade apaixonada se você não puder confiar no seu cônjuge. Você não pode ser vulnerável se não puder ser você mesmo (e você não pode ser você mesmo se estiver motivado(a) pelo medo de seu cônjuge estar tendo um caso ou de estar perdendo o amor por você). Você não pode ser vulnerável se está cheio(a) de vergonha pelo seu passado. Você não pode ser vulnerável se a confiança foi quebrada e não foi reconstruída.

Você não pode forçar a paixão. Ela flui da habilidade de ser vulnerável, a qual flui da habilidade de confiar, a qual flui de um relacionamento seguro. Com tantos dos conselhos cristãos nos dizendo que bons casamentos são construídos por meio de sexo apaixonado, não é de surpreender que tenhamos nos desviado — nós estávamos fazendo o caminho inverso.

> **PERGUNTA DE REFLEXÃO**
> Existem barreiras para a confiança ou para a vulnerabilidade no seu casamento? Como o seu cônjuge pode te ajudar

Ao escrevermos este livro, ouvimos tantas histórias angustiantes. Muitos casais foram roubados da alegria de uma vida sexual simples. Deus planejou uma vida abundante para nós, mas, com frequência demais, nós a perdemos porque maus ensinamentos nos tiraram da estrada. Nos deram o mapa errado.

Sentimos muito que tantos de vocês tiveram essa abundância roubada. Acreditamos que Deus esteja lamentando com vocês também. Muitos de nós no mundo evangélico têm diversos motivos para estarem ofendidos. Mas, por favor, saiba que nunca foi Deus quem espalhou essas ideias. Em vez de ficar sentado sobre as cinzas, bata a poeira e livre-se dessas ideias tóxicas. Já te roubaram coisa demais; não perca mais tempo. Entre na paixão e alegria que você sempre deveria ter tido.

EXPLOREM JUNTOS: VAMOS COLOCAR A MÃO NA MASSA!

Este foi um livro sério, mas agora é a hora de nos divertirmos. Conforme você acolhe a liberdade, aqui estão cinco jogos que você pode tentar para rir, apimentar as coisas e aumentar a paixão.

1. Yoga nu para casais (aprenda a rir de novo!)
   - Procure no Google posições de yoga para casais e tente executá-las no quarto — como vieram ao mundo. O objetivo aqui é te ajudar a rir de novo e ficar confortável com a nudez em um contexto sem pressão. (Procure "merudandasana" e faça com ajuda do seu cônjuge. Nós te desafiamos!)

2. Dois "eba" e um "eca"
   - Você se lembra do jogo "duas verdades e uma mentira" que nós todos jogamos na adolescência para descobrirmos quem estava a fim de quem? Estamos alterando esse jogo um pouquinho. Cada cônjuge lista duas coisas que gostaria de tentar na cama e uma que não gostaria (sem dizer qual é qual). Tente descobrir qual é o eca do seu cônjuge, e depois tente descobrir qual é o maior eba!
   - Isso também te ajuda a honrar o "não" do seu cônjuge, conforme falamos nos capítulos 9 e 10.

3. Role o dado

PASSANDO DE "FAZER SEXO" PARA "FAZER AMOR"

- Pegue dois dados de cores diferentes. Para um deles, determine uma ação (beijar, esfregar, acariciar etc.) para cada número de 1 a 6; determine uma parte do corpo (boca, pés, peitoral etc.) para cada número do outro dado. Revezem-se rolando os dados e executando a combinação no outro por um minuto. Vão trocando as ações e as partes do corpo para se adequarem aos seus níveis de conforto.

4. Sexo de quatro sentidos
   - Empregue mais do que somente o tato e a visão quando fizer amor. Escolha quatro sentidos para satisfazer quando estiver fazendo sexo — acenda uma vela perfumada, use penas ou cubos de gelo para brincar com o tato, coloque alguma música ou inclua um pouco de sabor com calda de chocolate. Seja criativo e desfrute do seu lado sensual.

5. Explore variações
   - A maioria das posições sexuais acabam sendo resumidas em variações dessas quatro:
     - Olho no olho, o homem por cima
     - Olho no olho, a mulher por cima
     - O homem vendo as costas dela, ele por cima
     - O homem vendo as costas dela, ela por cima
   - Aqui estão maneiras de variar essas quatro posições
     - Mude o ângulo da perna de um dos cônjuges (por exemplo, coloque-a para cima em vez de apoiada na cama, ou a coloque em volta do outro, ou nos ombros do outro, ou mais afastadas ou mais juntas).
     - Gire o quadril ou incline-se em direções diferentes para mudar o ângulo de penetração.
     - Eleve o corpo com alguns apoios. Coloque almofadas debaixo dos quadris, ajoelhe-se, sente-se, apoie-se em algum móvel etc.

EM DEFESA DO SEXO INCRÍVEL

- Mude o movimento. Tente ficar pelas bordas ou tente movimentos rotacionais em vez de só ficar para frente e para trás, ou deixem a mulher tomar as rédeas e incline-se para trás e para frente para encontrar o ângulo certo.

- Seja o que fizerem, lembrem-se de não sustentar o peso dela sobre o pênis. O pênis não é uma viga de apoio e pode quebrar. (Se vocês ouvirem um estalo ou se ele sentir uma dor e perder a ereção de repente, vão para um hospital imediatamente.)

CAPÍTULO 13
QUAL É O CAMINHO ADIANTE?

"Irmãos, não penso que eu mesmo já o tenha alcançado; mas faço o seguinte: esquecendo-me das coisas que ficaram para trás e avançando para as que estão adiante, prossigo para o alvo, pelo prêmio do chamado celestial de Deus em Cristo Jesus"
FILIPENSES 3.13-14

É o fim do livro, mas ainda não acabamos com os resultados da nossa pesquisa! Ainda temos mais uma pepita de ouro para compartilhar.

No capítulo 5, nós dissemos que a ideia de que "todos os homens lutam contra a luxúria; é a batalha de todo homem" diminui as taxas de orgasmos e de satisfação conjugal, e aumenta as dores sexuais. Mas também te dissemos que as mulheres que acreditam nisso tendem a fazer sexo com mais frequência.

Bem, adivinha? Essa não é a única ideia que causa isso. A ideia de que a única razão bíblica para o divórcio é um caso extraconjugal, a crença

EM DEFESA DO SEXO INCRÍVEL

de que sexo frequente vai prevenir que o marido assista pornografia, e — como conversamos antes — a ideia do sexo por obrigação segue essa tendência de ferir a satisfação sexual e conjugal das mulheres ao mesmo tempo que aumentam a frequência do sexo. Essas crenças tornam o sexo muito pior para as mulheres e simultaneamente as ameaçam, as pressionam e as coagem a fazerem sexo com mais frequência.

Ficamos nos perguntando: isso foi produto da ignorância dos autores ou era a sua intenção o tempo todo?

Nós nos preocupamos que muitos pastores, autores e líderes cristãos considerem um sucesso qualquer aumento de frequência. Afinal, se a frequência do sexo é a principal medida de satisfação sexual, então essas ideias funcionam! Mas esperamos que você concorde que ignorar as dores emocionais, espirituais e físicas das mulheres contanto que os homens tenham prazer é algo seriamente perturbador. Nossa esperança é que muito disso tenha sido feito por ignorância e não intencionalmente porque essa segunda opção é horrível demais para imaginar.

Ao lermos todos esses livros cristãos *best-sellers* sobre sexo e casamento, nós ficamos perplexas com quão pouco pedem dos homens. Dos treze *best-sellers* cristãos que analisamos na nossa escala, somente três livros exigem dos homens todas as coisas a seguir:

- Seja fiel (sem dar ressalvas).
- Faça o sexo ser prazeroso para ela.
- Não insista ou espere fazer sexo de qualquer tipo quando sua esposa estiver física ou emocionalmente indisposta.
- Aguarde o consentimento da sua esposa.[1]

---

[1] Os três livros que pediram todas essas quatro coisas dos homens foram *Limites no casamento, Casamento sagrado* e *o sexo é um presente de Deus*. Nenhum dos três usou especificamente a palavra "consentimento" ou falou sobre estupro conjugal, mas cada um deu vários exemplos de como e quando as mulheres podem dizer "não" para o sexo. Somente nosso livro secular de controle falou abertamente sobre o consenso.

QUAL É O CAMINHO ADIANTE?

Alguns livros exigiam um ou dois, alguns faziam ressalvas, mas somente três dos treze livros cristãos *best-sellers* sobre sexo e casamento exigiam que os homens fossem fiéis, fizessem um bom sexo com suas esposas e não as estuprassem. (Na média, os livros exigiam 1,85 desses requisitos.)

No entanto, esses mesmos livros que não conseguiram exigir o mínimo possível dos homens exigiam das mulheres, em média, mais de cinco das coisas a seguir (e cinco livros exigiam todas):

- Faça sexo com a frequência que o marido quiser.
- Faça sexo mesmo se ele estiver assistindo pornografia ou tiver problemas com luxúria.
- Entenda que, sem sexo, o marido é mais propenso a ter um caso extraconjugal e, se tiver, será, ao menos em parte, culpa da esposa.
- Ajude o homem a alcançar o clímax de alguma forma, mesmo quando estiver menstruada, se recuperando de um parto e não estiver dormindo, ou durante qualquer problema que possa estar enfrentando, já que os problemas da mulher não são razões para recusar sexo.
- Evite ganhar peso para continuar atraente.
- Deixe claro para o marido que ele é bom de cama (sem a ressalva necessária de que ele deveria *ser de fato* bom de cama).
- Comece o sexo e seja entusiasmada.

Não estamos dizendo que todos esses requisitos sejam ruins (embora alguns claramente sejam). O que é tão óbvio é o contraste entre o quanto é esperado das mulheres e o quão pouco é esperado dos homens.

Eu (Sheila) tenho escrito e falado sobre casamentos cristãos, e especificamente sobre sexo, por mais de dezessete anos, mas até recentemente eu nunca havia lido outros livros cristãos sobre casamento ou sexo porque eu temia plagiar alguém sem querer. Contudo, eu presumia que, como esses autores conheciam Jesus, eles deveriam estar falando a verdade.

EM DEFESA DO SEXO INCRÍVEL

Então, eu recomendei. Eu confiei. Eu apoiei.

Então, depois de ser incitada por uma conversa no Twitter, eu li *Amor e respeito* no inverno de 2019. Meu mundo inteiro desmoronou.

Eu fiquei horrorizada que o capítulo sobre sexo em *Amor e respeito* fosse direcionado apenas às mulheres (porque, segundo a visão de Eggerichs, o sexo é uma necessidade somente do homem). Esse é o meu resumo do que ele diz para as mulheres sobre o sexo:

- Os homens precisam de sexo, enquanto as mulheres, não, e as esposas devem fazer sexo ou seus maridos podem se sentir desrespeitados e podem, então, traí-las.[2]
- As esposas devem compadecer-se com os problemas com luxúria do homem.[3]
- A esposa deve compadecer-se se o marido quiser que ela perca peso, mesmo se ele estiver assistindo pornografia.[4]
- É pecado dizer não para o sexo, independentemente do que a mulher estiver sentindo ou mesmo se o marido for abusivo (já que você deve dar a ele respeito incondicional, o que inclui o sexo, mesmo se ele estiver te assustando com a "raiva destruidora" dele a ponto de você ter "vontade de fugir e [me] esconder").[5]

Apesar disso, o que ele pede para os homens fazerem na cama? *Absolutamente nada.* Não houve sequer uma referência passageira sobre fazer o sexo ser prazeroso para ela também.

Por mais deprimente que tenha sido ler *Amor e respeito*, isso também mudou o curso do nosso trabalho e ministério. Até então, estávamos trabalhando cegamente enquanto criávamos materiais úteis para

---

[2]EGGERICHS. *Amor e respeito*, p. 249-50.

[3]Ibidem, p. 256-8.

[4]Ibidem, p. 233.

[5]Ibidem, p. 278.

QUAL É O CAMINHO ADIANTE?

melhorar os casamentos e as vidas sexuais das pessoas. Quando lemos o livro, percebemos que precisávamos fazer muito mais. As pessoas poderiam fazer nossos cursos, ler nosso blog e nossos livros, e ouvir nosso *podcast* até cansarem, mas, se ainda estivessem recebendo essa doutrina venenosa sobre casamento, somente bom conteúdo não consertaria completamente o problema. Precisávamos dar às pessoas permissão explícita para rejeitarem os aspectos da perspectiva evangélica que as estavam prendendo.

Começamos em pequena escala. Nós compilamos um relatório resumindo centenas de comentários de mulheres do nosso blog, incluindo muitas que achavam que *Amor e respeito* permitia abusos, e o enviamos para *Focus on the family*, que publica o livro e ainda o divulga amplamente. Eu já participei dos programas da *Focus on the family* três vezes e fui bem recebida. Eu achei honestamente que eles ouviriam, mas, depois de apresentarmos centenas de histórias de casamentos que pioraram com esses ensinamentos, Jim Daly, presidente de *Focus on the family*, fez uma declaração de que o livro é útil: "*Focus on the family* continua afirmando que *Amor e respeito* tem uma mensagem biblicamente saudável e revigorante para maridos *e esposas*".[6]

Nós achávamos que, se apresentássemos histórias de centenas de mulheres feridas, não haveria como eles não ouvirem. Mas eles não ouviram.

Então, decidimos aumentar a escala, e foi assim que este livro começou. Decidimos conduzir o maior e mais cientificamente sólido projeto de pesquisa sobre a experiência de mulheres cristãs com o sexo e o casamento já feito até então, e recrutamos 20.000 mulheres para nos ajudar.

---

[6]"Focus on the Family Statement: Sheila Gregoire and Love & Respect", *Focus on the Family*, 17.01.2020. Disponível em: https://www.focusonthefamily.com/focus-on--the-family-love-respect/. Por favor, veja a declaração de Sheila em resposta ao seguinte: *Statement in Response to Focus on the Family's Statement Regarding Me*, To Love, Honor, and Vacuum, 22.01.2020. Disponível em: https://tolovehonorandvacuum.com/statement-in-response-to-focus-on-the-familys-statement-regarding-me/.

EM DEFESA DO SEXO INCRÍVEL

Aparentemente, várias centenas de mulheres podem ser ignoradas. Esperamos que as vozes de 20.000 façam as pessoas ouvirem.

Também criamos uma escala para medir livros sobre sexo e casamento baseada em doze ensinamentos sobre a sexualidade feminina. A escala dá notas de 0 a 4 em cada item. Uma nota 4 significa que o livro transmite um ensinamento saudável; uma nota 0 significa que o livro transmite um ensinamento prejudicial; uma nota 2 significa que o livro não abordou o assunto. Então, um livro perfeitamente saudável teria uma nota 48; um livro inteiramente prejudicial teria uma nota 0; e um livro que não abordasse esses assuntos teria uma nota 24.

Tristemente, a maioria dos livros cristãos sobre casamento e sexo ficou na categoria de prejudiciais (veja o apêndice para detalhes completos). Na verdade, *Amor e respeito*, o qual *Focus on the family* disse ter "uma mensagem biblicamente saudável e fortalecedora para maridos *e esposas*" em resposta às nossas preocupações, ficou com uma nota 0 de 48 — de longe, a pior nota de qualquer livro que analisamos. Em contraste, *Sete princípios para o casamento dar certo*, de John Gottman, (o livro secular sobre casamento mais vendido) ficou com uma nota 47 de 48. Assim como *O sexo é um presente de Deus*, de Clifford e Joyce Penner. *Limites no casamento* e *Casamento sagrado* tiveram notas 42 de 48. Ter nota para ficar na categoria saudável certamente não era inalcançável. Apesar disso, a maioria dos livros cristãos que analisamos falhou.

Como erramos tanto, de forma que tão poucos dos nossos livros cristãos *best-sellers* contêm ensinamentos saudáveis e tantos contêm os ensinamentos mais prejudiciais? Por que o livro secular sobre casamento mais vendido tem uma nota quase perfeita enquanto os livros cristãos *best-sellers* sobre casamento que entram nos nossos critérios falham tão terrivelmente?[7] Onde está o discernimento na igreja evangélica?

---

[7]*As cinco linguagens do amor* vendeu mais exemplares do que *Amor e respeito*, mas ele não fala o suficiente sobre sexo para entrar na classificação, então o excluímos da nossa análise.

QUAL É O CAMINHO ADIANTE?

Não estamos dizendo que autores e professores nunca podem cometer erros. Fazer essa pesquisa foi uma experiência que me tornou mais humilde, pois coisas que escrevi anos atrás apareceram na minha cabeça, me causando desgosto. Estamos todos fazendo o melhor que podemos e, às vezes, vamos cometer erros. Mas, quando nos colocamos em uma posição de ensino, assumimos responsabilidade por aqueles a quem ensinamos. Se causamos danos, temos a responsabilidade como professores de corrigir nossas ideias para ficarmos mais alinhados com Cristo. Não precisamos de perfeição; precisamos de humildade, compaixão e crescimento.

Um princípio bíblico é que Deus não te acusa de um pecado se você o comete em ignorância. Porém, quando você já recebeu o alerta, se torna responsável por aqueles que poderia ter ajudado. Considere este livro nosso alerta para o mundo evangélico. Se nos importamos com casamentos saudáveis e com pessoas, então precisamos mudar a maneira que falamos sobre sexo.

ISSO NÃO É UMA COISA DE OUTRO MUNDO

Os princípios gerais deste livro não são novidade. Você provavelmente os aprendeu quando tinha quatro anos de idade na escola dominical. "Não faça coisas que ferem os outros. Faça aos outros o que gostaria que fizessem com você. Se importe com as pessoas". Mas, de alguma forma, nos esquecemos dessas coisas. Talvez seja por causa dessa última parte: importar-se com *pessoas.*

Quando estávamos fazendo o esboço dos capítulos deste livro, Joanna riu: "Sabem, a gente poderia dizer isso tudo em apenas quatro palavras: *mulheres são pessoas também*".

Talvez esse seja o problema fundamental. O sexo tem sido ensinado primariamente por lentes masculinas, em maior parte por autores homens e palestrantes homens em conferências sobre casamento. As experiências das mulheres têm sido amplamente subestimadas e ignoradas enquanto as mulheres são vistas como ferramentas para os homens conseguirem o que querem. Isso não é cristão. Isso não é ser como Jesus.

EM DEFESA DO SEXO INCRÍVEL

Histórias assim nunca deveriam acontecer de novo

Os problemas que abordamos neste livro podem ser resumidos no comentário desta mulher:

Nos nossos primeiros meses de casamento, eu *implorava* para o meu marido ir mais devagar e ele nunca ia porque tinha medo de que o sexo fosse parar e ele ficasse na mão. Vários anos atrás, em uma frustração em prantos depois do sexo, eu expliquei que ele fazia com que eu me sentisse assim toda vez que fazíamos sexo. Eu vi uma lâmpada se acendendo, mas ele rapidamente a apagou, dizendo: "Vamos ter que trabalhar para você me acompanhar", rolou para o lado e dormiu. Nada mudou. Meu marido teve várias parceiras antes do casamento e eu era virgem. Então, ele realmente acredita que é um amante excelente e que eu simplesmente não o valorizo. Eu tentei explicar que a atitude dele está matando nossa vida sexual, mas ele acha que é a minha falta de interesse que a está matando. Eu amo meu marido e às vezes eu quero fazer sexo, mas, quando eu penso que ele vai querer pular direto para a penetração e que eu vou ficar largada e desapontada, penso: por que me submeter a isso? O quanto meu casamento seria diferente se as aulas de noivos que tivemos tivessem ensinado a ele que ele é responsável por fazer o sexo ser bom para mim? Em vez disso, ele aprendeu que eu devo sexo a ele, que nossa vida sexual é ruim porque não fazemos sexo a cada três dias e que, se ele escolher ter um caso extraconjugal, a culpa é minha por não fazer sexo o suficiente com ele. Ah, e é minha função fazê-lo acreditar que eu gosto do sexo, mesmo se eu não gostar. Como que uma esposa pode sequer começar a combater todo ensinamento ruim e ser ouvida?

Nosso apelo à igreja evangélica é que nossos materiais deveriam levar as mulheres como essa comentadora a se sentirem protegidas, não ignoradas; e deveriam levar os homens como o marido dela a se sentirem culpados, não aprovados.

QUAL É O CAMINHO ADIANTE?

Mulheres, contudo, são pessoas também.

E sabe de uma coisa? Homens são pessoas *também*. Nos nossos grupos focais, repetidamente descobrimos que a maioria dos homens não quer que suas esposas deem ouvidos a essas coisas. Eles não querem que suas esposas fiquem preocupadas e sobrecarregadas com ameaças. Eles são *caras legais*! Eles querem viver como Jesus. E homens têm sentimentos. Homens precisam de conexão emocional. Homens não são zumbis sexuais que se masturbam em estacionamentos de academia. Homens são pessoas *também*.

Francamente, nos sentimos desencorajadas. Como podemos não ficar desencorajadas quando encaramos, todos os dias, histórias de casamentos desnecessariamente feridos por ensinamentos prejudiciais? Como podemos não ficar desencorajadas quando organizações e autores com poder para causar uma mudança ignoram repetidamente as pesquisas e escolhem a rota mais fácil e mais lucrativa, mesmo quando ela causa tanto dano?

Mas, apesar disso, ainda há esperança. Ouvir histórias, ao longo da pesquisa, de tantas mulheres que foram feridas por esses ensinamentos, mas que ainda se recuperaram e triunfaram, foi mais encorajador do que jamais poderíamos ter previsto. Isso nos mostra que, mesmo se os que estão no poder nunca decidirem fazer a coisa certa, Jesus é nosso grande resgatador, e ele continua a resgatar. O Espírito ainda tem poder. Aslam não está parado.

Sabemos que muitos vão nos rejeitar como mulheres fracas e emocionais, ou talvez nos chamem de megeras raivosas ou Jezabeis (e acredite que já nos chamaram de coisa pior). Muito francamente, não nos importamos. Isso nunca foi sobre nós. Isso é sobre Natalie, Kay, Sandra, Piper, Erika e Charlotte. É sobre Bruce, Paul, Greg e todos os outros homens maravilhosos que estão tentando ajudar suas esposas, mas que estão nadando contra a correnteza. Então, com isso, gostaríamos de esboçar um caminho adiante.

UMA PALAVRA PARA AS MULHERES

A sua experiência importa. Deus te deu discernimento. Você tem permissão para usá-lo. Quando ler ou ouvir algo, você não precisa acreditar só porque veio de um líder cristão. Procure por Jesus no que ele ou ela disser e, se ele não estiver lá, descarte-o.

Ao escrevermos este livro, mantivemos em mente três grupos diferentes de mulheres. Primeiro, e com maior peso nos nossos corações, estavam as Abigails deste mundo que estão casadas com um Nabal (1Samuel 25), e elas precisam de ajuda. Algumas mulheres, como Erika, estão casadas com homens que não se importam com elas exceto para usá-las. Elas estão sendo abusadas, estupradas e zombadas. Isso não se parece com Jesus. Suportar isso não é submissão piedosa. Abusos são inaceitáveis. Como Leslie Vernick disse: "Uma esposa não é um corpo para ser usado, mas uma pessoa para ser amada".[8] Se você se vê nessa citação, por favor, procure ajuda ou ligue para um disque-denúncia de violência doméstica.

Depois, temos as Sandras, Bevs e Julies, que têm maridos que ficariam abismados ao saberem o que ensinaram para suas esposas em estudos bíblicos para mulheres e em conferências para mulheres. Os maridos delas querem que o sexo seja recíproco e incrível. Eles nunca iriam querer que suas esposas se sentissem usadas de qualquer maneira. Isso os destruiria. Se você está neste grupo, confie no seu homem. Deixe que ele te mostre o amor de Cristo. Ouça o que ele disser, não o que esses livros disseram.

Por fim, temos o restestante de nós, a bagunçada parte do meio. Somos todas um pouco defeituosas. Cada uma de nós entrou no casamento com bagagem. Não permita que essas ideias tóxicas entrem nessa bagagem. Tenha as conversas difíceis e lute pelo que Jesus sempre quis que o seu casamento fosse. Trabalhem juntos para identificar cada uma das crenças prejudiciais e então as expulsem do quarto para sempre.

---

[8]VERNICK, Leslie. *The emotionally destructive marriage* (Colorado Springs: Waterbrook, 2013). Livros úteis para quem está nessa situação são *When to Walk Away*, de Gary Thomas; *The Emotionally Destructive Marriage*, de Leslie Vernick; e *Is It Me?*, de Natalie Hoffman.

QUAL É O CAMINHO ADIANTE?

UMA PALAVRA PARA OS HOMENS

Rapazes, sabemos que a maioria de vocês está tentando e realmente quer o melhor para suas esposas. Sabemos que é horrível a ideia de a sua esposa forçando-se a fazer sexo com você, apesar de querer te afastar. Então, por favor, manifeste-se quando esse tipo de coisa for pregado para sua esposa ou quando você ouvir outros homens espalhando essa ideia em grupos de homens. Você acredita que os homens não são capazes de se manterem sexualmente fiéis durante a menstruação ou durante o período pós-parto da esposa? Você acha que os homens são tão frágeis que não conseguem ter integridade sexual a menos que as mulheres se vistam com casacos folgados e golas rolê, ou a menos que suas esposas lhes deem prazer o suficiente? Você acha que o Espírito Santo não é suficiente para os homens? Não achamos que você pense isso. Por favor, não permita que outras pessoas coloquem um padrão tão baixo para você. Você quer que suas filhas se casem com homens que entrem nessas descrições? Se não, não tolere isso. Peça mais dos homens. Convoque-os a bondade, fidelidade, gentileza e domínio próprio.

E, por favor, também não pense em pornografia ou em abuso como "problemas das mulheres". Pense neles como problemas do reino, problemas de justiça. Precisamos de vocês.

UMA PALAVRA PARA OS LÍDERES DE MINISTÉRIO

Nossas pesquisas trouxeram boas notícias para os pastores e líderes de ministério, mas também más notícias. As boas notícias são que muitos, muitos líderes de ministério estão ensinando bem sobre casamento e sexo. A maioria das mulheres que relataram ter ouvido as ideias prejudiciais sobre sexo que destacamos neste livro não as ouviram na igreja. Obrigado, líderes!

Mas ainda há más notícias: elas estavam recebendo essas ideias de materiais e livros cristãos. Então, aos que estão na liderança: às vezes, você pode estar fazendo tudo corretamente, trabalhando duro para construir relacionamentos e casamentos saudáveis na sua igreja — mas os

EM DEFESA DO SEXO INCRÍVEL

materiais que o seu rebanho está acessando estão sabotando seu trabalho bem debaixo do seu nariz.

Veja Janet, por exemplo, que recentemente me disse que ela e o marido estavam comparecendo a grupos de recuperação na igreja para o vício em pornografia do marido. Ela fez a terapia que a igreja recomendou. Eles comemoraram um ano sem pornografia e estavam lentamente reconstruindo e sentindo um certo equilíbrio de novo.

Até que, em uma manhã, Janet estava dirigindo pela cidade, resolvendo coisas, quando um episódio de *Focus on the family* foi ao ar. Ela ouviu o anfitrião dizer: "Eu acho que uma das razões por que os homens estão tendo problemas [com pornografia] é porque aquela necessidade [de sexo] não está sendo atendida".[9] Ela me disse que teve que parar a *minivan* no acostamento porque começou a chorar incontrolavelmente. Ela lutou tanto para perdoar o marido e para chegarem a um lugar saudável, e agora a culpa pelo uso de pornografia dele estava, de alguma forma, sobre os ombros dela de novo?

Infelizmente, materiais cristãos em excesso estão espalhando essas ideias negativas. É fácil presumir que todos os materiais cristãos, porque são "cristãos", dizem as mesmas coisas e passam as mesmas ideias, apenas com detalhes diferentes. Mas isso não é necessariamente verdade. Os livros *Amor e respeito* e *Limites no casamento*, por exemplo, são ambos categorizados como cristãos, mas contêm ideias diametralmente opostas. *Limites no casamento* teve uma das melhores notas na nossa escala de sexualidade saudável; *Amor e respeito* teve a pior de todas. *Limites no casamento* jamais foi mencionado como um material prejudicial nas nossas perguntas abertas da pesquisa, mas, ao contrário, foi vertiginosamente classificado como útil. *Amor e respeito*, em contraste, foi identificado como o material mais prejudicial.

---

[9]"Building a Dream Marriage during the Parenting Years", *Focus on the Family Broadcast*.

QUAL É O CAMINHO ADIANTE?

Parte de ser um líder de ministério é pastorear as ovelhas, e isso inclui protegê-las de se ferirem. Se a sua igreja quer promover ensinamentos saudáveis sobre casamento e sexualidade, então observe quais organizações você recomenda nos seus sermões e de quem são os materiais que você divulga no saguão e usa nos seus estudos bíblicos. Certifique-se de que os livros na biblioteca da sua igreja favoreçam casamentos emocionalmente saudáveis. E lembre-se de que alguns ensinamentos — apenas ouvi-los, mesmo se as mulheres não acreditarem neles — podem corroer a confiança.

Sheila e Joanna foram certa vez a uma igreja que acreditava que o casamento deveria ser um esforço de equipe, no qual o casal segue Jesus juntos. A igreja era excelente em lidar com problemas de abuso. Mas essa mesma igreja ofereceu um estudo do livro *Amor e respeito*. Como tantos livros sobre casamento são muito problemáticos, por favor, analise tudo antes de a sua igreja oferecer um estudo sobre casamento.[10]

Por fim, liberte as pessoas para dizerem "não" para materiais prejudiciais. Ninguém pode avaliar todos os livros, postagens em blogs ou programas de rádio, mas você pode capacitar sua congregação a exercer o discernimento. Diga no púlpito, com clareza e com frequência: "Nem todo conselho ou instrução 'cristã' é realmente centrada em Cristo. Estamos tentando apontar vocês na direção certa, mas não conseguimos monitorar tudo. Se você ler ou ouvir algo que não te parece correto, use seu discernimento. Você pode rejeitar. Se quiser, fale conosco, mas saiba que nós não apoiamos tudo só porque alega ser cristão, e tudo bem se você também não apoiar".

REBECCA OLHA ADIANTE COMO UMA MÃE DE UM MENINO

Eu (Rebecca) estou criando um filho em uma cultura evangélica que acha que ele será incapaz de respeitar uma mulher a menos que ela esteja

---

[10]Para mais informações sobre como identificar materiais prejudiciais, visite: https://greatsexrescue.com/sex-and-marriage-resources.

usando uma gola rolê — e mesmo assim não é uma certeza. E se a gola estiver justa demais?

Isso é um sapo difícil de engolir.

Quando eu olho para o meu filhinho de um ano, não vejo um abusador em potencial. Eu vejo pureza e inocência — ele até ri dos próprios puns. Não há razão alguma para uma garota jamais ter medo dele. Ele não vai ser o monstro que tantos livros evangélicos dizem que os homens são. Connor e eu intencionalmente o nomeamos Alexander, que significa "protetor do homem", na esperança de que ele seja parte de uma geração de homens jovens cristãos que vão se erguer e reconquistar uma definição de masculinidade que é curativa, em vez de tóxica. Assim, eu o vigio no berço toda noite e oro: "Que ele seja alguém que defende e protege os outros conforme anda no nome de Cristo".

Eu não quero que meu filho jamais sinta que precisa temer ou batalhar contra a masculinidade dele. Eu quero que Alex cresça celebrando as mulheres fortes de Cristo na sua linhagem — a bisavó dele, que dedicou os anos da velhice a ajudar vítimas de tráfico sexual no Quênia; a Mimi dele, que lutou incansavelmente para dar uma voz a mulheres e que encabeçou este projeto; e todas as outras mulheres fortes na família dele.

Meu filho também é abençoado com tantos bons homens na vida dele — homens como o pai e o avô, que estão mais preocupados com agir como Cristo do que com se encaixar na interpretação distorcida de "hombridade bíblica" de qualquer pessoa. Que ele siga o legado deles.

Minha oração é que este livro deixe uma marca suficiente para que, quando meu filho estiver frequentando o grupo de jovens, seja esperado que ele simplesmente trate as mulheres como colaboradoras em Cristo. Minha oração é que, um dia, se ele vier a se casar, a esposa dele se sinta tão segura com ele quanto eu me sinto com o pai dele. Mas minha preocupação é que a voz da igreja seja mais alta do que a minha e a do meu marido, e é por causa disso que eu luto.

QUAL É O CAMINHO ADIANTE?

JOANNA OLHA ADIANTE COMO UMA MÃE DE MENINAS

Eu (Joana) tenho duas menininhas: Mari, que tem três anos e exibe uma cabeleira linda de cachinhos dourados, e a bebê Talitha. Recentemente, Mari e eu recebemos um exemplar de *How much is a little girl worth* [Quanto uma garotinha vale], de Rachael Denhollander. Como somos um par de traças de livro, nós imediatamente nos aconchegamos para lê-lo no chão do meu quarto. O livro é uma declaração poderosa do valor e da importância dela, lembrando-a de quem ela é em Cristo e de que ela é preciosa e que vale a pena lutar por ela.

Terminamos o livro e Mari pediu para ler de novo. Eu alegremente cedi. Falar essas palavras sobre ela pareceu muito poderoso. Depois de lermos a segunda vez, ela correu pelo corredor para o quarto dela e voltou com a pelúcia favorita dela, um leão chamado Lyle. Ela claramente queria que ele ouvisse essa história também. Nós lemos de novo. Repetidamente, nós lemos o livro e, entre cada leitura, Mari voltava ao quarto dela para pegar outro dos animais de pelúcia que ela tanto ama.

Nós terminamos nossa sétima leitura, cercadas por amigos animais, e eu fechei o livro. Algo na mensagem do livro ressoou com o pequeno coração de criança dela. Eu acho que, se você tem dois ou 102 anos, ouvir o quanto você é valiosa e importante é incrivelmente significativo.

Eu quero que minhas filhas cresçam sabendo lá no fundo que elas são valiosas, preciosas e amadas além de qualquer medida, assim como o livro de Rachael diz. E eu quero que os futuros maridos e igrejas delas também saibam disso e as tratem de acordo. Eu quero que elas sejam livres para serem quem realmente são, e não que fiquem encaixotadas pela vergonha. Eu quero profundamente que, se elas precisarem de ajuda, possam procurar e achar. E eu espero que elas consigam suportar quaisquer tempestades que vierem sobre as vidas delas e emerjam — talvez enlameadas — mais autênticas.

Eu espero que elas cresçam vendo seus corpos como poderosos e preciosos, não como perigosos ou ameaçadores. Eu quero que elas se gloriem na majestade de serem uma "filha de Eva", que elas se deleitem com

EM DEFESA DO SEXO INCRÍVEL

a vocação elevada delas para governarem e reinarem com Cristo, e que elas se alegrem com a habilidade delas de mostrarem singularmente ao mundo como Deus é por portarem a imagem dele. Eu quero que elas reajam contra qualquer pessoa que queira diminuí-las.

Eu quero que minhas meninas preciosas saibam que elas são pessoas também.

VAMOS CONTINUAR ESSA CONVERSA

Com este livro, queremos transformar a discussão, mas não estamos tentando terminá-la. Nosso livro não deveria ser a última palavra. Nossa oração é que nossa pesquisa abra a porta para mais estudos porque temos muitas perguntas sem resposta.

- Mudar sistemas de crença, juntamente com fisioterapia do assoalho pélvico, acelera a recuperação de vaginismo mais do que somente a fisioterapia?
- Qual é o efeito de uma mulher não estar excitada na primeira vez que fez sexo sobre as taxas de vaginismo ou sobre as chances de ela lidar com anorgasmia?
- Que papel crescer na cultura da pureza tem sobre a aceitação dos homens da filosofia da "batalha de todo homem"?
- O quanto disfunção erétil e ejaculação retardada estão relacionadas com crenças prejudiciais sobre o sexo?

E muitas, muitas mais. Por favor, igreja, continue fazendo perguntas. Continue ouvindo. Vamos nos envolver. Vamos refinar. Vamos fazer isso direito. Não aceitemos que os materiais *best-sellers* seculares acertem tão em cheio, enquanto os *best-sellers* cristãos erram tão feio.

QUAL É O CAMINHO ADIANTE?

NOSSA PALAVRA FINAL

Por anos, as mulheres ouviram dos púlpitos das igrejas: "Os homens precisam de sexo e você precisa fazê-lo com ele ou estará privando". E o que aconteceu? Uma crise na libido e na satisfação sexual entre as mulheres.

Essa abordagem não funciona. Autores e pastores podem continuar apostando nisso se quiserem; eles podem dizer que as mulheres precisam entender os homens, podem falar sobre o quanto os homens precisam de sexo, como eles lutam contra a luxúria e como as mulheres precisam ajudá-los.

O que estamos dizendo com este livro é que as mulheres *entendem* os homens. Sabemos que os homens precisam de sexo. Gritar mais alto sobre isso não vai ajudar.

O que precisamos agora é que os homens entendam as mulheres.

Se os homens entendessem a necessidade das mulheres por intimidade e por sentir prazer, e se as igrejas começassem a falar sobre mutualidade, nós despertaríamos a libido e a resposta sexual das mulheres.

Acreditamos que já chegou a hora para essa nova conversa. E acreditamos que essa nova conversa não é apenas sobre como vemos o sexo e o casamento, mas sobre como vemos relacionamentos no geral. Vamos parar de falar sobre direitos, hierarquia ou poder. Vamos colocar Jesus, que não veio para ser servido, mas para servir, de volta no centro.

Estimulem uns aos outros ao amor e às boas obras (Hebreus 10.24). E não desanimem, pois ele venceu o mundo (João 16.33).

APÊNDICE

OS LIVROS QUE ANALISAMOS PARA ESTE PROJETO

Para este projeto, escolhemos os dez livros cristãos sobre casamento mais bem avaliados na Amazon. Nós excluímos três livros dos nossos estudos porque eles não passaram tempo significante falando especificamente sobre sexo:

- *As cinco linguagens do amor*, de Gary Chapman
- *How we Love* [Como amamos], de Milan e Kay Yerkovich
- *Como salvar seu casamento*, de Les e Leslie Parrott

Também escolhemos para revisar os seis livros sobre sexo mais influentes, excluindo qualquer livro da Sheila. Nós usamos o livro secular sobre casamento mais vendido como o grupo de controle, nos dando um total de catorze livros.

Então, criamos uma escala de doze elementos de uma sexualidade saudável e classificamos cada um desses catorze livros de acordo com essa escala com notas de 0 a 4. Nós dividimos as doze perguntas em três categorias — infidelidade, prazer e mutualidade — de quatro perguntas cada. Para receber uma classificação saudável, o livro não pode ter mais do que duas notas 0. Para receber uma classificação neutra, o livro deve passar em cada categoria.

Cada uma das perguntas seguintes foi organizada com o ensinamento saudável primeiro e o ensinamento prejudicial no final. Na nossa escala de avaliação, também definimos quais ideias constituiriam diferentes notas. Você pode encontrar nossa escala de avaliação completa no nosso *site*.

Infidelidade e luxúria

1. O livro reconhece que a culpa do caso extraconjugal ou do uso de pornografia do marido está nas mãos do marido; ou, pelo menos em parte, culpa a esposa?

2. O livro reconhece que se deve lidar com o uso da pornografia antes de se poder construir um relacionamento sexual saudável, enquanto reconhece que muito poucos dos hábitos pornográficos que começaram na era da internet são causados pela recusa da esposa de fazer sexo; ou sugere que o remédio para um hábito pornográfico é atividade sexual mais frequente?

3. O livro reconhece o efeito da pornografia na autopercepção, disposição sexual e funções sexuais dos homens; ou ignora os danos da pornografia no casamento?

4. O livro retrata a luxúria como algo com que os dois cônjuges podem ter dificuldade, mesmo se homens tiverem mais; ou afirma que, já que todos os homens lutam contra a luxúria, ela não pode ser derrotada, e a única maneira de combatê-la é a esposa fazer mais sexo com o homem e todas as mulheres se vestirem mais modestamente?

Prazer e libido

1. O livro reconhece os orgasmos e o prazer das mulheres com os aspectos físicos do sexo; ou insinua que a maioria ou todas as mulheres não gostam de sexo?

2. O livro retrata o sexo como algo que a mulher quer e anseia com expectativa; ou retrata o sexo como algo que ela tende a temer?

APÊNDICE

3. O livro descreve o apetite sexual dos homens como saudável, mas também controlável; ou as necessidades dos homens são retratadas como vorazes, insaciáveis e constantes?

4. O livro reconhece que, em uma minoria considerável dos casamentos, a esposa tem uma libido maior que a do marido; ou simplifica demais, sugerindo que praticamente todos os maridos têm libidos maiores que as das esposas?

Reciprocidade

1. O livro explica que o sexo tem várias finalidades, incluindo a intimidade, a proximidade, a diversão e o prazer físico para os dois; ou o livro retrata o sexo como sendo primariamente para a satisfação da necessidade física do homem?

2. O livro enfatiza a aparência e a higiene pessoais igualmente para os dois cônjuges; ou é muito mais esperado das esposas do que dos maridos e fica implícito que, se ela não mantiver um nível de atratividade, ele pode ter um caso extraconjugal?

3. O livro fala sobre a importância das preliminares e do papel do marido no prazer da esposa; ou ignora a responsabilidade do marido de ajudar sua esposa a sentir prazer?

4. O livro inclui razões por que uma mulher pode dizer legitimamente "Hoje não, amor" e discute o conceito de estupro conjugal; ou diz que a mulher recusar sexo é um pecado ou falha em reconhecer um estupro nas anedotas dele?

Em cada elemento, livros prejudiciais ficaram com notas entre 0 e 1 e livros construtivos ficaram com uma nota entre 3 e 4. Uma nota 2 significa que o livro não abordou um assunto em particular. Portanto, um livro completamente prejudicial teria uma nota 0, um livro completamente construtivo teria uma nota 48 e um livro neutro teria uma nota 24. Esses livros, em ordem de nota, ficaram assim:

Livros construtivos

1. *Sete princípios para o casamento dar certo*, de John M. Gottman (empate — nota quase perfeita)

2. *O sexo é um presente de Deus*, de Clifford e Joyce Penner (empate — nota quase perfeita)

3. *Limites no casamento*, de Henry Cloud e John Townsend (empate)

4. *Casamento sagrado*, de Gary Thomas (empate)

5. *Intimate issues* [Questões íntimas], de Linda Dillow e Lorraine Pintus

Livros neutros (nota mínima 24 e deve ter passado em todas as categorias)

1. *O significado do casamento*, de Timothy e Kathy Keller

2. *Sexo e intimidade*, de Ed e Gaye Wheat

Livros prejudiciais

1. *Entre lençóis*, de Kevin Leman[1]

---

[1]Esse livro teve nota para a categoria "neutro", mas entrou na classificação de prejudicial porque falhou na categoria de pornografia/infidelidade.

APÊNDICE

2. *O ato conjugal*, de Tim e Beverly LaHaye

3. *O poder da esposa que ora*, de Stormie Omartian

4. *Ela precisa, ele deseja*, de Willard F. Harley Jr. (empate)

5. *Somente para mulheres*, de Shaunti Feldhahn (empate)

6. *A batalha de todo homem*, de Stephen Arterburn e Fred Stoeker

7. *Amor e respeito*, de Emerson Eggerichs

Também lemos e tiramos citações de livros que acompanhavam outros da lista ou que faziam parte de uma série, incluindo:

- *Every heart restored*, de Fred e Brenda Stoeker (da série *Every Man*)
- *Through a man's eyes*, de Shaunti Feldhahn e Craig Gross
- *For young women only*, de Shaunti Feldhahn e Lisa A. Rice

Não aplicamos nossa classificação a esses livros porque somente os usamos para obter informações e citações. Para informações sobre quais livros nossas respondentes do questionário consideraram mais construtivos e mais prejudiciais, visite ***https://greatsexrescue.com/resources.***

Pilgrim

Use seu tempo de forma produtiva e edificante

No app da Pilgrim, você pode acessar muitos outros conteúdos cristãos de qualidade como este livro para ajudar na sua caminhada de fé. Você encontra audiolivros, ebooks, palestras, resumos e artigos para cada momento do seu dia e da sua vida, além de benefícios para assinantes Premium.

Catálogo completo
Sobre o que você quer ler hoje? Vida devocional? Família? Empreendedorismo? Ficção? Tem tudo aqui.

Frete grátis e descontos
Receba vantagens exclusivas ao se tornar um assinante Pilgrim Premium.

Conteúdo exclusivo
Tenha acesso a ebooks, audiobooks, artigos e outros conteúdos disponíveis apenas em nosso app.

Acesso offline no aplicativo
Faça download de capítulos para ler ou ouvir mesmo quando não estiver conectado à internet.

Comece agora!

Site: thepilgrim.app
Instagram: @pilgrim.app
Twitter: @appPilgrim
Tiktok: @pilgrimapp

Este livro foi impresso pela Cruzado, em 2022,
para a Thomas Nelson Brasil. O papel do miolo é
pólen natural 80 m/g ^{2}, e o da capa é cartão 250 m/g ^{2}.